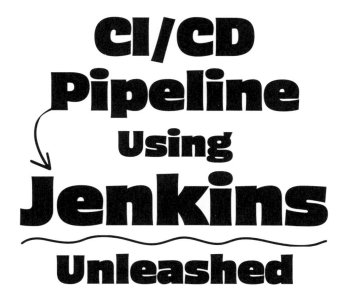

젠킨스로 배우는 CI/CD 파이프라인 구축

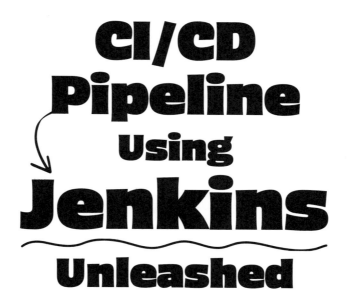

젠킨스로 배우는 CI/CD 파이프라인 구축

보안, 파이프라인, 테스트, AWS/Docker 통합

이정표 옮김 프라노데이 프라모드 딩가레 지음

i!i
에이콘

 에이콘출판의 기틀을 마련하신 故 정완재 선생님 (1935-2004)

이 책을 부모님께 바치고 싶습니다.

사랑스러운 아들, 아내 그리고
영원한 영감의 원천이자 저의 롤 모델이 돼준
딩가레^{Dingare} 가족에게 이 책을 바칩니다.

옮긴이 소개

이정표(lee.jungpyo@gmail.com)

모바일 브라우저 개발부터 클라우드 서비스 기획까지 20년간 다양한 개발 프로젝트에 참여했으며, 현재는 SW와 IT 분야의 기술조사평가 업무를 하고 있다. 옮긴 책으로는 에이콘출판사에서 펴낸 『난독화, 디지털 프라이버시 생존 전략』(2017), 『젠킨스 마스터』(2018), 『젠킨스 블루오션 시작하기』(2019), 『린 모바일 앱 개발』(2019), 『알고리즘 윤리』(2021), 『배포 자동화와 지속적 인도』(2022), 『알고리듬으로 생각하기』(2023) 등이 있다.

옮긴이의 말

소프트웨어 개발 기업의 역량을 파악하는 가장 중요한 평가 요소 중에는 애플리케이션 수명 관리ALM, Application Lifecycle Management 환경을 얼마나 잘 갖추고 운영하는지를 점검하는 항목이 있다. 여기서 말하는 ALM은 비즈니스의 요구 사항 관리와 소프트웨어 개발 과정을 융합하고 이를 자동화된 툴을 이용해 관리하는 것으로, 요구 사항 관리, 설계, 코딩, 테스트, 이슈 관리, 릴리스 등을 모두 포함한다.

하루가 다르게 진보하는 기술의 변화 속에서 소프트웨어 개발사가 다양한 고객의 요구를 만족시키면서도 지속성을 유지하려면 적은 인원으로도 효율적으로 빠르게 운영될 필요가 있다. ALM 환경이 얼마나 효율적으로 운영되는지를 통해서 기업의 역량을 간접적으로 파악할 수가 있는 것이다.

이제는 국내에서도 많은 기업이 배포 자동화, 품질 검증 활동 자동화 등을 비즈니스 역량과 통합해 대응하고 있으며, 이를 지원하는 도구도 다양하다. 하지만 그중 대표적인 자동화 솔루션인 젠킨스가 여전히 가장 높은 점유율을 갖고 있다.

윈도우 기반의 젠킨스를 활용해 지속적 통합과 배포 환경을 구축하는 방법을 자세하게 다루는 이 책이, 유사한 환경에서 젠킨스 자동화 솔루션을 구축하고 관리하는 데 큰 도움이 될 것이라 생각한다.

아쉬운 점은 젠킨스가 아직 완벽한 한글화가 되지 않아, 영문 그대로 쓰는 경우가 많다는 것이다. 아마 이는 개발사의 규모와 상관없이 젠킨스를 운영 관리하는 사람은 소수이기 때문이기도 할 것이다. 이런 이유로 이 책에서는 영문 버전 젠킨스를 기본으로 하고, 필요시 우리말로 부연 설명을 하는 방식으로 독자에게 편의를 제공하고자 했다.

번역서를 내다 보면 얼마나 많은 노력이 들어가는지 새삼 알게 된다. 늘 전폭적인 지원을 해주는 가족들에게 고맙다는 말을 하고 싶다. 그리고 에이콘출판 직원분들께도 감사의 말을 전한다.

프라노데이 프라모드 딩가레 Pranoday Pramod Dingare

소프트웨어 테스트 분야에서 15년 이상의 경력을 가진 인증된 소프트웨어 테스트 전문가로, 자동화 테스트 분야에서 10년 이상의 경력을 쌓았다. 지난 8년 동안 모바일 애플리케이션의 테스트 자동화를 주도해왔으며 테스트 자동화 도구 전파, R&D, 개념 증명, 파일럿 프로젝트에 참여했다.

인도 및 해외의 다양한 스타트업과 중견 IT 기업에서 프리랜서 테스트 자동화 컨설턴트로 활동했다. 그의 오픈 소스 테스트 자동화 도구는 상용 제품을 성공적으로 대체해 비용을 크게 절감했다.

젠킨스 Jenkins, 깃랩 Gitlab, 넥서스 Nexus, 도커 Docker 등의 데브옵스 DevOps 도구를 구현해 조직의 테스트 자동화 프로세스에 데브옵스 관행을 통합하는 일을 담당하고 있다. 최근 데브옵스 전담 업무로 전환해 지난 1년 동안 데브옵스 선임 전문가로 일하는 중이다.

도커, 메이븐 Maven, 쿠버네티스, 깃 Git, 넥서스, 애저 데브옵스 Azure DevOps, AWS, 소나큐브 SonarQube, 젠킨스 등과 같은 다양한 데브옵스 도구를 구현했으며 다양한 애플리케이션의 빌드 및 배포 프로세스를 자동화하는 데 중요한 역할을 해왔다.

최신 테스트 자동화와 데브옵스 도구에 대한 200회 이상의 소매 및 기업 교육을 진행하는 등 9년 이상 소프트웨어 테스트 및 데브옵스 교육에 종사해 온 강사다.

또한 최신 테스트 자동화 도구와 기술에 대한 블로그도 운영하고 있다.

테스트 자동화 아키텍트로서 최신 도구와 기술에 대한 지식을 가르치고 공유하며 전문가들이 꿈을 이룰 수 있도록 돕는 일에 열정을 쏟고 있다.

프라산트 사후^{Prasanth Sahoo}

블록체인^{Blockchain}, 데브옵스, 클라우드^{Cloud}, 애자일^{Agile} 분야의 리더이자 겸임 교수, 기술 연사이며 PDI 소프트웨어에서 근무하는 풀타임 실무자다. 커뮤니티에 대한 학술적 서비스 내에서 지식을 공유한 공로를 인정받아 2019년 TCS 글로벌 커뮤니티로부터 '올해의 블록체인 및 클라우드 전문가' 상을 받았다. 코칭^{coaching}, 멘토링^{mentoring}, 그루밍^{grooming} 기술을 통해 디지털 기술 이니셔티브를 주도하고 다양한 커뮤니티 이니셔티브를 처리하는 데 열정을 쏟고 있다.

자신의 이름으로 출원한 특허를 보유하고 있으며 현재까지 주로 기술 분야에서 5만 명 이상의 전문가와 교류했다. 또한 블록체인 위원회, 암호화폐 인증 컨소시엄, 스크럼 얼라이언스^{Scrum Alliance}, 스크럼 오거니제이션^{Scrum Organization}, 국제 비즈니스 분석 연구소 등의 워킹 그룹 멤버다.

감사의 말

나만의 책을 쓰는 것은 꽤 오래된 꿈 중 하나였다. 먼저, 이 꿈을 이룰 수 있도록 도와주신 에이프레스^{Apress} 출판사에 감사드린다. 그리고 많은 조언을 해준 제 책의 편집자 스판다나 채터지^{Spandana Chatterjee}에게 진심으로 감사드리고, 제 글쓰기 실력을 처음으로 믿어 준 것에 대해서도 감사드린다. 우리는 책에 담을 내용에 대해 많은 토론을 했고, 스판다나는 이 책을 훌륭하게 만들어 줬다. 덕분에 내가 훨씬 더 나은 저자가 됐다고 확신한다.

훌륭한 멘토가 돼주고 필요할 때 자신감을 심어 준 로라 베렌드슨^{Laura Berendson}에게도 감사드린다.

저의 글쓰기 실수를 용납해 주고 전문 지식과 제안으로 더 나은 책을 만들어 준 마크 파워스^{Mark Powers}에게 감사의 말을 전한다.

출간 절차를 안내하고 편안하게 이끌어 준 디브야 모디^{Divya Modi}에게 감사드린다.

매직 소프트웨어 엔터프라이즈^{Magic Software Enterprises}의 인사부, 경영진과 이 여정 내내 저를 격려해 준 팀장님과 모든 동료들에게 감사드린다.

아버지 프라모드 딩가레^{Pramod Dingare}와 어머니 라자니^{Rajani}께 특별히 감사드린다. 항상 내가 인생에서 다른 길을 택하도록 격려해 주시고 배우로서, 소프트웨어 전문가로서, 트레이너로서, 그리고 지금은 작가로 활동하는 나를 응원해주셨다. 바쁜 집필 일정을 참아주고 필요할 때마다 MS 워드 편집에 도움을 준 아내 아루나^{Aruna}에게 감사드린다. 이 글을 쓰는 동안 절실히 필요했던 제 에너지의 원천이 돼 준 사랑스러운 아들 루그베드^{Rugved}에게 고맙다는 말을 전하고 싶다.

차례

Chapter 10　젠킨스 작업의 이해 — 129

Chapter 13 자바 API 릴리스를 관리하는 자동 실행 프리스타일 작업 생성 — 211

Chapter 16 코드형 파이프라인 이해

Chapter 17 젠킨스 분산 빌드 **329**

젠킨스를 사용해 지속적 통합[CI, Continuous Integration], 지속적 제공, 지속적 배포[CD, Continuous Deployment]를 이해하려는 독자를 위해 이 책을 집필했다. 지속적 통합과 배포[CI/CD] 프로세스를 구축하면 사용자와 관리자는 소프트웨어 개발 과정에서 발생하는 문제를 즉각 파악할 수 있게 된다.

젠킨스에 대한 소개로 시작해 CI/CD에서의 젠킨스 아키텍처와 역할을 다룬다. 그리고 젠킨스 설치 방법 및 환경 설정 같은 기본 사항도 살펴보며, 도구 구성 및 플러그인은 물론 자격 증명과 같은 보안 조치에 대해서도 설명한다. 또한 유형, 섹션 등을 포함해 젠킨스의 작업에 대해 자세히 배우고, 자바[Java] API 프로젝트의 작업과 구성도 알아본다. 책의 후반부터는 파이프라인[pipeline]의 생성 방법과 웹 애플리케이션 web application 관리에서의 역할 및 분산 파이프라인을 다룬다. 깃[Git]이라는 분산 버전 제어 시스템의 작동을 배우고, SSH[Secure SHell] 같은 다양한 인증 기술을 사용해 접속하는 방법에 대한 예제와 시나리오도 알아볼 것이다. 테스트와 관련해서는 TestNG를 사용한 단위 테스트와 셀레늄[Selenium] 도구를 사용해 종단간[E-E, End-to-End] 테스트 수행 절차를 배운다. 또한 아마존 웹 서비스[AWS, Amazon Web Services]와 같은 클라우드 환경과 젠킨스의 통합에 대해서도 설명한다. 젠킨스 파이프라인에서 사용할 재사용 가능한 라이브러리를 만드는 방법과 젠킨스 명령행 인터페이스[CLI, Command Line Interface] 및 REST API를 사용해 서버를 제어하는 방법도 다룬다.

이 책을 읽고 나면 처음 프로젝트를 시작할 때부터 젠킨스를 사용해 CI/CD를 구현하는 방법과 데브옵스를 준비할 때 도움을 받을 수 있다.

이 책에서 다루는 내용

- 젠킨스를 사용한 E-E 파이프라인 생성

- 젠킨스와 AWS, 도커^{Docker}, 깃 등 주요 도구와의 통합

- 셀레늄을 사용한 E-E 테스트 자동화

- 분산 파이프라인 생성

이 책의 대상 독자

CI/CD 파이프라인을 구축하는 개발자, 테스트 자동화 엔지니어, 데브옵스 전문가를 꿈꾸는 중급 운영자에게 도움이 된다.

이 책의 소스 코드

소스 코드는 다음 깃허브 주소(https://github.com/Apress/CI-CD-Pipeline-Using-Jenkins)를 참고한다.

Chapter 1

지속적 통합/배포의 이해

1장에서는 실무에서 지속적 통합/배포$^{CI/CD}$가 사용되는 방식과 소프트웨어 개발 방식에 끼친 영향에 대해 설명한다. 최근의 애플리케이션 개발 방식에서는 빈번하게 소스 코드가 변경되는 것이 일반적이며, 이때 애자일 개발 모델이 많이 사용된다.

> **NOTE**
>
> 애자일 개발 모델은 개발 팀에 속한 모든 팀원(개발자, 테스터, 기획자 등)이 동시에 같은 요구 사항에 대해서 작업을 하는 방식이다. 반면, 신속 애플리케이션 개발(RAD, Rapid Application Development) 같은 개발 모델에서는 각자가 다른 업무를 수행한다. 예를 들어, 기획자가 작성한 요구 사항을 개발자가 구현하고, 개발자가 완료한 작업은 테스트가 수행하는 식이다.

애자일 개발 모델에서는 애플리케이션의 요구 사항을 우선순위에 따라 분류하고, 분류된 요구 사항별로 개발을 진행한다. 이때 분류한 일정량의 작업을 분석하고 구현하는 데 할당된 작업 기간을 스프린트^{sprint}라 부른다.

애자일에서 애플리케이션은 스프린트를 반복하며 완성된다. 스프린트 기간은 보통 1주에서 3주로, 짧은 기간 안에 많은 기능을 구현하게 된다. 동일한 프로젝트에서 작업하는 개발자들이 각자 자신이 맡은 기능을 구현하고, 구현 과정에서 변경한 코드를 한꺼번에 메인 브랜치$^{main\ branch}$에 커밋^{commit}한다.

그러나 이렇게 변경한 코드를 한 번에 병합하는 방식은 회귀 결함(이전에 제대로 작동 하던 기능에 문제가 발생하는 현상)이나 코드 충돌 같은 문제를 일으킬 수 있으며, 이를 찾아서 해결하는 데는 몇 시간씩 걸리기도 한다.

애자일 개발 모델에서는 이런 문제를 해결하고자 지속적 통합 방식을 사용한다. 지 속적 통합에서는 개발자가 작업을 완료하는 즉시 메인 브랜치에 통합한다. 이 방식 은 하루에 한 번만 통합하거나 스프린트가 끝날 때 한꺼번에 통합하는 방식과는 다 르다. 변경 사항이 많지 않을 때 자주 통합하게 되면 개발자는 코드 충돌 문제를 좀 더 빠르게 발견할 수 있고, 회귀 결함이 발생해도 더 효율적으로 해결할 수 있다.

▶▶ 개발 워크플로

로컬에서 단위 테스트 실행

개발자는 중앙 리포지터리^{repository}에서 최신 코드를 로컬로 가져온 후, 요구 사항을 구 현한다. 요구 사항을 구현할 때는 테스트 주도 개발^{TDD, Test-Driven Development} 방식을 많이 사용하며, 구현된 코드는 단위 테스트를 모두 통과할 때까지 반복적으로 수정된다.

중앙 리포지터리로 코드 푸시 및 병합

개발자가 로컬에서 기능 구현을 완료한 후, 중앙 리포지터리로 코드를 푸시^{push}하면 메인 브랜치에 병합^{merge}된다.

병합 후 코드 컴파일

구현을 완료한 코드가 메인 브랜치에 병합되면 코드 컴파일을 수행할 차례다. 이때 새로 병합된 코드로 인해 기존에 없던 컴파일 오류가 발생하곤 한다.

컴파일된 코드에서 테스트 실행

병합된 코드가 컴파일이 완료된 후에는 단위 테스트와 통합 테스트를 실행해 회귀 결함이 있는지를 확인한다. 그 외에도 정적 분석(코딩 표준 준수 및 불필요한 코드의 존재 여부를 확인하는 과정) 같은 작업이 추가되기도 한다.

아티팩트 배포

병합된 코드의 단계별 품질 점검을 끝나면 모든 코드를 패키징하고, 최종 사용자가 사용할 수 있도록 서버에 배포한다. 아티팩트artifact는 보통 .war나 .jar 파일 형식이다.

▶▶ 지속적 제공/지속적 배포

지속적 통합에서는 애플리케이션 코드가 변경될 때마다 개발 환경에서 테스트가 수행되며 빌드 결과가 공개된다. 정기 빌드 외에 일상적인 코드 변경도 개발 환경에서 테스트와 확인 과정을 거치는 것이 중요하다.

개발 환경에서는 잘 동작하던 애플리케이션이 프로덕션 환경에서 문제를 일으키는 경우도 있다. 그리고 이런 문제는 새로 변경한 항목이 기존 프로덕션 환경의 소프트웨어나 하드웨어와 호환되지 않아 발생하는 것이기도 하다. 또한 애플리케이션이 프로덕션에 자주 배포되지 않는 환경이라면 이러한 문제를 디버깅하고 해결하는 것이 상당히 어려울 수도 있다.

▶▶ CI/CD 워크플로 예제

이번 예제에서는 사칙연산을 지원하는 계산기 웹 애플리케이션을 개발해보자.

최신 코드 가져오기

계산기의 덧셈 기능을 개발하기 위해 중앙 코드 리포지터리에서 로컬 시스템으로 애플리케이션의 최신 코드를 가져온다. 여기에 2개의 숫자를 더한 후, 그 결과를 반환할 것이다.

단위 테스트 구현과 실행

코드를 작성하기 전에 단위 테스트 케이스를 먼저 작성할 것이다. 단위 테스트를 통과할 수 있는 구현부의 코드를 작성하지 않았기에 처음에는 당연히 모든 테스트 케이스를 실패할 것이다.

예를 들어, Addition(10, 20) 함수를 호출한 후, 반환값이 30인지 여부를 확인하면 이 덧셈 함수가 제대로 동작하는지를 알 수 있다. 리스트 1-1을 보자.

▼ **리스트 1-1** 덧셈 기능을 검증하는 단위 테스트 케이스

```
{
  Result = Addition(10, 20);
Assert.assertEquals(Result, 30, "Addition functionality does not
work fine with positive numbers ");
}
```

이 테스트 케이스에서는 10과 20을 매개변수로 하는 Addtion 함수를 호출하고, 반환값을 Result 변수에 저장한다. 그리고 Result 변수의 값과 30을 비교해, 맞으면 Passed(성공)로 표시하고, 틀리면 Failed(실패)로 표시한다.

아직 Addition() 함수를 구현하지 않았기 때문에 이 테스트 케이스는 당연히 오류를 출력하며 실패할 것이다. 테스트 주도 개발에서 첫 테스트는 무조건 실패하며, 개발

자가 기능을 제대로 구현하면 실패가 성공으로 점차 바뀌게 된다.

코드 개발

실패한 테스트 케이스를 성공으로 바꾸려면 리스트 1-2와 같이 Addition 함수를 구
현한다.

▼ **리스트 1-2** 덧셈 기능 구현 코드

```
Addition(a, b)
{
  Result = a + b;
  return Result;
}
```

이렇게 백엔드backend의 코드가 변경되면 그에 따라 프론트엔드frontend의 코드도 변경
되기도 한다. 예를 들어, 새로 구현된 덧셈 기능을 수행하는 실행 버튼을 화면에 배치
할 수도 있다.

단위 테스트 케이스 재실행

이제 단위 테스트 케이스를 실행해보면 성공할 것이다.

코드 푸시와 병합

Addition 함수의 소스 코드를 중앙 리포지터리로 푸시하고, 애플리케이션 코드에 병
합한다.

코드 병합 후 컴파일

Addition 함수의 코드가 병합되면 전체 애플리케이션이 컴파일된다.

병합된 코드에서 테스트 실행

뺄셈, 곱셈 등의 개별 기능에 대한 테스트뿐만 아니라 전체 통합 테스트를 실행해, 이번에 새로 추가된 Addition 함수로 인해 혹시 기존 기능들에 문제가 발생하지 않는지를 확인한다.

아티팩트 배포

웹 애플리케이션을 빌드하고, 애플리케이션 서버(예, 톰캣tomcat)의 프로덕션 환경에 배포한다.

배포 애플리케이션의 E-E 테스트 실행

마지막으로 셀레늄Selenium 같은 UIUser Interface 자동화 도구를 사용해서 애플리케이션의 전체 워크플로가 정상 동작하는지 확인하는 종단간E-E, End-to-End 테스트를 실행한다.

▶▶ 요약

1장에서는 애자일 방법론처럼 신속한소프트웨어 개발 모델이 적용되는 시대에는 기존 개발 방식이 적합하지 않다는 것을 지적했다. 그리고 방법론의 요구 사항을 충족하는 CI/CD 프로세스를 채택하면 얻게 되는 장점을 언급했다. 2장에서는 CI/CD 프로세스를 구성하는 데 있어 가장 많이 사용되는 자동화 서버인 젠킨스에 대해 알아본다.

Chapter 2

젠킨스 소개

1장에서는 계산기 예제를 통해 지속적 통합, 지속적 제공, 지속적 배포의 중요성을 알아봤다. 2장에서는 CI/CD 프로세스를 자동화하고 생산성을 높이는 데 많이 사용되는 자동화 서버인 젠킨스를 소개한다. 실제 CI/CD 환경에서는 작은 변경 사항을 자주 지속적으로 통합하고 테스트하며, 빌드 결과를 즉시 통보받는다. 이런 프로세스를 수작업으로 관리하려면 담당자가 있어야 하고, 번거로우며, 오류도 발생하기 쉽다.

애자일 방법론에서는 변경된 코드가 반영됨과 동시에, 실행 가능한 제품을 출시할 수 있다. 개발 팀은 새로 추가한 기능이 동작하는 데서 만족하는 것이 아니라, 추가된 기능이 제품에 반영돼 부가가치를 일으키는 것에 대해서도 알 수 있다. 이렇듯 CI/CD 프로세스는 애자일 방법론과 철학적 가치가 유사하기 때문에 서로 잘 어울린다.

CI/CD 프로세스는 깃^{Git}이나 서브버전$^{SVN,\ SubVersioN}$ 같은 소스 관리 시스템에서 최신 코드를 가져오는 것으로 시작하며, 필요한 경우 컴파일러를 실행해서 코드를 컴파일하고, 상황에 따라 단위 테스트 도구를 실행해서 단위 테스트를 수행한다. 다양한 종류의 도구들을 사용하고 하루에도 여러 번 실행되는 워크플로는 개발자, 테스터, 운영자 모두에게 부담이 되는 작업이라고 할 수 있다.

젠킨스는 다양한 플랫폼에서 애플리케이션을 빌드할 수 있다. 또한 넥서스 같은 아티팩트 리포지터리artifact repository에 산출물을 발행하고, 풀-리퀘스트pull-request 통합 절차도 자동화할 수 있다.

다른 단위 테스트와 통합 테스트용 프레임워크, 컨테이너 테스트 등은 고품질의 빌드를 생성하는 데 충분하지 않다. 고품질의 빌드를 생성하려면 이들 도구를 잘 조합해야 하는데, 이러한 역할을 하는 것이 바로 젠킨스다.

젠킨스는 애플리케이션을 구축하는 팀에 불필요한 부담을 주지 않으면서도 다양한 도구와 상호 작용하며 주기적으로 애플리케이션의 시작부터 끝까지 워크플로를 실행하는 도구라 할 수 있다.

▶▶ 젠킨스란?

젠킨스는 소프트웨어 개발 프로세스의 다양한 단계를 자동화하는 도구로서 중앙 소스 코드 리포지터리에서 최신 코드 가져오기, 소스 코드 컴파일, 단위 테스트 실행, 산출물을 다양한 유형으로 패키징, 산출물을 여러 종류의 환경으로 배포하기 등의 기능을 제공한다. 게다가 무료로 자유롭게 사용할 수 있는 오픈 소스 라이선스 소프트웨어다.

젠킨스는 아파치 톰캣Apache Tomcat처럼 서블릿 컨테이너servlet container 내부에서 실행되는 서버 시스템이다. 자바로 작성됐고, 소프트웨어 개발과 관련된 다양한 도구를 지원한다.

젠킨스의 역사

젠킨스의 시작은 2004년까지 거슬러 올라간다. 젠킨스 개발자인 코스케 카와구치Kohsuke Kawaguchi는 선 마이크로시스템즈Sun Microsystems에서 자바 개발자로 근무하고 있었다. 당시 카와구치는 여러 개발 프로젝트에 참여하고 있었는데, 코드 오류로 인한 빌드 실패 문제를 개선하고 싶었다. 그는 소스 리포지터리에 코드를 커밋하기 전에,

코드가 제대로 동작하는지 여부를 미리 알려주는 방법을 찾으려 했다.

결국 그는 허드슨^{Hudson}이라는 이름의 자동화 서버를 개발했다. 그러나 2011년에 허드슨 오픈 소스 커뮤니티는 선 마이크로시스템즈를 인수한 오라클^{Oracle}과의 분쟁에 휘말린다.

그 결과 허드슨에서 젠킨스 프로젝트가 갈라져 나오게 됐다. 그 이후로도 오랫동안 젠킨스와 허드슨은 공존했으나, 점점 더 많은 사람이 젠킨스를 사용하면서 허드슨은 2020년 1월 종료됐다.

젠킨스를 이용한 CI/CD 구현

CI/CD 프로세스는 애플리케이션 코드에 변경이 발생하면, 그 변경 사항이 실행 파일이나 라이브러리 형태로 프로덕션 환경에 배포될 때까지 E-E 빌드 수명 주기 단계에서 검증을 하는 프로세스다.

CI/CD는 여러 개의 하위 수명 주기 단계로 구성되는데, 사전에 구성된 순서에 따라 필요한 모든 하위 단계를 거치면서 단순한 소스 코드가 최종적으로는 실행 가능한 애플리케이션으로 변환된다.

젠킨스 자동화 서버는 도메인 특화 언어^{DSL, Domain Specific Language}로 이러한 빌드 수명 주기 단계를 구축한다. 애플리케이션은 다양한 빌드 단계를 거치면서 빌드 도구, 정적 분석 도구, 여러 종류의 소스 코드 관리 도구 등 다양한 분야의 도구를 사용해야 한다.

젠킨스는 방대한 규모의 플러그인을 제공하고 있기 때문에 어떤 애플리케이션에 대해서도 E-E 빌드 수명 주기 단계를 구현할 수 있다.

젠킨스에서는 파이프라인이라고 부르는 스크립트를 작성할 수 있는데, 이를 사용해서 각 빌드 단계마다 젠킨스가 수행할 태스크 및 하위 태스크의 순서를 정의한다. 빌드 단계는 이전 단계의 결과가 다른 단계의 입력으로 주어지는 방식으로 순차적으로 이뤄진다.

이렇게 순차적이고 종속적인 단계가 시작부터 끝까지 실행되면 최종적으로는 사용자가 실행할 수 있는 빌드가 생성된다.

만약 빌드 프로세스를 진행하는 중에 특정 단계에서 실패가 발생하면, 이 단계의 출력 결과를 사용하는 다음 단계는 실행되지 않으며 빌드 프로세스 전체가 실패한다.

예를 들어, 소스 코드 관리[SCM, Source Code Management] 같은 소스 관리 시스템에서 최신 코드를 가져와서 컴파일을 하는 중에 실패가 발생했다고 가정해보자. 단위 테스트를 실행하려면 컴파일된 코드가 필요하므로 이 경우에는 후속 단계로 진행되지 않는다.

젠킨스 아키텍처

이번 절에서는 개발자와 테스터가 젠킨스를 사용하는 방법을 설명한다. 일반적인 젠킨스의 CI/CD 프로세스는 다음과 같다.

1. 다수의 개발자가 각자의 브랜치에서 변경 작업을 한 후, 이를 중앙 리포지터리로 푸시한다. 코드 리뷰가 끝나면 이를 다른 브랜치(개발 브랜치)에 병합한다.

2. 브랜치의 변경 사항이 젠킨스에 통보된다.

3. 젠킨스가 통보를 수신하면 작업[job]을 시작한다.

젠킨스의 작업이란 빌드 릴리스 수명 주기의 여러 단계를 수행하기 위해 순차적 프로세스로 구현한 태스크 및 하위 태스크들을 말한다. 일반적으로 단계는 다음과 같다.

1. (사용 중인) 소스 코드 관리 시스템에 맞는 플러그인(예, 깃 플러그인)을 사용해 리포지터리에서 변경된 파일을 가져온다.

2. 메이븐[Maven] 같은 빌드 도구와 관련 젠킨스 플러그인(예, 메이븐 플러그인)을 사용해 변경된 파일들을 컴파일한다.

3. 빌드 도구를 재사용해 컴파일된 코드의 단위/통합 테스트를 실행한다.

4. 정적 분석 도구를 실행해 코딩 표준을 준수하는지와 데드 코드가 있는지를 확인한다. 정적 분석 도구로는 소나큐브^{SonarQube} 등을 사용한다.

5. 컴파일과 테스트까지 완료된 파일들을 .jar 또는 .war 같은 라이브러리 형태로 번들링한다. 이 과정 역시 젠킨스 플러그인으로 실행되는 빌드 도구를 사용한다.

6. 빌드된 라이브러리 파일을 테스트/프로덕션 환경으로 배포한다.

7. E-E 테스트 자동화 도구(예, 셀레늄이나 프로트랙터 등과 같은 UI 자동화 도구)를 사용해 배포된 애플리케이션을 대상으로 테스트를 실행한다.

8. 새로 생성된 애플리케이션의 상태와 E-E 테스트 결과가 포함된 이메일을 프로젝트 팀원들에게 전송한다.

젠킨스를 사용하기 전에는 모든 개발자의 수정 사항이 제출되고, 브랜치에 병합된 후, 빌드까지 생성된 후에야 통합 테스트를 시작할 수 있었다. 또한 전체 애플리케이션 코드에 대해서 테스트를 실행했다. 그러므로 회귀 테스트 과정에서 버그가 발견되는 경우 근본 원인을 찾는 것이 쉽지 않았다. 빌드 오류를 찾아 수정하는 것은 시간이 오래 걸리는 작업이었으며, 그로 인해 최종 소프트웨어 제공이 늦어지기도 했다.

젠킨스를 사용하고부터는 애플리케이션에 반영되는 모든 변경 사항에 대해 단위 테스트가 실행되고, 문제가 없는 경우에만 브랜치로 병합된다. 코드 병합 후에는 통합으로 인한 결함을 판별하는 테스트가 실행된다. 배포 단계에서 오류가 발견되면 마지막으로 성공한 빌드 이후에 추가된 파일에 대해서만 확인하면 된다. 마찬가지로 새로운 빌드에서 통합 테스트 오류가 발생하면 새로운 빌드에서 구현하고 병합한 코드에서만 문제의 원인을 찾으면 된다. 젠킨스에서 테스트, 컴파일, 배포와 같은 빌드 수명 주기의 단계를 빈번하게 실행하는 것 때문에 이러한 증분 변경 방식이 표준이 됐다고 할 수 있다.

▶▶ 요약

2장에서는 성공적으로 CI/CD 프로세스를 구현하는 데 필요한 단계를 설명했다. 또한 가장 많이 사용되는 자동화 서버인 젠킨스에 대해서 알아봤다. 젠킨스가 등장하기 전에는 자주 테스트를 하고, 자주 애플리케이션을 배포하려면 상당한 노력이 들어간다는 사실을 알 수 있었다. 이제 3장에서는 성공적인 CI/CD 프로세스를 구현할 수 있도록 젠킨스의 기능을 좀 더 자세히 알아본다.

Chapter 3

젠킨스 설치

지금까지 CI/CD의 중요성과 젠킨스의 역할에 대해 알아봤으니 이제 젠킨스를 실제로 사용해보겠다. 3장에서는 윈도우와 도커 같은 운영 환경에서 젠킨스를 설치하는 방법과 이에 필요한 하드웨어 및 소프트웨어 요구 사항을 설명한다. 또한 .war 파일이나 .msi 파일을 사용한 설치 방법과 윈도우 서비스 방식으로 설치하는 방법 같은 다양한 설치 옵션에 대해서도 알아본다. 그리고 설치 과정에서 발생할 수 있는 문제와 오류에 대해 알아보고 이를 해결하는 방법을 살펴본다.

▶▶ 윈도우에 젠킨스 설치

지금부터는 윈도우에서 젠킨스를 설치하는 데 필요한 하드웨어 및 소프트웨어 요구 사항을 알아본다. 이번 절에서 지정하는 버전에 맞는 자바 및 소프트웨어를 설치해야만 책의 나머지 부분을 제대로 따라갈 수 있다.

하드웨어/소프트웨어 요구 사항

먼저 하드웨어 요구 사항을 알아보고, 이어서 소프트웨어 요구 사항을 알아보자.

최소 하드웨어 요구 사항은 다음과 같다.

- 256MB의 메모리 용량

- 1GB 이상의 하드 디스크 용량(젠킨스를 도커 컨테이너로 실행하는 경우에는 10GB 이상을 추천)

소프트웨어 요구 사항은 다음과 같다.

- 자바: 젠킨스 버전에 따라 지원하는 자바 버전이 다르다.

  젠킨스 버전 2.357과 LTS 버전 2.361.1과 이후 버전은 JDK11 또는 JDK17이 필요하다. 버전 2.164.1 및 LTS 2.236.1 이하 버전은 JDK8과 JDK11을 지원한다. 더 오래된 버전의 자바는 지원하지 않는다.

  젠킨스 버전별로 지원되는 자바 버전은 다음 링크(https://get.jenkins.io/war-stable/)를 참고한다.

다양한 젠킨스 설치 방법

윈도우에 젠킨스를 설치하는 방법에는 세 가지 방법이 있다.

- **MSI 인스톨러로 설치**

  다음 링크(https://www.jenkins.io/download/thank-you-downloading-windows-installer/)에서 젠킨스 MSI 인스톨러를 다운로드한다.

  다운로드한 MSI 인스톨러 파일을 실행하고, 다음 링크(https://www.jenkins.io/doc/book/installing/windows/)에서 설명하는 단계에 따라 젠킨스를 설치한다.

- **.war 파일로 설치**

  젠킨스는 자바 언어로 작성됐다. 자바를 사용해서 개발된 웹 애플리케이션은 .war 파일로 제공된다. 그러므로 젠킨스 .war 파일을 사용하면 젠킨스 서버를 설치하고 실행할 수 있다. 젠킨스 .war 파일은 다음 링크(https://get.jenkins.io/war/2.290/jenkins.war)에서 다운로드한다.

  그리고 다음 링크(https://www.jenkins.io/doc/book/installing/war-file/)에서 설명하는 단계에 따라 젠킨스를 설치한다.

- **도커 이미지로 설치**

  도커는 애플리케이션을 빌드하고 배포하는 도구의 하나로서 코드 및 관련 의존성 요소를 모두 컨테이너라고 부르는 배포 단위에 패키징하는 방식이다. 기존에는 물리적 시스템을 에뮬레이트하는 가상 머신을 많이 사용했으나, 도커는 가상 머신보다 훨씬 가벼우며, 애플리케이션 구성을 코드 방식으로 작성할 수도 있다.

  도커로 젠킨스 서버를 설치하려면 다음 링크(https://www.jenkins.io/doc/book/installing/docker/)에서 설명하는 단계를 따른다.

젠킨스의 구성 파일 및 디렉터리 구조 이해

젠킨스는 기본적으로 .jenkins 폴더 내 $user.home 디렉터리(즉 현재 사용자 디렉터리)에 설치된다. 그러나 MSI 인스톨러로 젠킨스를 설치한 경우에는 사용자가 선택한 디렉터리에 설치된다.

젠킨스 설치 디렉터리는 JENKINS_HOME으로 표시한다. 디렉터리 구조는 리스트 3-1을 참고한다.

```
JENKINS_HOME
  +- config.xml     (젠킨스 루트 구성 파일)
  +- *.xml          (기타 사이트 전체 대상 구성 파일)
  +- userContent    (이 디렉터리의 파일들은 http://server/userContent/ 경로에서
                      제공된다)
  +- fingerprints   (핑거프린트 기록을 저장한다)
  +- nodes          (에이전트 구성 파일)
  +- plugins        (플러그인 저장)
  +- secrets        (크리덴셜을 다른 서버로 이전할 때 필요한 시크릿)
  +- workspace      (버전 관리 시스템용 작업 디렉터리)
     +- [JOBNAME]  (작업별 서브 디렉터리)
  +- jobs
     +- [JOBNAME]     (작업별 서브 디렉터리)
        +- config.xml     (job 구성 파일)
        +- latest         (최종 성공 빌드에 대한 심벌릭 링크)
        +- builds
           +- [BUILD_ID]     (빌드별로 생성되는 디렉터리)
              +- build.xml     (빌드 결과 요약)
              +- log           (로그 파일)
              +- changelog.xml  (변경 로그)
```

jenkins.xml 의 주요 설정값 이해

젠킨스를 윈도우 서비스 방식으로 운영하는 경우 jenkins.xml로 자바 관련 설정을 할 수 있다. jenkins.xml 파일은 JENKINS_HOME 디렉터리 안에 위치한다. 이 파일을 열고 <service> 태그를 찾는다. 이 태그에는 젠킨스에서 사용하는 java.exe 파일의 위치 정보 같은 중요한 설정값이 들어 있다. 기본적으로 젠킨스는 그림 3-1처럼 PATH 환경 변수에 지정된 자바 관련 설정값을 사용한다.

그림 3-1 자바 관련 설정값이 추가된 PATH 환경 변수 편집 창

만약 젠킨스에서 사용할 자바 버전을 변경하려면 그림 3-2처럼 <service> 태그 내부에 <executable> 태그에서 원하는 자바 설치 디렉터리의 java.exe 파일의 전체 경로를 지정하면 된다.

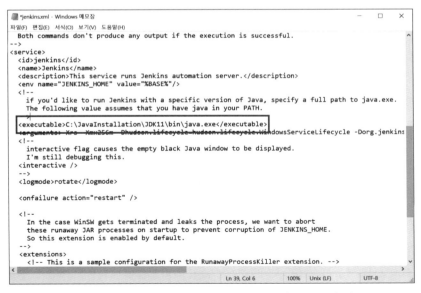

그림 3-2 젠킨스가 사용할 자바의 경로를 지정하는 〈executable〉 태그

▶▶ 요약

3장에서는 .msi 파일을 실행하고 설치 마법사를 사용해 젠킨스를 설치하는 방법을 설명했다. 또한 jenkins.war 파일을 사용해 젠킨스를 윈도우 서비스로 시작하는 방법도 언급했다. 젠킨스를 설치하고 실행한 후에 설정 마법사를 사용해 젠킨스 인스턴스를 구성할 수 있다. 마지막으로, jenkins.xml이라는 중요 구성 파일과 젠킨스 설치 폴더의 디렉터리 구조를 다뤘다. 4장에서는 젠킨스 인스턴스를 구성하는 데 필요한 여러 가지 설정 방법을 다룬다.

Chapter 4

젠킨스 구성

3장에서는 다양한 방식으로 젠킨스를 설치하는 방법과 중요 구성 파일 및 디렉터리 구조에 대해서 설명했다. 지금부터는 젠킨스를 실제로 사용하기 위해 필요한 구성을 알아본다.

또한 4장에서는 .war 파일과 윈도우 서비스(젠킨스가 서비스 형태로 설치된 경우)로 젠킨스를 시작하는 방법을 설명한다. 젠킨스에 로그인하는 방법과 전역 환경 설정, 작업과 파이프라인을 사용할 때 필요한 도구들의 경로 설정 등에 대해서도 알아본다.

▶▶ 전역 설정 및 경로의 구성

이번 절에서는 메이븐과 자바 개발 키트^{JDK, Java Development Kit} 같은 젠킨스에서 사용하는 여러 가지 도구와 소프트웨어의 구성 방법을 설명한다.

젠킨스 로그인

젠킨스 구성을 시작하기 전에 젠킨스 서버를 시작하고 로그인하는 방법을 알아보자.

젠킨스 서버 시작

.war 파일을 사용해 젠킨스 서버를 시작할 수 있다. 그러나 만약 젠킨스를 서비스로 설치한 경우라면 젠킨스 서비스를 시작해야 한다. 윈도우 시스템에서 젠킨스 서버를 시작하는 두 가지 방법을 모두 살펴보자.

- .war 파일로 젠킨스 서버를 시작하려면 윈도우의 명령 프롬프트에서 다음 명령을 실행한다. 참고로, 이 책에서 사용하는 .war 파일의 버전은 2.289다.[1]

```
java -jar <.war_파일까지의_경로> -- httpListenAddress=<시스템의_IP_주소>
--httpPort=<원하는_포트_번호>
```

  이 명령을 실행한 후, 젠킨스 서버가 완전히 기동돼 실행될 준비가 될 때까지 기다린다.

- 서비스 방식으로 젠킨스 서버를 시작하려면 윈도우의 시작 메뉴에서 '**서비스**'라고 입력한다.

  - **서비스(앱)** 항목을 선택하면 서비스 창이 나타난다.
  - Jenkins 항목에서 마우스 우클릭을 하고, **시작(S)**을 클릭한다(만약 시작 옵션이 비활성화돼 있다면 이미 젠킨스가 '실행 중'이라는 것을 의미한다).
  - 젠킨스가 시작되면 상태가 '실행 중'으로 변경된다.

젠킨스는 기본적으로 `localhost:8080`에서 실행된다. 만약 `8080` 이외의 포트나 IP 주소를 사용하려면 $JENKINS_HOME/jenkins.xml을 편집해야 한다. `JENKINS_HOME`은 젠킨스 설치 디렉터리를 나타내며, 기본적으로 SystemDrive의 CurrentUser 폴더에 생성되지만 설치 방법에 따라 다른 폴더에 생성될 수도 있다. 젠킨스 메뉴에서 **Manage Jenkins › Configure System**을 클릭하면 설정된 홈 디렉터리(`$JENKINS_HOME`)를 알 수 있다. IP와 포트 번호를 변경하려면 그림 4-1처럼 `<arguments>` 태그에서

---

1   번역서는 2022년 7월 26일 릴리스된 2.361 버전을 기준으로 검증을 진행했다. – 옮긴이

--httpListenAddress=<시스템의_IP_주소> 및 --httpPort=<원하는_포트_번호>를 입력한다.

```
--httpPort=8081 --httpListenAddress=192.168.43.10
```

그림 4-1 jenkins.xml에서 변경한 httpPort 및 httpListenAddress

값을 변경한 후에는 서비스 목록의 Jenkins 항목에서 마우스 우클릭을 하고 '**다시 시작**'을 클릭한다.

- 젠킨스 서버를 도커 컨테이너로 시작하려면 윈도우 명령 프롬프트에서 다음 명령을 실행한다. 도커 허브에서 제공하는 젠킨스 도커 이미지를 사용해서 젠킨스 서버가 실행된다.

```
docker run -p 8080:8080 -name=Jenkins-server jenkins/jenkins
```

이 명령에서 `-p 8080:8080`은 포트 포워딩 설정 부분이다. 즉 도커 컨테이너의 `8080` 포트(:의 왼쪽 값)로 들어오는 요청이 도커에서 실행 중인 젠킨스 서버의 `8080` 포트(:의 오른쪽 값)로 전달된다는 것을 의미한다.

리눅스에서 젠킨스 서비스 시작

(3장에서 이미 젠킨스 서비스를 설치했다면) 리눅스에서는 다음 명령으로 젠킨스를 시작할 수 있다.

```
sudo systemctl start jenkins
```

> **NOTE**
>
> 8080 포트가 이미 사용 중이라 젠킨스 서버를 시작할 수 없다는 오류가 발생하는 경우, /etc/default/jenkins 파일을 열어 –HTTP_PORT=8080 부분의 포트 번호를 다른 포트 번호로 변경한다. 예를 들어, 8081 포트 번호를 사용하고 싶다면 –HTTP–PORT=8081로 값을 변경하고 파일을 저장한 후, 젠킨스를 재시작한다.

젠킨스 서비스의 상태는 다음 명령으로 확인할 수 있다.

```
sudo systemctl status jenkins
```

NOTE

리눅스에서 .war 파일을 사용해 젠킨스를 시작하는 방법은 윈도우에서 실행하는 방법과 거의 동일하기 때문에 별도의 설명을 하지 않는다.

브라우저 실행 및 로그인하기

브라우저를 실행하고 앞에서 설정한 젠킨스 서버의 IP와 포트 번호를 입력한다. 초기 설정 화면이 나타나면 사용자 이름과 비밀번호를 설정한 후, 로그인을 한다.

NOTE

젠킨스 서버를 도커 컨테이너로 시작했다면 포트 포워딩 옵션의 오른쪽 포트 번호가 브라우저에서 접속할 때 사용하는 포트 번호가 된다. 예를 들어, -p 8080:8081 --name=Jenkins-server jenkins/jenkins로 도커를 시작했다면 젠킨스 접속 포트로 8081을 지정해야 한다.

시스템 구성 옵션 이해

이번 절에서는 젠킨스 시스템 설정에 관해 설명한다. 젠킨스에 로그인하면 대시보드 dashboard 페이지가 나타난다.

왼쪽 메뉴의 **Manage Jenkins > Configure System**을 클릭하면 그림 4-2처럼 Configure System^{시스템 구성} 페이지가 나타난다.

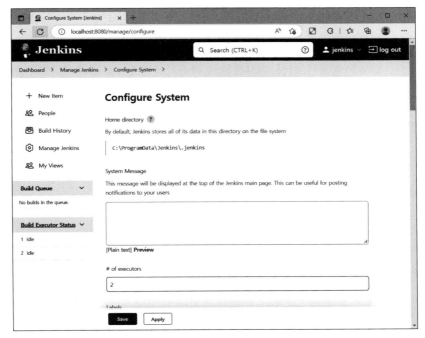

그림 4-2 Configure System(시스템 구성) 페이지

이 페이지에서 자주 사용되는 주요 설정들을 살펴보자.

- **Home directory(홈 디렉터리):**

  이 항목은 `JENKINS_HOME`에서 지정한 디렉터리로서 젠킨스의 작업 및 구성 파일 등 모든 폴더와 파일이 저장되는 경로다. 이 값은 젠킨스 UI에서는 변경할 수 없고 `JENKINS_HOME`의 값을 변경해야 한다. 디렉터리의 경로 변경은 해당 디렉터리에 액세스 권한이 없거나 충분한 저장 공간이 없는 등의 경우에 수행한다. 그리고 경로를 변경하는 경우 이전 경로에 남아 있는 파일을 모두 정리해야 한다.

  젠킨스 홈 디렉터리를 변경하는 방법은 다음과 같이 몇 가지가 있다.

  - 젠킨스 구성 파일에서 `JENKINS_HOME` 변수 값을 편집한다. 예를 들어, 레드햇 리눅스의 경우, /etc/sysconfig/jenkins 파일에서 편집한다.
  - 웹 컨테이너의 관리 도구를 사용해서 `JENKINS_HOME` 환경 변수를 설정한다.

- .war 파일에서 직접 젠킨스를 시작하기 전에 운영체제의 (시스템) 환경 변수 설정 메뉴에서 `JENKINS_HOME` 환경 변수를 설정한다.

- .war 파일에서 직접 젠킨스를 시작하거나 또는 웹 컨테이너를 시작할 때 `JENKINS_HOME` 자바 시스템 속성을 설정한다.

- jenkins.war(또는 웹 컨테이너 확장 이미지)에서 web.xml 파일을 편집한다. 단, 권장하는 방법은 아니다.

- **Jenkins URL(젠킨스 인터넷 주소):**

  젠킨스 서버에 접속할 수 있는 인터넷 주소를 입력한다. 여기에는 젠킨스 서버를 시작할 때 사용할 IP 주소와 포트 번호도 포함된다. 만약 젠킨스 서버를 로컬 컴퓨터에서 기본 포트로 시작한다면, 이 항목의 값은 http://localhost:8080일 것이다. 만약 다른 컴퓨터에서 이 젠킨스 서버에 접속하는 경우에는 이 URL을 서버의 IP 주소로 변경해야 한다.

- **System Admin e-mail address(시스템 관리자 이메일 주소):**

  젠킨스 작업 시 생성되는 알림 메시지를 보낼 이메일 주소 항목이다. 이메일 알림을 구성하는 방법에 대해서는 뒷부분에서 다룰 것이다.

사용자 이름과 비밀번호 재설정

사용자 이름과 비밀번호를 잊어버린 경우에는 젠킨스에 로그인하기 전에 복원해야 한다. 젠킨스 서버가 윈도우에서 실행되는 경우, 사용자 이름과 비밀번호를 재설정하려면 다음 단계를 따른다.

1. 실행 중인 젠킨스 서버를 중지한다.

   젠킨스 서버를 중지하려면 jenkins.war 파일을 실행했던 명령 프롬프트 창을 닫는다. 젠킨스를 윈도우 서비스로 실행했다면 서비스 메뉴로 이동해 실행 중인 Jenkins 항목을 찾아서 마우스 우클릭을 한 후, '**중지(O)**'를 선택한다.

2. **$(JENKINS_HOME)의 config.xml 파일을 편집한다.**

   $(JENKINS_HOME) 디렉터리(예, 젠킨스 설치 디렉터리)로 이동해 config.xml 파일을 연다. 파일에서 <useSecurity> 태그를 찾는다. 이 태그의 기본값은 **true**인데 이 값을 그림 4-3처럼 **false**로 변경하고 저장한다.

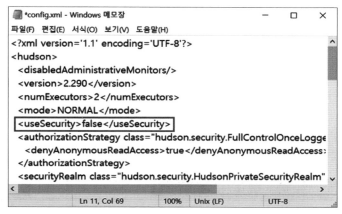

그림 4-3 config.xml 에서 〈useSecurity〉 태그의 값을 false로 변경

NOTE

> MSI 파일로 젠킨스를 설치한 경우에 $(JENKINS_HOME) 디렉터리는 홈 디렉터리의 설정값을 참고한다. 보통 C:\Windows\System32\config\systemprofile\AppData\Local\Jenkins\.jenkins 또는 C:\ProgramData\Jenkins\.jenkins에 있다.

3. **젠킨스 서버를 재시작한다.**

   일단 config.xml을 변경했으므로 젠킨스 서버를 재시작한다. 즉 명령 프롬프트에서 .war 파일을 실행하거나 윈도우 서비스의 Jenkins 항목에서 **'다시 시작(E)'**을 선택한다.

4. **브라우저에서 젠킨스 서버로 접속한다.**

   브라우저를 열고 젠킨스 서버의 URL을 입력한다. 그러면 사용자 이름과 비밀번호를 묻는 절차 없이 바로 대시보드로 이동한다.

   이미 젠킨스를 사용 중이었다면 대시보드에서 기존 작업들이 표시될 수 있다.

5. 왼쪽 메뉴에서 **Manage Jenkins**를 클릭해 Manage Jenkins^{젠킨스 관리} 페이지로 이동한다.

6. **Configure Global Security**^{전역 보안 관리} 메뉴를 클릭해 Configure Global Security ^{전역 보안 구성} 페이지로 이동한다.

7. Authorizaton^{권한 부여} 섹션에서 **Anyone Can Do Anything**^{모든 사용자가 모든 작업 수행 가능}을 선택한다.

8. **Save** 버튼을 클릭한다.

9. 재설정할 사용자를 삭제하기 위해 왼쪽 메뉴의 **People** 메뉴를 클릭한다(그림 4-4).

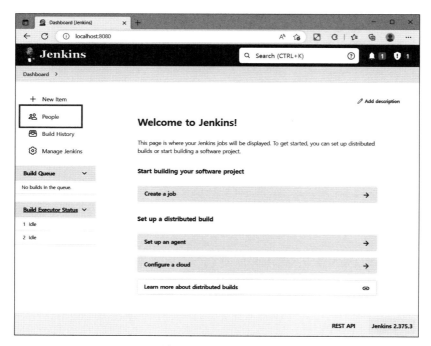

그림 4-4 People 메뉴를 선택

10. People 페이지에서 재설정할 사용자를 선택한다. 그림 4-5의 경우 사용자 이름인 **pranodayd**를 클릭했다.

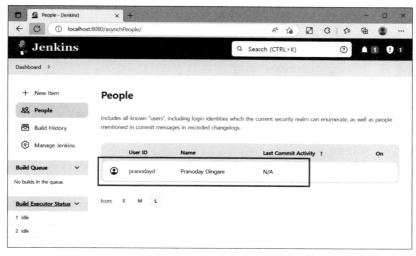

그림 4-5 삭제할 사용자 이름을 선택

11. 왼쪽 메뉴에서 **Delete** 메뉴를 클릭한다(그림 4-6).

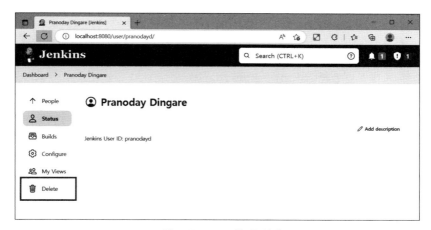

그림 4-6 Delete 메뉴를 선택

12. 삭제 여부를 묻는 질문이 나오면 **Yes** 버튼을 클릭한다.

신규 사용자 추가

신규 사용자를 추가하려면 **Manage Jenkins > Configure Global Security** 메뉴를 클릭해 Configure Global Security 페이지로 이동한다. Security Realm^{보안 영역} 섹션에서 **Jenkins' own user database**^{젠킨스의 자체 사용자 데이터베이스}를 선택한다. 이어서 다음 절차를 따른다.

1. Authorization 섹션에서 **Loggin-in users can do anything**^{로그인한 사용자는 모든 작업 가능}을 선택하고, **Allow anonymous read access**^{익명 읽기 액세스 허용} 항목을 해제한다(그림 4-7).

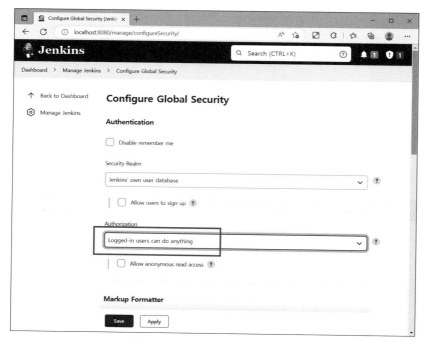

그림 4-7 Authorization 섹션에서 옵션 선택

2. **Save** 버튼을 클릭한다.

3. Create First Admin User^{첫 관리자 생성} 화면에서 관리자의 상세 정보를 입력하고 **Create First Admin User** 버튼을 클릭한다.

그러면 입력된 내용으로 관리자 계정이 생성된다.

▶▶ 요약

4장에서는 젠킨스를 시작하는 방법과 윈도우 서비스로 실행하는 방법을 설명했다. 그리고 실제 환경에서 매우 빈번히 발생하는 경우로, 사용자 이름이나 비밀번호를 잊었을 때 재설정하는 방법을 알아봤다. 또한 다양한 젠킨스 구성 옵션에 대해서도 다뤘다. 5장에서는 젠킨스의 플러그인을 설치하거나 업데이트 및 삭제할 수 있는 젠킨스 플러그인 매니저에 대해 알아본다.

Chapter 5

젠킨스 플러그인 관리

젠킨스는 소프트웨어 개발 프로세스의 여러 단계를 자동화하는 도구로, 중앙 소스 코드 리포지터리에서 최신 코드 입수, 코드 컴파일, 단위 테스트 실행, 산출물 패키징 및 배포 등의 기능을 제공한다. 또한 무료로 자유롭게 사용할 수 있는 라이선스를 갖는 오픈 소스 소프트웨어다. 한편, 소프트웨어 빌드 수명 주기는 소스 관리 도구에서 소스 코드를 입수하고, 컴파일하고, 단위/통합 테스트를 수행하고, 라이브러리를 빌드하고, 릴리스하는 단계로 구성된다. 이러한 단계들을 수행하려면 SCM, 단위/통합 테스트 도구, 빌드 도구 등 다양한 종류의 도구를 사용해야 한다. 그리고 젠킨스는 이 모든 도구와 인터페이스하면서 빌드 수명 주기의 처음부터 끝까지의 과정을 실행하는데, 이때 사용되는 것이 젠킨스 플러그인^{plugin}이다.

5장에서는 플러그인이 무엇인지와 많이 사용되는 플러그인을 알아보고, 젠킨스 플러그인 매니저^{Jenkins Plugin Manager}를 사용해 플러그인을 설치하는 방법을 설명한다. 5장의 후반부에서는 플러그인 설치 과정에서 자주 발생하는 문제의 해결법도 다룬다.

▶▶ 플러그인이란

플러그인은 기존 컴퓨터 프로그램에 특정 기능을 추가하는 소프트웨어 구성 요소다. 젠킨스의 기능을 확장하기 위해 상당히 많은 플러그인이 개발돼 있다.

많이 사용되는 플러그인

젠킨스에서 가장 많이 사용되는 플러그인은 다음과 같다.

- Git(깃):

  Git 플러그인은 깃 버전 관리 시스템과 통합에 사용된다. 깃은 분산형 버전 관리 시스템으로써 여러 개발자가 함께 소스 코드를 관리할 수 있는 기능을 제공한다. 깃에 대해서는 10장과 12장에서 더 자세히 설명한다.

- Maven Integration(메이븐 통합):

  Maven Integration 플러그인은 메이븐 빌드 도구와 젠킨스를 통합하는 데 사용된다. 메이븐은 컴파일, 패키징, 테스트 등과 같은 핵심 빌드 단계를 자동화하는 데 사용되는 빌드 도구다.

- Email Extension Plugin(이메일 확장):

  젠킨스에서는 빌드 진행 상태를 관리자에게 알리는 이메일 알림을 구성할 수 있다. Email Extension 플러그인을 사용하면 알림 방식을 설정할 수 있고, 전송될 이메일의 세부 정보를 추가할 수도 있다. 실제 사용 사례는 이 책의 후반에서 여러 번 다룰 것이다.

플러그인 설치

이번 절에서는 젠킨스에 플러그인을 설치하는 과정을 알아본다.

다음 단계를 따라 필요한 플러그인을 설치해보자.

1. 젠킨스에 로그인한다. 로그인하면 Dashboard^{대시보드} 페이지가 나타난다.

2. 왼쪽의 **Manage Jenkins** 메뉴를 클릭해, Manage Jenkins 페이지로 이동한다.

3. **Manage Plugins**를 클릭한다.

4. 그림 5-1처럼 Plugin Manager 페이지가 나타난다.

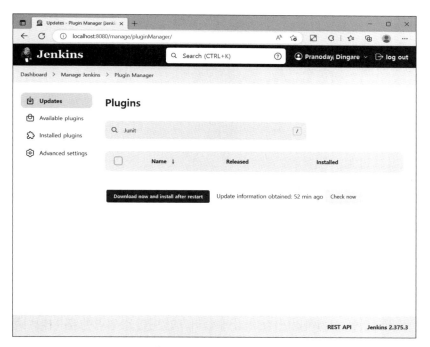

그림 5-1 Plugin Manager 페이지

플러그인 매니저 이해

Plugin Manager 페이지에서는 다양한 젠킨스 플러그인을 설치하고 업데이트할 수 있다. 이 페이지는 Updates^{업데이트 항목}, Available plugins^{설치 가능 플러그인}, Installed plugins^{설치 완료 플러그인}, Advanced settings^{고급 설정}의 4개 메뉴로 구성된다. 각 메뉴에 대해서 자세히 알아본다.

Updates

이미 설치된 플러그인 중 업데이트 가능한 플러그인이 표시된다. 업데이트하고 싶은 플러그인 이름 앞에 체크박스를 선택한 후, **Down now and install after restart**^{지금 다운로드하고 재시작 후 설치} 버튼을 클릭해 업데이트 버전을 설치할 수 있다(그림 5-2).

그림 5-2 업데이트할 플러그인 목록

Available plugins

다운로드 및 설치할 수 있는 플러그인이 표시된다.

새로운 플러그인을 설치하려면 검색 창에 플러그인 이름을 입력한 후 나타나는 목록에서 이름 앞에 체크박스를 선택한다. 예를 들어, JUnit 플러그인을 설치하려면 검색 창에 **Junit**을 입력한다. 플러그인 목록에 JUnit 플러그인 항목이 표시되면 해당 항목의 체크박스를 선택한다(그림 5-3).

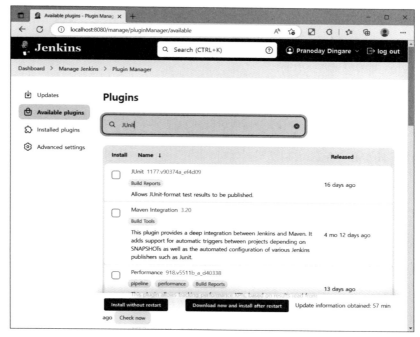

그림 5-3 JUnit 플러그인 항목이 선택된 화면

체크박스를 선택한 후 Install without restart^{재시작 없이 설치} 버튼이나 Download now and install after restart 버튼을 클릭한다.

- Install without restart 버튼을 클릭하면 플러그인 다운로드가 시작되며, 다운로 드가 끝나자마자 설치된다.

  인터넷 속도에 따라 다소 시간이 걸릴 수 있으며, JUnit 플러그인 설치 상태가 녹색(성공)으로 변경될 때까지 기다려야 한다. 녹색 상태가 되면 플러그인을 사용할 수 있다.

- Download now and install after restart 버튼을 클릭하면 플러그인이 다운로드만 되고 설치되지 않는다. 젠킨스 서버를 재시작한 이후에 설치가 완료된다.

Installed plugins

젠킨스에 설치된 모든 플러그인의 목록과 상세 버전 정보 등이 표시되며, 여기에서 플러그인을 제거할 수도 있다.

설치된 플러그인을 제거하려면 검색 창에 이름을 입력하거나 직접 목록에서 해당 플러그인을 찾아 **Uninstall**^{제거} 버튼을 클릭한다.

JENKINS_HOME/plugins 디렉터리에서 제거를 원하는 플러그인의 .HPI 파일을 삭제하는 방법도 있다.

플러그인을 제거하지 않고 비활성화하는 방법도 있다. 이 경우 비록 플러그인이 설치돼 있어도 시작되지 않으며, 확장 기능도 역시 제공되지 않는다.

플러그인을 비활성화하려면 **Enabled**^{사용 가능}를 클릭해서 비활성화 상태로 변경한다.

Advanced settings

기업이나 조직에 따라서는 프록시 서버를 거쳐야만 인터넷을 사용할 수 있는 경우가 있다. 이 경우 프록시 서버가 구성되지 않으면 인터넷에 직접 접속할 수 없다. 프록시 서버를 거쳐야만 인터넷 접속 요청이 실제 네트워크로 연결되는 구성이기 때문이다.

만약 조직 내에 이런 프록시 서버가 있다면 젠킨스에서 수행하는 작업들이 인터넷에 접속할 수 없다. 예를 들어, 소스 코드를 입수하기 위해 http://gitlab.com에 접속하는 작업이 불가능할 수도 있는 것이다. 또한 업데이트 센터에 접속해서 젠킨스 플러그인을 다운로드할 수도 없다. 젠킨스 서버가 조직의 프록시 서버 뒤에 위치한다면 먼저 젠킨스에서 프록시 구성을 해야 한다.

IT 운영 부서에 프록시 서버에 대한 세부 정보를 요청하고, 다음 HTTP 프록시 구성 섹션에서 해당 정보를 입력해야 한다(그림 5-4).

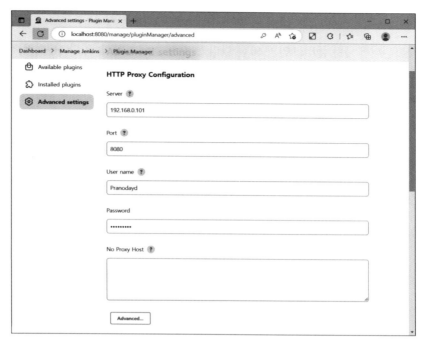

그림 5-4 HTTP 프록시 구성 페이지

이 페이지의 항목을 하나씩 살펴보자.

- **Server(서버)**: 서버의 IP 주소를 입력한다.

- **Port(포트)**: 서버의 포트 번호를 입력한다.

- **User name(사용자 이름)**: 프록시 서버에 인증 기능이 설정됐다면 자격 증명을 위해 사용자 이름을 입력한다. 인증 기능이 설정되지 않았다면 빈칸으로 둔다.

- **Password(비밀번호)**: 프록시 서버에 인증 기능이 설정됐다면 자격 증명을 위해 비밀번호를 입력한다. 인증 기능이 설정되지 않았다면 빈칸으로 둔다.

- **No Proxy Host(프록시 비대상 호스트)**: 프록시를 거치지 않아야 하는 IP 주소나 호스트 이름 패턴을 지정한다. 여기서 지정한 값은 프록시 서버를 거치지 않고 직접 접속할 수 있다.

필수 세부 정보를 모두 입력한 후 **Submit**^{제출} 버튼을 클릭한다.

업데이트 센터에서는 플러그인의 최신 릴리스 버전만 설치할 수 있다. 특정 버전의 플러그인이 필요한 경우 해당 플러그인의 .HPI 파일을 다운로드하고, Deploy Plugin ^{플러그인 배치} 섹션을 사용해서 수동으로 설치할 수 있다. 이를 위해서는 다음 단계를 따른다.

1. 필요한 플러그인 버전의 .HPI 파일을 다운로드한다.

2. **Choose File**^{파일 선택} 버튼을 클릭해 다운로드한 .HPI 파일을 찾는다.

3. **Deploy**^{배치} 버튼을 클릭한다.

참고로 젠킨스 플러그인은 Update Site 섹션 내에 지정된 URL로부터 다운로드된다.

▶▶ 설치 문제 해결법

젠킨스 플러그인을 설치하다보면 문제를 겪는 경우가 있다. 이번 절에서는 일반적인 문제들과 원인 및 해결 방법을 알아본다.

문제 1

오류 메시지

```
java.io.IOException: Downloaded file /var/lib/jenkins/plugins/*.tmp does not
match expected SHA-1, expected 'f2ncNlydUUSPrk6SoG255v+2kQU=', actual
'lZRJco4Ouv1j0AG4Aet7HadHg/Q='
```

원인

1. 젠킨스 업데이트 센터가 젠킨스와 동기화되지 않는 문제

2. 젠킨스 시스템이 프록시 뒤에서 운영되는 문제

해법 1

젠킨스 업데이트 센터가 젠킨스와 동기화되지 않는 문제

1. **Manage Jenkins > Manage Plugin**을 선택한 후, **Advanced settings** 메뉴를 클릭한다. 페이지 아래 부분에 Update Site 섹션으로 이동하고, **Check Now**^{즉시 점검} 버튼을 클릭한다. 이렇게 하면 젠킨스 서버와 업데이트 센터가 동기화된다.

2. 젠킨스 서버를 재시작하고 플러그인을 다시 설치한다.

해법 2

젠킨스 시스템이 프록시 뒤에서 운영되는 문제

1. **Manage Jenkins > Manage Plugin**을 선택한 후, **Advanced settings** 메뉴를 클릭한다. HTTP Proxy Configuration 섹션에 인증이 설정돼 있지 않으면 **User name**과 **Password** 항목을 비워 둔다.

2. **Advanced...** 버튼을 클릭하면 나타나는 Test URL 항목에 젠킨스 업데이트 센터의 URL을 입력한 후, **Validata Proxy**^{프록시 검증} 버튼을 클릭한다.

3. 프록시 검증이 성공하면 **Submit** 버튼을 클릭한다.

4. 플러그인을 다시 설치해본다. 만약 실패하면 젠킨스 서버를 재시작한 후, 다시 설치해본다.

문제 2

오류 메시지

```
javax.net.ssl.SSLHandshakeException: PKIX path building failed:
sun.security.provider.certpath.SunCertPathBuilderException: unable to find
valid certification path to requested target
```

원인

젠킨스 업데이트 센터 URL에서는 HTTPS를 기본으로 사용하기 때문에 보안 인증서와 같은 추가 보안 조치가 필요하다.

젠킨스 서버를 실행할 때 사용하는 JDK에는 다수의 CA 인증서가 포함돼 있다. 이들 인증서는 자바 설치 경로의 lib\security 내에 cacerts라는 파일로 존재한다. 그러나 이들 cacerts 파일 중에 젠킨스 업데이트 센터 웹 사이트에 보안 접속을 할 수 있는 최신 보안 인증서가 없을 경우 문제가 발생한다. 이는 젠킨스 서버를 실행할 때 이전 버전의 자바를 사용했기 때문이다.

이 문제를 해결하는 방법은 다음처럼 여러 가지가 있다.

해법 1

업데이트 센터 URL을 https:// 대신 http://로 변경

1. **Manage Jenkins > Manage Plugin**을 선택한다.

2. **Advanced settings** 메뉴를 선택한다.

3. 페이지 아래에 Update Site 섹션으로 이동한다.

4. 기존의 주소 값(https://updates.jenkins.io/update-center.json)을 다음 주소 값 (http://updates.jenkins.io/update-center.json)으로 변경한 후, **Submit** 버튼을 클릭한다.

5. 플러그인을 재설치한다.

해법 2

최신 버전의 자바로 업데이트

1. 최신 버전의 자바를 다운로드하고, 설치한다.

2. PATH 환경 변수에 최신 버전의 자바 경로(\JAVA_HOME\\bin)를 추가한다(3장 참고).

3. 환경 변수 설정을 저장하고, 젠킨스 서버를 재시작한다.

4. 플러그인을 재설치한다.

> **NOTE**
>
> 자바 1.8 또는 자바 1.11 이외의 버전으로 업데이트하고, .war 파일로 젠킨스 서버를 시작하는 경우에
> 는 ─enable─future─java 플래그를 추가해야 한다. 예를 들어, 다음과 같이 실행한다.
>
> ```
> java -jar D:\Jenkins\jenkins.war --enable-future-java
> ```

해법 3

최신 자바 설치 경로의 lib\security 폴더에서 .war 파일로 젠킨스 서버를 시작

1. 최신 버전의 자바를 설치한다.

2. 명령 프롬프트를 시작하고 작업 디렉터리를 자바 설치 경로에 lib\security로
   변경한다.

   만약 JDK 15가 D:\JDK15\jdk-15.0.2라는 경로에 설치됐다면 명령 프롬프
   트를 열고 작업 디렉터리를 D:\JDK15\jdk-15.0.2\lib\security로 변경한다.

3. D:\JDK15\jdk-15.0.2\lib\security에서 jenkins.war 파일을 실행한다.

4. 플러그인을 재설치한다.

컴퓨터 내에 다른 프로그램이 특정 버전의 자바를 사용해야 하기 때문에 PATH 환경
변수 자바 경로를 변경할 수 없는 경우에는 해법 3을 사용해야 한다.

> **NOTE**
>
> 문제 2를 해결하기 위해 최신 버전의 자바를 사용해 젠킨스 서버를 실행했다면 플러그인 설치가 완료된
> 후에는 젠킨스에서 지원하는 자바 버전(JDK8이나 JDK11, JDK17 등)으로 복구돼야 한다. 젠킨스
> 에서 지원하는 자바 버전을 사용하지 않을 경우 젠킨스 파이프라인 작업에서 오류가 발생한다.

▶▶ 요약

5장에서는 젠킨스 플러그인 매니저를 사용해서 플러그인을 설치하거나 업데이트와 제거하는 방법을 설명했다. 또한 플러그인 설치 과정에서 겪게 되는 오류와 해법도 다뤘다. 6장에서는 전역 도구 구성^{Global Tool Configuration} 페이지에서 메이븐, 깃, 자바같이 많이 사용되는 도구를 구성하는 방법을 배운다.

Chapter 6

전역 도구 구성의 이해

젠킨스로 작업할 때는 자바나 메이븐 등 다양한 도구와 기술을 병행해 사용하게 된다. 6장에서는 전역 도구 구성 페이지에서 JDK와 메이븐을 구성하는 방법을 설명한다.

▶▶ 전역 도구 구성 설정

다음 단계에 따라 Global Tool Configuration 페이지로 이동한다.

1. 젠킨스에 로그인한다. 그러면 대시보드가 표시된다.

2. 왼쪽 메뉴에서 **Manage Jenkins** 메뉴를 클릭해 Manage Jenkins^{젠킨스 관리} 페이지로 이동한다.

3. **Global Tool Configuration** 메뉴를 클릭해 해당 페이지로 이동한다(그림 6-1).

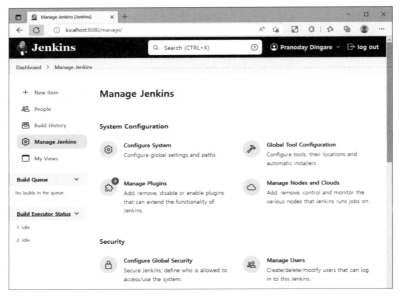

그림 6-1 Manage Jenkins 페이지

Global Tool Configuration을 클릭하면 해당 페이지로 이동한다(그림 6-2).

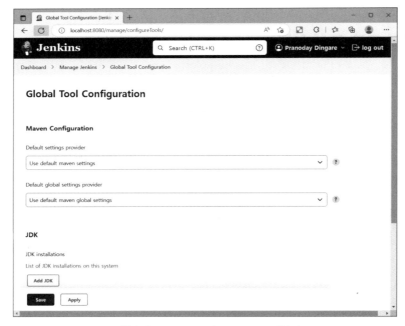

그림 6-2 Global Tool Configuration 페이지

만약 그래들^{gradle}이나 깃 같은 다른 도구들의 플러그인이 설치됐다면 해당 도구와 관련된 설정도 이 페이지에 함께 나타난다.

전역 도구 구성의 이해

메이븐 빌드 도구와 관련된 설정을 살펴보자. 메이븐은 컴파일, 패키징, 배포와 같은 자바 애플리케이션의 빌드 단계를 자동화하는 데 사용된다. 메이븐은 다른 플러그인들의 지원을 받아 작업을 수행하는 명령행 인터페이스 빌드 도구다. 메이븐의 설정에는 다음 2개의 구성 파일이 사용된다.

- **메이븐 설치 파일(전역 설정)**: 이 파일의 기본 위치는 `${maven.home}\conf`이고 파일 이름은 settings.xml이다. `{maven.home}`은 메이븐 설치 경로를 의미한다.

- **사용자 설치 파일(사용자 설정)**: 이 파일의 기본 위치는 `{user.home}/.m2`이고, 파일 이름은 settings.xml이다. `{user.home}`은 현재 사용자 경로를 의미한다. 메이븐은 11장에서 자세히 다룰 예정이다.

이 파일에는 메이븐으로 자바 프로젝트를 빌드하는 데 필요한 설정이 들어 있다. 동일한 시스템에서 작업하는 모든 사용자에게 적용되는 공통 메이븐 설정은 전역 설정 파일에 저장되고, 특정 사용자별 메이븐 설정은 사용자 설정 파일에 저장된다.

사용자 설치에서는 settings.xml 파일이 없어도 된다. 이 파일이 없는 경우 메이븐 설치의 settings.xml 파일에서 필요한 설정을 가져온다. 2개의 settings.xml 파일에 동일한 설정이 있는 경우 {user.home}/.m2/settings.xml에 있는 사용자 설정값이 우선 적용된다.

젠킨스 내부에서 메이븐을 구성하는 동안 젠킨스는 사용자 및 전역 settings.xml 파일의 위치를 알아야 한다. 이들 파일이 기본 위치에 있는 경우, 그림 6-3처럼 Default settings provider$^{기본 설정 공급자}$의 값으로는 Use default maven settings$^{기본 메이븐 설정 사용}$를 유지하고, Default global settings provider$^{기본 전역 설정 공급자}$의 값으로는 Use default maven global settings$^{기본 메이븐 전역 설정 사용}$를 유지하면 된다.

그림 6-3 Maven Configuration 섹션

메이븐 구성

그러나 만약 이들 파일이 다른 위치에 있다면 Default settings provider의 값으로 Settings file in filesystem^{파일 시스템 내의 설정 파일}을 선택하고, 그림 6-4처럼 파일의 위치를 직접 지정해야 한다. 이는 Default global settings provider의 값을 설정할 때도 마찬가지다.

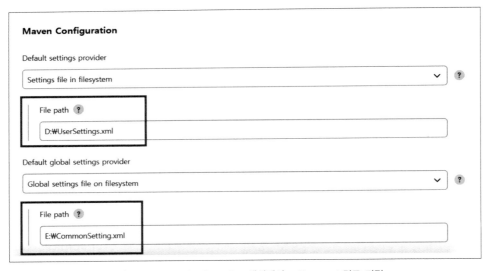

그림 6-4 Maven Configuration 섹션에서 settings.xml 경로 지정

메이븐과 관련해서 이해해야 하는 두 번째는 Maven 섹션으로, 여기서는 Maven installations^{메이븐 설치}를 구성할 수 있다.

우선, **Add Maven**^{메이븐 추가} 버튼을 클릭한다. 그러면 메이븐 설치 섹션이 확장된다. **Name**^{이름} 필드에는 메이븐 구성 이름을 입력한다. 단, 젠킨스 파이프라인에서 이곳에 입력한 이름을 직접 사용하기 때문에 이름은 영문으로 하되, 숫자나 공백, 특수문자는 사용하지 않도록 주의하자(파이프라인에 대한 자세한 설명은 14장을 참고한다). 만약, 젠킨스 작업을 운영 중인 시스템에 이미 메이븐이 설치돼 있다면 그림 6-5처럼 **Install automatically**^{자동 설치} 체크박스를 선택 해제한다.

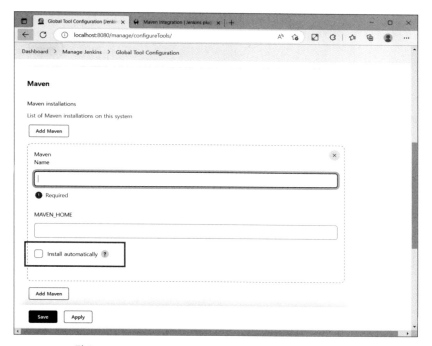

그림 6-5 Maven installations 섹션 내에 Install automatically 체크박스

그리고 그림 6-6처럼 MAVEN_HOME 필드에 메이븐 설치 디렉터리의 정보를 입력한다.

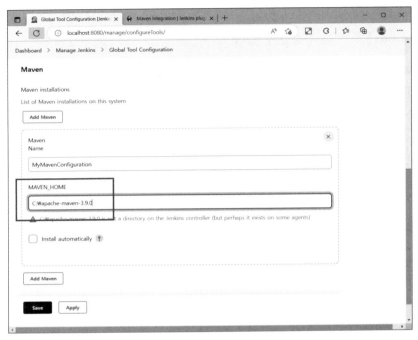

그림 6-6 Maven installations 섹션 내에 MAVEN_HOME 필드

이제 **Save** 버튼을 눌러 구성을 저장한다.

만약, 젠킨스 작업을 운영 중인 시스템에 메이븐이 설치돼 있지 않다면 **Install automatically**를 선택하고, 설치 환경을 구성해야 한다. 젠킨스는 메이븐이 설치되지 않은 시스템에서 처음 작업을 실행할 때만 설치 작업을 수행한다.

그러면 .ZIP/.TAR 파일을 추출해서 메이븐을 설치하는 과정을 살펴보자.

Add Installer^{인스톨러 추가}를 클릭하고, 그림 6-7처럼 **Extract *.zip/*.tart.gz** 항목을 선택한다.

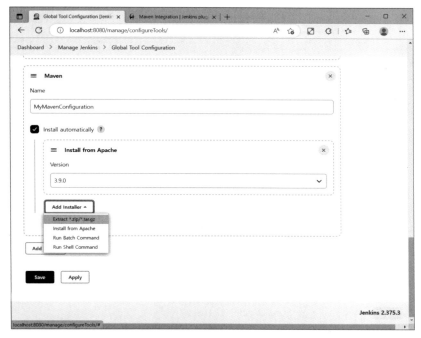

그림 6-7 메이븐 인스톨러 구성하기

Download URL for binary archive^{다운로드할 바이너리 파일의 주소} 필드에 메이븐 웹 사이트의 apache-maven-3.8.7-bin.zip 파일 주소를 입력한다. 예를 들면 다음과 같다(그림 6-8).

https://archive.apache.org/dist/maven/maven-3/3.8.7/binaries/apache-maven-3.8.7-bin.zip

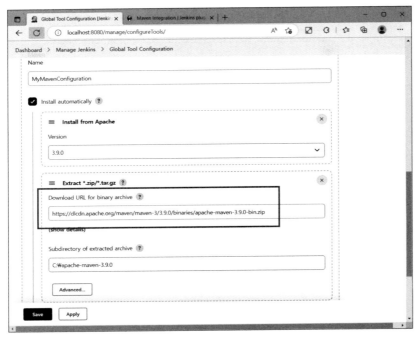

그림 6-8 메이븐 다운로드 주소 입력하기

Subdirectory of extracted archive^{추출 파일의 하위 디렉터리}에는 다운로드 파일의 압축 해제 폴더 내에 메이븐 설치 디렉터리 이름을 입력한다. 젠킨스가 메이븐 설치를 진행할 때는 바이너리 파일을 다운로드한 후 압축을 풀어 그림 6-9처럼 디렉터리 구조를 갖는 메이븐 빌드 도구를 설치한다.

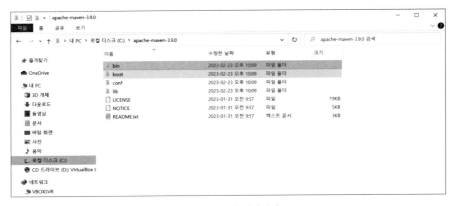

그림 6-9 메이븐의 디렉터리 구조

그림 6-9처럼 메이븐 도구는 apache-maven-3.8.7이라는 디렉터리에 있다. 따라서 Subdirectory of extracted archive의 값은 apache-maven-3.8.7이다. 그러면 젠킨스는 이 디렉터리를 메이븐 설치 위치로 인식하고 bin/ 폴더에 있는 mvn 명령을 사용해 메이븐에 접근할 수 있다.

이제 마지막으로 **Save** 버튼을 클릭해 구성을 저장한다.

자바 구성

Add JDK^JDK 추가 버튼을 클릭한다.

만약 시스템에 이미 자바가 설치돼 있다면 그림 6-10처럼 **Install automatically** 부분을 선택 해제하고, **Name** 필드에 적절한 이름을 입력한다. 그리고 JAVA_HOME 필드에는 자바 설치 디렉터리의 절대 경로를 입력한다.

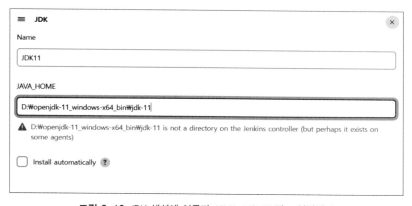

그림 6-10 JDK 섹션에 이름과 JAVA_HOME 필드 입력하기

만약 JDK가 설치돼 있지 않고, 젠킨스에서 필요할 때 설치하도록 설정하려면, **Install automatically**를 선택하고, 메이븐 구성 섹션에서 설명한 대로 설치 환경을 구성해야 한다.

▶▶ 요약

6장에서는 메이븐이나 JDK처럼 중요한 도구를 설정하는 방법을 설명했다. 젠킨스 작업에 필수적인 도구들이 설치돼 있지 않다면 젠킨스 작업을 실행하는 도중 문제가 발생할 것이다. 젠킨스에서는 이러한 도구들의 설치 구성 프로그램을 사용해 설치를 직접 수행한다. 7장에서는 젠킨스에서 인증 및 권한 부여를 수행하는 데 관련된 보안 기능을 살펴보고, 보안 관리 방법에 대해서도 설명한다.

Chapter 7

젠킨스의 보안 관리

6장에서는 메이븐과 JDK를 설정하고 젠킨스와 통합하는 법을 배웠다. 7장에서는 젠킨스에서 인증과 권한 부여 기능을 구성하는 데 필요한 다양한 보안 관련 설정을 알아본다.

> **NOTE**
>
> 인증(authentication)은 로그인과 같이 시스템에 접속하는 사용자의 신원을 확인하는 절차를 말하며, 권한 부여(authorization)는 관리자/일반 사용자처럼 다양한 유형의 사용자가 무엇을 할 수 있는지 권한을 결정하는 절차를 말한다.

▶▷ 젠킨스의 전역 보안 구성

이번 절에서는 Configure Global Security 페이지의 다양한 설정을 다룰 예정이다. 이를 위해 젠킨스에 로그인하고, 대시보드에서 **Manage Jenkins** 메뉴를 클릭하고(그림 7-1), Manage Jenkins 페이지가 나오면 **Configure Global Security** 메뉴를 클릭한다.

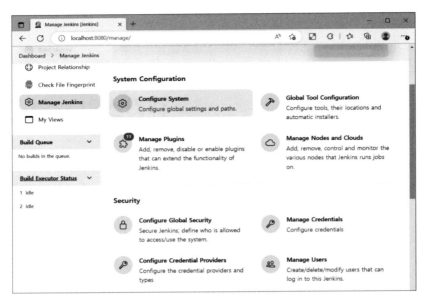

그림 7-1 System Configuration 페이지

그림 7-2는 Configure Global Security 페이지를 보여준다.

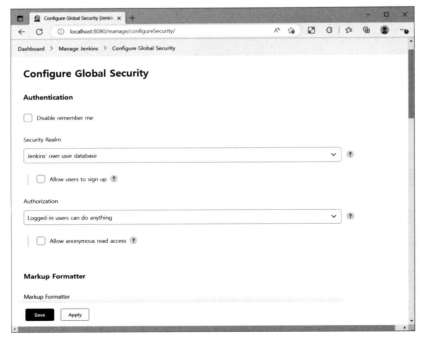

그림 7-2 Configure Global Security 페이지

이제 이 페이지의 설정 항목들을 하나씩 알아보자.

- **Disable remember me(내 정보 기억 비활성화)**: 이 옵션은 선택 해제된 상태가 기본 값이다.

  처음 젠킨스 로그인 화면을 열면 Keep me signed in^{로그인 유지}라는 체크박스가 표시되며, 이를 선택하고 로그인을 하면 다음부터는 (로그아웃을 하지 않는 한) 젠킨스에 접속할 때 로그인을 요청하지 않는다.

  그러나 Disable remember me 항목을 선택하면 로그인 페이지에서 Keep me signed in 체크박스가 더 이상 표시되지 않는다.

다음은 Security Realm 섹션의 옵션이다.

- **Delegate to servlet container(서블릿 컨테이너에 위임)**: 젠킨스는 제티^{Jetty}(젠킨스 서버를 실행할 때 사용하는 기본 서블릿 컨테이너)나 톰캣 등과 같은 자바 서블릿 컨테이너에서 실행되는 자동화 서버다. 만약 이들 컨테이너에 구성된 사용자로 젠킨스를 실행하고 싶은 경우라면 이 옵션을 선택한다.

- **Jenkins' own user database(젠킨스 자체 사용자 데이터베이스)**: 서드파티 제품을 이용하지 않고, 젠킨스의 자체 데이터베이스에서 사용자를 생성하고 관리하려고 할 때 사용하는 옵션으로서 새로운 사용자를 생성하는 단계는 다음과 같다.

  1. 젠킨스 대시보드로 이동한다.

  2. **Manage Jenkins > Manage Users** 메뉴를 선택한다.

  3. **Create User**^{사용자 생성} 링크를 클릭한다.

  4. Create User 페이지에서 사용자 이름과 비밀번호, 비밀번호 확인, 전체 이름, 이메일 주소와 같은 세부 정보를 입력하고, **Create User** 버튼을 클릭한다. 이렇게 생성된 사용자로 젠킨스에 로그인할 수 있다.

- **Allow users to sign up(사용자 가입 기능 활성화)**: Jenkins' own user database 항목을 선택하면 표시되는 옵션이다. 이 체크박스는 선택 해제가 기본값이다. 만약 이 체크박스를 선택하면 그림 7-3처럼 젠킨스 초기 페이지에서 **Create an Account**^{계정 생성}라는 링크가 표시된다.

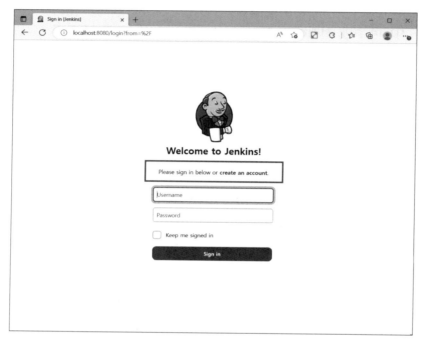

그림 7-3 Create an Account 링크가 추가된 젠킨스 로그인 화면

이 링크를 클릭하고 Create an Account 페이지에서 필요한 정보를 입력하면 인증 사용자를 생성된다.

그러나 **Allow users to sign up** 체크박스는 선택하지 않는 것이 좋다. 이 옵션을 선택하면 젠킨스 서버 도메인의 모든 사용자가 계정을 만들어서 인증 사용자가 될 수도 있다.

- **None(무인증):** Security Realms 섹션에서 **None** 항목을 선택하면, 어떤 인증도 요청하지 않고 익명 사용자로 간주된다.

  이 옵션을 설정하고 젠킨스에 접속을 시도하면 젠킨스 서버 로그에 다음과 같은 오류 로그가 표시된다.

  ```
  anonymous is missing the Overall/Read permission
  (익명 사용자는 전체/읽기 권한이 없습니다).
  ```

익명 사용자가 접속할 수 있도록 허용하려면 다음 단계를 따라야 한다.

1. $jenkins_home/config.xml 파일로 이동한다.

2. <denyAnonymousReadAccess> 태그의 값을 true에서 false로 변경한다(그림 7-4).

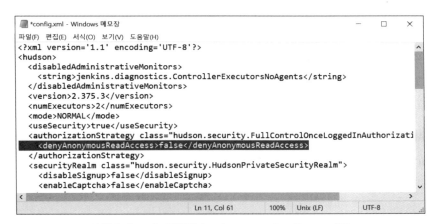

그림 7-4 config 파일에 denyAnonymousReadAccess 설정

3. 서버를 재시작하고, 젠킨스 주소로 접속한다.

  이제 인증을 거치지 않고도 젠킨스 대시보드로 직접 이동할 수 있다. 그러나 읽기 전용으로만 접속을 하게 된다.

다음은 Authorization 섹션의 옵션이다.

- **Anyone can do anything(누구나 모든 기능 제어 가능):** 이 옵션은 Configure Global Security 페이지(그림 7-2)의 Authorization 섹션에 위치하며, 이 옵션을 선택하면 모든 사람(로그인을 하지 않은 익명의 사용자 포함)이 젠킨스의 모든 기능을 제어할 수 있다.

  이 설정은 기업 내부의 신뢰할 수 있는 인트라넷 환경에서 젠킨스를 운영할 때 사용하는 옵션으로, 사용자가 매번 젠킨스에 로그인할 필요가 없어서 빠르게 설정을 변경할 수 있다. 그러나 이 옵션을 사용하는 것은 권장하지 않는다.

- **Legacy mode(레거시 모드):** 이 모드에서는 관리자 권한이 있는 사용자는 시스템에 대한 모든 권한을 갖는다. 일반 사용자 및 익명 사용자는 읽기 전용 권한만을 갖는다. 1.164 이전 버전에서는 기본적으로 설정된다. 그러나 이 옵션을 사용하는 것은 권장하지 않는다.

- **Logged in user can do anything(로그인한 사용자는 모든 기능 제어 가능):** 이 옵션을 선택하면 익명 사용자를 제외한 사용자들은 반드시 로그인을 해야 한다. 그리고 일단 로그인을 하면 시스템에 대한 모든 권한을 갖게 된다.

- **Allow anonymous read access(익명 사용자에게 읽기 권한 부여):** 이 옵션은 Logged in user can do anything 옵션의 하위 메뉴다. 이 옵션을 선택하면 로그인을 하지 않는 사용자(익명 사용자)는 읽기 전용 권한을 갖는다.

  이 옵션을 선택하지 않으면 익명 사용자는 젠킨스에 접근할 수 없으며, 그림 7-5와 같은 화면을 보게 된다.

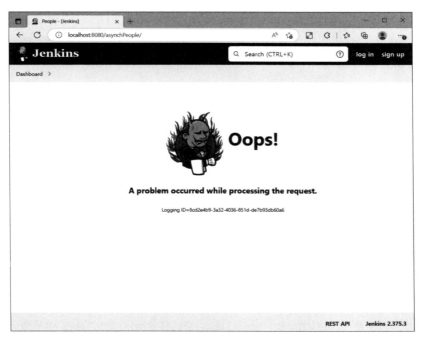

그림 7-5 읽기 권한이 없는 익명 사용자에게 표시되는 화면

다음은 Agents^{에이전트} 섹션의 옵션이다.

- **TCP port for inbound agents(인바운드 에이전트용 TCP 포트 번호):**

  이 옵션은 17장에서 다룰 분산 빌드^{distributed build}와 관련된 기능이다. 분산 빌드
  에서는 별도의 젠킨스 에이전트(노드)를 구성해야 하는데, 이 옵션에서 지정한
  포트 번호를 사용해 젠킨스 에이전트와 통신한다.

  - Random^{임의} 옵션을 선택하면 다른 프로세스에서 사용하지 않은 포트 번
    호가 임의로 선택된다.

  - Fixed^{고정} 옵션을 선택하면 다른 프로세스에서 사용하지 않은 포트 번호
    중 사용 가능한 포트 번호 하나를 사용자가 직접 입력해야 한다.

일반적으로 임의 옵션보다는 고정 옵션을 많이 사용한다. 이는 특정 포트로 들어오는 통신 요청을 허용하려면 시스템 방화벽 설정의 인바운드 규칙에 포트 번호를 직접 입력해야 하기 때문이다.

윈도우 방화벽에 인바운드 규칙을 생성하는 절차는 17장의 젠킨스 분산 빌드에서 다룰 예정이다.

고정 옵션을 선택하면 인바운드 규칙을 쉽게 생성할 수 있다. 그러나 임의 옵션을 선택할 경우 젠킨스가 에이전트와 통신할 포트 번호를 계속 변경하기 때문에 인바운드 규칙을 생성할 수 없다. 임의 옵션은 인바운드 규칙을 생성할 필요가 없는 경우, 즉 방화벽이 필요 없는 경우에만 사용할 수 있다.

분산 빌드를 사용하지 않는 경우에는 **Disable**비활성화를 선택한다.

- **CSRF Protection(CSRF 보호)**: 사이트 간 요청 위조CSRF, Cross-Site Request Forgery 공격 보호 기능을 선택하면 젠킨스는 사용자 정보를 기반으로 토큰을 생성해 사용자에게 전송한다. 사용자가 양식을 제출하거나 빌드 구성을 변경하는 작업이 발생하는 경우 사용자는 이 토큰(젠킨스에서는 크럼crumb이라고 함)을 제공해야 한다. 이 토큰에는 토큰을 생성한 특정 사용자의 식별 정보가 포함돼 있으므로 다른 사용자의 토큰을 사용하면 요청한 작업이 거부된다.

크럼은 다음과 같은 사용자의 정보를 기반으로 생성되는 고유의 해시값이다.

- 사용자 이름
- 웹 세션 아이디
- 사용자 컴퓨터의 IP 주소
- 젠킨스 인스턴스의 고유한 솔트salt 값

일단 크럼이 생성되면 사용자는 이를 사용해 인증을 할 수 있다.

- **API Token(API 토큰):** 이 섹션은 젠킨스에서 제공하는 REST API나 CLI 명령, 다른 애플리케이션 등을 통해 젠킨스에 접속할 때, 접근을 제어하는 구성과 관련돼 있다(이에 대해서는 19장과 20장에서 더 자세히 다룬다). 젠킨스는 새로운 빌드를 시작하거나 기존 작업의 생성/복사 등의 기능을 수행하는 다양한 CLI 명령과 REST API 엔드포인트를 제공한다.

Generate a legacy API token for each newly created user^{신규 생성 사용자별 레거시 API 토큰 생성} 체크박스를 선택하면 젠킨스에서는 모든 사용자별로 API 토큰을 생성하는데, 젠킨스 데이터베이스나 LDAP에 저장된다. REST API로 젠킨스 서버에 접속할 때마다 이 토큰을 사용해 사용자를 인증한다.

만약 Allow users to manually create a legacy API token^{사용자가 수동으로 레거시 API 토큰 생성 허용} 체크박스를 선택하면 사용자가 직접 자신의 토큰을 생성할 수 있다.

이 2개의 옵션은 버전 2.129 이후에는 더 이상 사용할 수 없다. 젠킨스에서 권고하는 새로운 API 토큰을 만드는 절차는 19장과 20장에서 다룰 예정이다.

- **SSH Server(SSH 서버):** 젠킨스에는 셸^{shell} 프로그램으로 젠킨스에 접속할 수 있는 내장 명령이 있다. 윈도우 환경에서는 배치 파일, 리눅스 환경에서는 셸 스크립트를 사용해서 젠킨스 CLI 명령을 실행하는 방식으로 작업 생성, 빌드 시작 등의 기능을 수행할 수 있다. 젠킨스 CLI에 대해서는 19장에서 다룰 예정이다. 이때 젠킨스는 SSH^{Secure SHell} 서버의 역할을 하며, 다른 프로그램이 젠킨스에 CLI 접속을 할 수 있게 허용한다.

Random 옵션을 선택하면 다른 프로세스에서 사용하지 않은 포트 번호가 임의로 선택된다. 서버는 이 포트를 사용해 SSH 클라이언트로부터의 연결 요청을 수신한다.

Fixed 옵션을 선택하면 다른 프로세스에서 사용하지 않은 포트 번호 중 사용 가능한 번호 하나를 사용자가 직접 입력해야 한다. 서버는 이 포트를 사용해 SSH 클라이언트로부터의 연결 요청을 수신한다.

일반적으로 Random 옵션보다는 Fixed 옵션을 많이 사용한다. 이는 윈도우 방화벽에서 고정 포트에 대한 인바운드 규칙을 구성하는 것이 쉽기 때문이다. 윈도우 방화벽에 인바운드 규칙을 생성하는 절차는 17장의 젠킨스 분산 빌드에서 다룰 예정이다. 젠킨스 CLI 명령을 사용해 젠킨스 서버에 접속하지 않는다면 Disable 항목을 선택한다.

젠킨스 LDAP 구성

경량 디렉터리 액세스 프로토콜^{LDAP, Lightweight Directory Access Protocol}은 인터넷이나 인트라넷 같은 네트워크에서 조직이나 개인, 리소스(예, 파일이나 디바이스) 등을 찾을 수 있게 해주는 소프트웨어 프로토콜이다.

LDAP의 일반적인 용도는 사용자 이름과 비밀번호를 저장하고, 인증 기능을 제공하는 것이다. 그래서 LDAP는 도커나 젠킨스의 사용자 이름과 비밀번호를 검증하는 데도 사용할 수 있다.

젠킨스 LDAP 필요성

이번 절에서는 젠킨스와 LDAP를 통합하는 방법을 설명한다. 일반적으로 조직에서는 소수의 사용자만이 디렉터리/파일에 대한 읽기/쓰기 권한이나 특정 서버에 대한 접속 권한을 갖게 된다. 예를 들어, 다음과 같은 상황을 가정해보자. ABC라는 회사의 직원으로, 회사 도메인의 사용자 이름이 Pranodayd인 사용자가 있다. 이 Pranodayd 사용자는 빌드가 실행되는 서버에 접속 권한을 갖고 있다. 반면 젠킨스는 별도의 서버에 설치돼 있고, 여기에는 adminuser라는 사용자가 있으며, 이 사용자는 빌드 서버에 접속 권한이 없다. 이때 만약 젠킨스 서버에서 애플리케이션을 빌드 서버로 배포한다면 제대로 실행되지 않을 것이다.

이유는 젠킨스 작업을 실행하는 주체는 운영체제에 로그인한 사용자인데, 이 사용자는 빌드 서버에 접속 권한이 없기 때문이다. 그러므로 이런 경우에는 젠킨스 작업도 Pranodayd로 실행해야 하는 것이다. 그러나 만약 전체 도메인 사용자 이름과 비밀번호를 LDAP로 구성했다면, 자체 도메인 사용자 이름과 비밀번호를 사용해도 젠킨스에 로그인할 수 있다. 그리고 일단 도메인 사용자 이름과 비밀번호를 사용해 젠킨스에 로그인하면, 빌드를 실행하는 사용자가 접속할 수 있도록 요청할 수 있다. 이러한 작업은 Authorize Project 플러그인으로 수행할 수 있다. 그림 7-6은 Authorize Project 플러그인 내에 설정 항목을 보여준다.

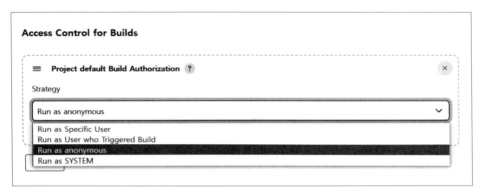

그림 7-6 Authorize Project 플러그인의 설정 항목

이 책에서는 Authorize Project 플러그인에 대해 자세히 다루지는 않는다. 다만 젠킨스의 자체 데이터베이스가 아닌 LDAP의 사용자로 접속을 하는데도 젠킨스가 필요할 수 있다는 점을 알아두자.

젠킨스 LDAP 구성

젠킨스로 LDAP을 구성하려면 먼저 젠킨스에 LDAP 플러그인을 설치해야 한다. 대시보드에서 **Manage Jenkins > Manage Plugins** 메뉴를 선택한다. 그런 다음 Available plugins 메뉴로 이동해 검색 창에 **LDAP**를 입력한다.

LDAP 플러그인에 해당하는 체크박스를 선택하고 **Install without restart** 버튼을 클릭한다. 그러면 LDAP 플러그인 설치가 시작된다. 설치 상태에 **Success**^{성공}가 나타날 때까지 기다린 후, **Go back to the top page**^{최상단 페이지로 복귀} 링크를 클릭한다.

LDAP 플러그인을 구성하려면 **Manage Jenkins > Configure Global Security** 메뉴를 선택한다. 그리고 Security Realm 섹션에서 **LDAP** 항목을 선택한다(그림 7-7).

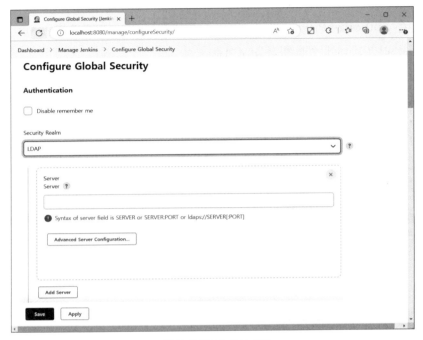

그림 7-7 LDAP 구성 설정

젠킨스에서 LDAP 설정을 마치는 데 필요한 추가 정보는 LDAP를 관리하는 IT 부서에서 얻도록 한다.

▶▶ 요약

7장에서는 Configure Global Security 페이지의 다양한 설정에 대해 설명했다. 또한 젠킨스와 LDAP를 통합하는 이유와 방법을 배웠다. 7장에서 설명한 내용을 숙지하면 젠킨스의 보안 설정을 구성할 수 있다.

Chapter 8

자격 증명 관리

CI/CD 자동화 서버인 젠킨스에서 작업을 수행하려면 다양한 외부 도구들(예, 넥서스 아티팩트 리포지터리, 깃 소스 코드 리포지터리 등)에 접속해야 한다. 이러한 외부 리포지터리들의 인증 방식에는 사용자 이름과 비밀번호를 사용하는 기본 인증, 개인 키와 공개 키를 사용하는 SSH 인증, 접속 요청 시 API 토큰을 전송하는 API 토큰 기반 인증 등 다양한 방식이 있다. 젠킨스에서 이들 도구에 접속할 때는 적절한 인증 정보를 제공해야 한다. 예를 들어, 젠킨스가 접속하려는 시스템에서 기본 인증을 요구한다면 사용자 이름과 비밀번호를 제공해야 하고, SSH 인증을 요구한다면 개인 키를 제공해야 한다.

젠킨스에서는 인증에 필요한 정보를 자격 증명^{credential}이라고 한다. 젠킨스에서는 자격 증명 항목을 생성하고 인스턴스 내에 이 정보를 저장할 수 있다. 8장에서는 젠킨스에서 다양한 종류의 자격 증명을 생성하는 방법을 알아볼 것이다.

▶▶ 젠킨스의 자격 증명 이해

자격 증명은 젠킨스에 저장된 인증 정보로 구성된다. 이렇게 구성된 정보를 사용해 젠킨스에서는 다양한 종류의 외부 도구에 접속할 수 있다.

젠킨스에서는 각각 다른 자격 증명 항목을 생성하는 방식으로 인증 정보를 안전하게 보관한다. 자격 증명의 형태로 젠킨스에 저장된 정보는 다른 젠킨스 작업들과도 공유할 수 있다. 그러나 사용자 이름 및 비밀번호 또는 개인 키를 사람이 인식할 수 있는 문자로 코드에 삽입할 필요는 없다. 자격 증명 항목은 고유의 자격 증명 ID를 갖는데, 이를 통해 젠킨스 작업에 저장된 인증 정보를 사용할 수 있다.

▶▶ 자격 증명 항목 생성

넥서스나 깃 등의 외부 도구에서 사용자를 인증하는 데 사용하는 기법은 여러 가지가 있다. 그중 다음 기법들이 주로 사용된다.

- 기본 인증
- SSH 인증
- API 토큰
- 인증서certificate

젠킨스의 Credentials 플러그인을 사용하면 다양한 유형의 자격 증명을 생성하고, 필요한 인증 정보를 저장할 수 있다. 일단 자격 증명 항목이 생성되면 젠킨스 작업/파이프라인 작업을 할 때 자격 증명 ID를 통해 이를 참조할 수 있다. 이때 Credentials Binding 플러그인의 도움이 필요하다(이 플러그인에 대해서는 14장에서 다룬다). 이번 절에서는 다양한 유형의 자격 증명 항목을 생성해 인증 정보를 저장하는 방법을 살펴본다.

범위 및 도메인 이해

젠킨스의 자격 증명 항목을 생성하는 데 필요한 단계를 살펴보기 전에 우선 젠킨스에서 자격 증명 관리에 중요한 역할을 하는 다음 두 가지 중요한 개념을 이해해야 한다.

- **범위(scope)**: 자격 증명 항목을 생성할 때는 범위를 지정해야 한다. 범위는 특정한 자격 증명 항목을 사용할 수 있는 위치를 정의한다. 범위에는 다음 두 종류의 유형이 있다.

  - **전역(global)**: 전역 범위로 지정된 자격 증명은 모든 젠킨스 작업과 젠킨스 서버 시스템에서 사용할 수 있다.

  - **시스템(system)**: 시스템 범위로 지정된 자격 증명은 젠킨스 인스턴스에서 이메일 인증이나 에이전트 연결 등과 같은 시스템 기능을 수행하는 데만 사용할 수 있다. 이 자격 증명은 젠킨스 작업에서는 사용할 수 없다. 젠킨스 작업은 빌드 수명 주기를 자동화하기 위해 일련의 단계를 정의한 것이며, 10장에서 자세히 다룰 예정이다.

- **도메인(domain)**: 도메인은 유사한 시스템들에서 사용하는 자격 증명을 그룹화하는 방법이다. 자격 증명 항목에 별도의 설정이 없었다면 기본 도메인에 생성된다. 예를 들어, 10개의 자격 증명 항목이 있다고 가정해보자. 이 중 3개는 깃랩 코드 리포지터리에 접속하는 데 사용한다. 그 외에 7개는 AWS와 같은 다른 시스템에 접속하기 위한 것이다. 만약 사용자가 젠킨스 작업에서 깃랩 코드 리포지터리에 접속하는 구성을 한다면 10개의 모든 자격 증명 항목이 표시된다. 이러면 사용 가능한 자격 증명 항목 중에서 원하는 항목을 선택하는 것이 어려울 것이다.

이 문제를 해결하기 위해 'GitLab Credentials'라는 도메인을 만들고, 생성된 도메인 아래에 3개의 자격 증명 항목을 배치한다. 그러면 이제 깃랩에서 코드 리포지터리에 대한 액세스를 구성할 때 10개의 자격 증명 항목이 표시되지 않고, 단 3개의 항목만 표시될 것이다. 이러면 원하는 항목을 선택하는 것이 좀 더 쉬워진다.

젠킨스에서 자격 증명 항목 생성

이번 절에서는 기본 도메인과 다른 유형의 자격 증명 항목을 다른 도메인에서 2개의 범위(전역 및 시스템)에 대해 생성하는 법을 보여준다.

또한, 젠킨스 작업의 구성을 살펴봄으로써 다른 도메인과 다른 범위에서 생성한 자격 증명 항목의 가용 범위가 어떻게 되는지도 알아본다. 젠킨스 작업을 생성하는 내용에 대해서는 이후 여러 장에 걸쳐서 설명할 것이다.

전역 범위와 전역 도메인(기본값)에서 자격 증명 항목 생성

1. 젠킨스 대시보드에서 Manage Jenkins 메뉴를 클릭해 Manage Jenkins 페이지로 이동한다.

2. Manage Credentials 메뉴를 클릭한다. 그러면 Credentials^{자격 증명} 페이지가 나타난다(그림 8-1).

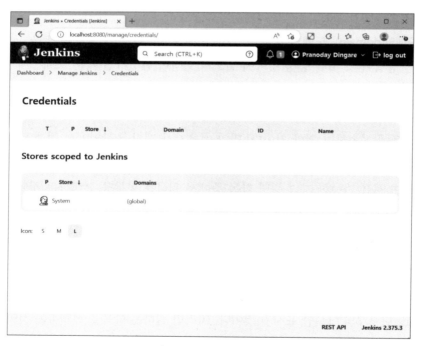

그림 8-1 Credentials 페이지

3. Stores scoped to Jenkins 섹션의 Domains 열에 **(global)** 링크를 클릭한다. 그러면 Global credentials(unrestricted) 페이지가 나타난다.

4. 옆에 표시된 **+Add Credentials** 버튼을 클릭한다. 그러면 New credentials^{자격 증명} 생성 페이지가 나타난다(그림 8-2).

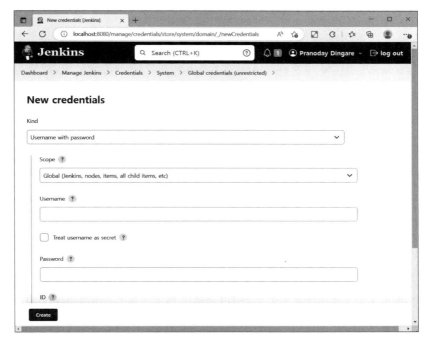

그림 8-2 New credentials 페이지

5. Kind^{유형} 드롭다운 메뉴에서 생성하려는 자격 증명 항목 유형을 선택한다. 유형에는 기본 인증에 사용되는 Username with password^{사용자 이름과 비밀번호}과 SSH 인증에 사용되는 SSH Username with private key 등이 있다.

지금은 **Username with password**를 선택해서 기본 인증용 자격 증명 항목을 생성한다.

6. Scope 필드에서는 Global(Jenkins, nodes, items, all child items, etc)과 System(Jenkins and nodes only) 중 하나를 선택할 수 있다.

   지금은 기본값으로 선택된 **Global**을 유지한다.

7. Username 필드에는 젠킨스에서 접속하려는 도구/플랫폼에서 요구하는 사용자 이름을 입력한다. 예를 들어, 젠킨스에서 gitlab.com에 접속한다면 깃랩의 사용자 이름(계정)을 입력한다.

8. Password 필드에는 젠킨스에서 접속하려는 도구/플랫폼에서 요구하는 비밀번호를 입력한다. 예를 들어, 젠킨스에서 gitlab.com에 접속한다면 깃랩의 비밀번호를 입력한다.

9. ID 필드는 젠킨스 작업에서 자격 증명을 참조할 때 여기서 지정한 ID를 참조한다. 임의의 문자열을 입력해도 되고, 이 필드를 공백으로 두면 젠킨스에서 임의의 ID를 할당한다.

10. Description 필드에는 간단한 설명을 입력한다. 공백도 가능하다.

11. **Create**^{생성} 버튼을 클릭해서 자격 증명 항목을 저장한다.

자격 증명 항목이 저장되면 그림 8-3처럼 Global credentials(unrestricted) 페이지에 결과가 표시된다.

전역 범위와 전역 도메인에서 생성한 자격 증명 항목은 젠킨스 작업을 구성할 때 이용 가능한 자격 증명 목록에 표시된다. 이에 대해서는 10장에서 다룰 예정이다.

> **NOTE**
> 다른 유형의 작업을 생성하는 방법에 대해서는 9장에서 다룰 예정이다.

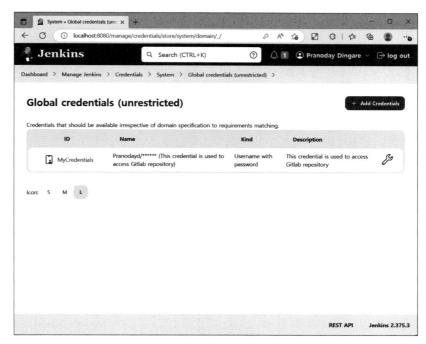

그림 8-3 Global credentials(unrestricted) 페이지

자격 증명 항목 업데이트

이번 절에서는 자격 증명 항목을 업데이트하는 방법을 설명한다. 예를 들어, 방금 생성한 항목의 범위를 global^{전역}에서 system^{시스템}으로 업데이트하는 방법을 알아보자.

1. 젠킨스 대시보드에서 **Manage Jenkins** 메뉴를 클릭해 Manage Jenkins 페이지로 이동한다.

2. **Manage Credentials** 메뉴를 클릭한다. 그러면 그림 8-4처럼 Credentials 페이지로 이동하며 앞에서 생성한 자격 증명 항목을 볼 수 있다.

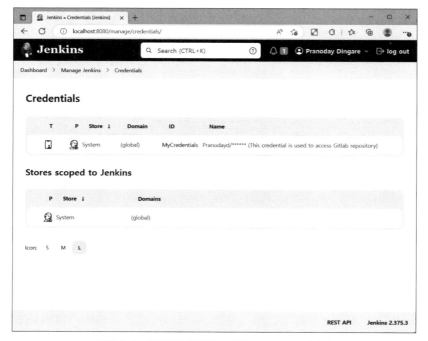

그림 8-4 자격 증명 항목이 표시된 Credentials 페이지

3. Name 열에 표시된 자격 증명 항목의 이름을 클릭한다. 이번 예제의 경우 자격 증명 항목의 이름은 Pranodayd/****** (This credential is used to access Gitlab repository)이다.

4. 왼쪽에 표시된 **Update** 메뉴를 클릭한다.

5. Scope 필드에서 **System(Jenkins and nodes only)** 옵션을 선택한다(그림 8-5).

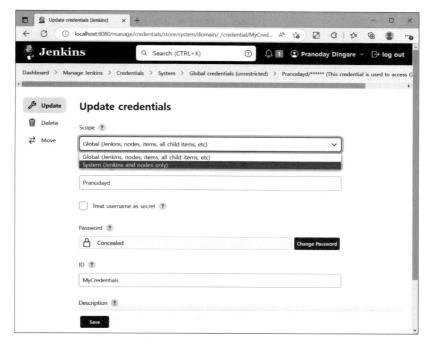

그림 8-5 Scope 필드에서 옵션 선택하기

6. **Save** 버튼을 클릭한다.

이 항목의 범위가 Global에서 System으로 변경됐다.

그림 8-6은 젠킨스 작업에서 자격 증명 리스트의 변경이 끼치는 영향을 보여준다.

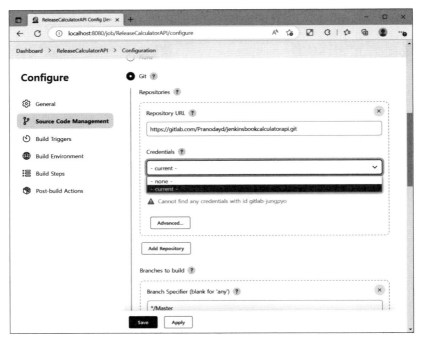

그림 8-6 자격 증명 항목이 젠킨스 작업에서 더 이상 표시되지 않는다.

이 자격 증명 항목이 드롭다운 메뉴에 더 이상 표시되지 않는 이유는 자격 증명 범위가 시스템으로 축소돼 이제 젠킨스 시스템과 해당 노드에서만 사용할 수 있기 때문이다.

특정 도메인에서 자격 증명 항목 생성

이제 다음 단계를 따라가면서 다른 도메인(즉 기본 설정이 아닌 도메인)에서 자격 증명 항목을 생성하는 방법을 알아보자.

1. 젠킨스 대시보드에서 **Manage Jenkins** 메뉴를 클릭해, Manage Jenkins 페이지로 이동한다.

2. **Manage Credentials** 링크를 클릭한다. 그러면 Credentials 페이지가 나타난다. 그러나 만약 자격 증명 항목을 처음 생성하는 경우라면 빈 목록이 표시된다.

3. Stores scoped to Jenkins 섹션의 Domains 열에 **System** 링크를 클릭해 나타
나는 페이지에서 **+Add Domain**^{도메인 추가} 버튼을 클릭한다. 그러면 New domain
^{도메인 생성} 페이지가 나타난다(그림 8-7).

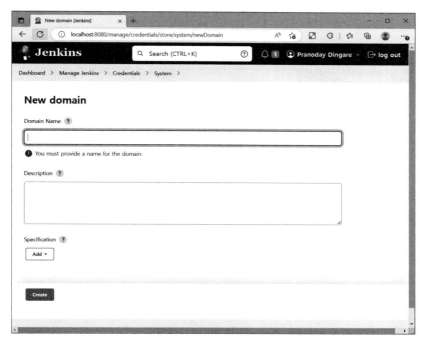

그림 8-7 New domain 페이지

4. Domain Name 필드에는 생성 중인 자격 증명의 도메인을 식별할 수 있는 짧
은 이름을 입력한다(예, GitlabCredentialsDomain).

5. Description 필드에는 이 도메인에 포함될 내용에 대한 간단한 설명을 입력한
다. 다만, 이 필드는 선택 사항이다.

6. Specification 필드에서 자격 증명 항목을 표시할 때 필터링하는 기준을 매개
변수로 입력할 수 있다.

예를 들어, gitlab.com에 연결하는 젠킨스 작업에만 사용하는 자격 증명 항목을 보관하는 도메인을 생성한다고 가정해보자. 이러한 구성을 하려면 Specification 내에 드롭다운 메뉴에서 Hostname 옵션을 선택한다. 그런 다음, Include 필드에 **gitlab.com**을 입력한다(그림 8-8).

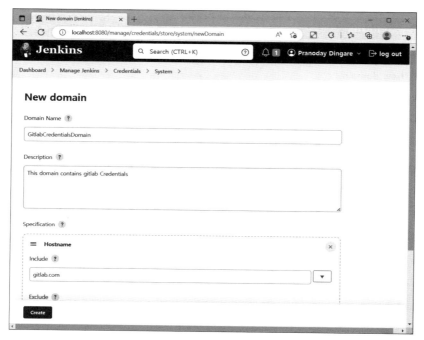

그림 8-8 호스트 이름에 gitlab.com을 입력

Create 버튼을 클릭한다. 그러면 페이지에 새로 추가한 도메인 페이지가 나타난다.

이제 새로 추가한 도메인에 자격 증명을 추가해보자.

1. 상단 메뉴에서 **+Add Credentials** 버튼을 클릭한다.

2. 이번에는 SSH credentials 항목을 생성해보자. Kind 필드에서 **SSH Username with private key** 옵션을 선택한다.

3. **Global(Jenkins, nodes, items, all child items etc.)** 옵션은 선택된 상태로 둔다.

4. ID 필드에 임의의 문자열을 입력한다. Description 필드에는 아무것도 입력할 필요가 없다.

5. Username 필드에는 접속하려는 시스템이 요구하는 인증 정보를 입력한다. 예를 들어, GitLab의 사용자 이름을 입력한다.

6. **Enter Directly** 라디오 버튼을 선택하고 앞에서 생성한 개인 키를 붙여 넣는다.

7. Passphrase 필드에는 암호문을 입력한다(그림 8-9).

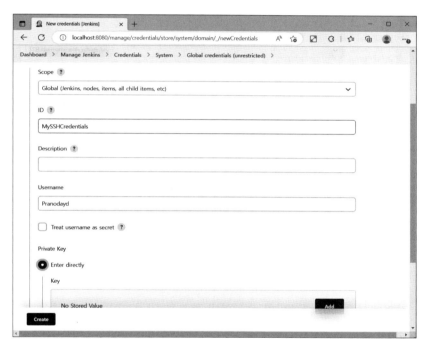

그림 8-9 SSH Username with Private Key 유형의 자격 증명 항목 생성하기

8. **Create** 버튼을 클릭한다.

> **NOTE**
>
> 젠킨스에서 SSH 인증 자격 증명을 생성하려면 먼저 ssh key gen 명령을 사용해 공개 키와 개인 키를 생성해야 한다. 9장에서는 공개 키와 개인 키를 생성하는 방법을 다룬다. 여기서 중요한 점은 주로 특정 도메인에서 키를 생성하는 방법을 이해하는 것이다.

문제가 없다면 GitlabCredentialsDomain에 자격 증명 항목이 생성된다.

그림 8-10은 GitlabCredentialsDomain에서 생성한 자격 증명을 젠킨스 작업을 생성할 때 선택하는 화면이다.

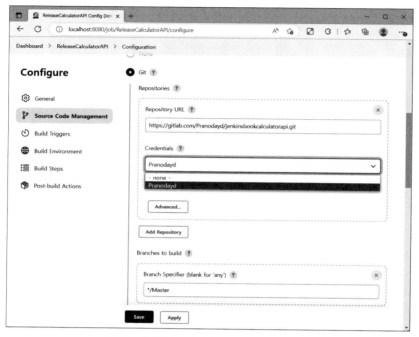

그림 8-10 젠킨스 작업에서 자격 증명 항목 선택

젠킨스 작업에서 gitlab.com이라는 인터넷 주소를 입력하면 Credentials 드롭다운 메뉴에 GitlabCredentialsDomain에서 생성한 자격 증명 항목이 나타난다.

이는 앞에서 깃랩 자격 증명 도메인을 생성할 때 Specification 필드의 hostname 값을 gitlab.com으로 지정했기 때문이다. 여기서 Repository URL 필드에 입력값을 gitlab.com이 아니라 github.com으로 변경해보면 흥미로운 결과를 볼 수 있다(그림 8-11).

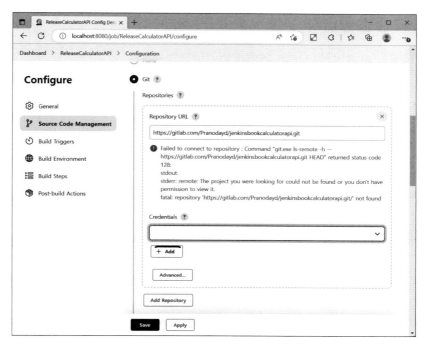

그림 8-11 Credential 드롭다운 메뉴에 자격 증명 항목이 표시되지 않는다.

일단 화면에 나타나는 오류는 무시하도록 한다. 이에 대해서는 9장에서 젠킨스와 깃 통합을 설명할 때 다룰 것이다. 이처럼 새로운 자격 증명 항목은 드롭다운 메뉴에 나타나지 않는데, 이는 자격 증명 항목이 github.com이 아니라 gitlab.com이라는 호스트 이름으로 생성된 도메인이기 때문이며, 이는 상당히 유용한 기능이라고 할 수 있다.

▶▶ 자격 증명 공급자 구성

젠킨스에서는 여러 유형의 자격 증명을 구성할 수 있다.

1. Manage Jenkins > Configure Credential Providers 링크를 클릭한다.

   그러면 Configure Credential Providers^{자격 증명 공급자 구성} 페이지가 나타난다.

2. 페이지에는 Providers^{공급자}와 Types^{유형}라는 2개의 드롭다운 메뉴가 표시되고, All available^{모두 가능}이 기본값이다(그림 8-12).

이들 2개의 설정값을 좀 더 자세히 알아보자.

- **Provider**: Providers 드롭다운 메뉴에서 **Only selected** 옵션을 선택하면 그림 8-12처럼 2개의 옵션이 나타난다. 이 둘은 각각 Jenkins Credentials Provider^{젠킨스 자격 증명 공급자}와 User Credentials Provider^{사용자 자격 증명 공급자}다.

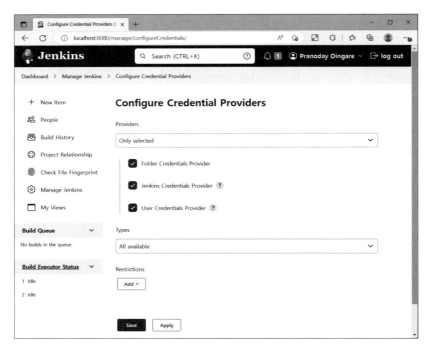

그림 8-12 Configure Credential Providers 페이지

- **Jenkins Credentials Provider**: 이 공급자는 젠킨스 루트 사용자의 자격 증명을 제공하고 젠킨스(기본 도메인)와 특정 도메인(기본 아님)에서 전역 및 시스템 유형의 자격 증명을 생성할 수 있도록 한다. 전역 유형의 자격 증명은 모든 사용자의 모든 작업에서 사용할 수 있다.

- **User Credentials Provider**: 이 공급자에서 생성된 자격 증명은 해당 사용자가 생성한 작업과 해당 사용자가 실행한 작업에서만 사용할 수 있다.

User Credentials Provider에서 자격 증명을 생성하기 위해 다음 단계를 따른다.

1. 젠킨스 화면 상단에 **사용자 이름 > Credentials** 링크를 클릭한다(그림 8-13).

그림 8-13 사용자 이름을 클릭하면 나타나는 Credentials 메뉴

이 책의 경우에는 **Pranoday Dingare > Credentials** 링크를 클릭했다.

2. Stores scoped to [사용자 이름]으로 표시된 표에서 Store 열에 표시된 **사용자 이름**을 클릭한다(그림 8-14).

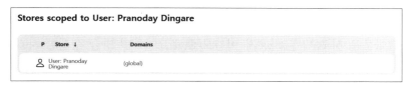

그림 8-14 Stores scoped to User: Pranoday Dingare에 저장된 자격 증명 항목

이 책의 경우에는 **User: Pranoday Dingare** 링크를 클릭했다. 그러면 그림 8-14처럼 User 페이지가 나타난다.

3. **Global credentials(unrestricted)** 링크를 클릭한다. 그러면 그림 8-15처럼 Global credentials(unrestricted) 페이지가 나타난다.

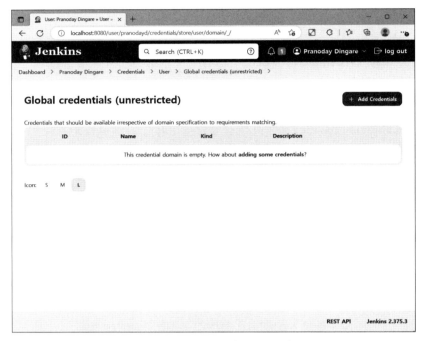

그림 8-15 Global credentials(unrestricted) 페이지

4. **+Add Credentials** 링크를 클릭한다.

이후 나머지 단계는 이전 섹션과 동일하게 진행하면 새로운 자격 증명 항목을 생성할 수 있다.

만약 로그아웃을 하고 다른 사용자 이름으로 로그인하면 방금 생성한 자격 증명은 표시되지 않겠지만, 그림 8-16처럼 이전 섹션(젠킨스 자격 증명 공급자)에서 생성한 자격 증명은 볼 수 있다.

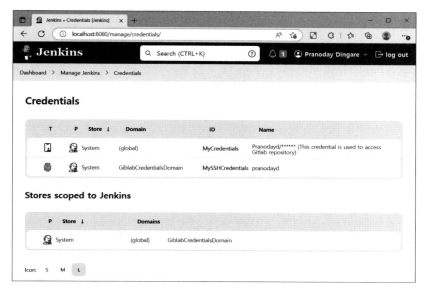

그림 8-16 젠킨스 자격 증명 공급자에서 생성된 자격 증명 항목

- **Types**: Types 드롭다운 메뉴에서 **Only Selected** 옵션을 선택한다(그림 8-17).

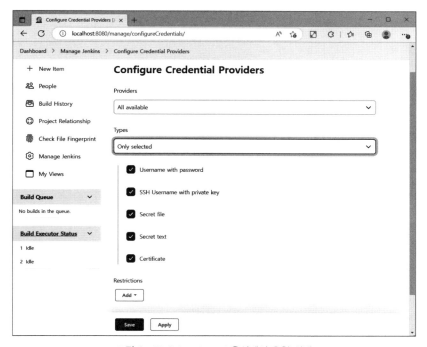

그림 8-17 Only selected 옵션에서 유형 선택

여기서 표시되는 항목들 중에서 원하는 자격 증명 항목의 유형을 구성할 수 있다. 만약 **Username with password** 체크박스를 해제하고 **Save** 버튼을 클릭하면 이 옵션은 Kind 드롭다운 메뉴에 나타나지 않고, 해당 옵션(사용자 계정 및 비밀번호 방식)도 사용할 수 없다.

▶▶ 요약

8장에서는 도메인과 범위를 다르게 해 자격 증명을 생성하는 방법을 다뤘다. 또한 자격 유형 공급자를 구성해 다른 유형의 자격 증명 항목을 생성하는 방법도 살펴봤다. 8장에서 다룬 개념을 잘 이해하면 외부 도구에 접속하는 젠킨스 작업을 생성할 때 유용하다. 9장에서는 젠킨스의 사용자와 접근 권한을 관리하는 방법을 알아본다.

사용자 관리

젠킨스는 여러 팀원이 사용하는 도구다. 그중 일부 팀원은 시스템 관리자로서 전체 시스템을 관리하는 데 필요한 모든 권한을 가지며, 그 외 팀원들은 젠킨스 작업을 열람하고 실행하는 데 필요한 최소한의 접속 권한을 갖는다. 9장에서는 젠킨스에서 사용자를 추가하는 방법과 역할에 따라 권한을 할당하고 관리하는 방법을 설명한다.

▶▶ 젠킨스 사용자 생성

젠킨스에서 사용자를 생성하는 절차는 다음과 같다.

1. 대시보드에서 **Manage Jenkins > Manage Users** 링크를 클릭한다.

2. 페이지 상단에서 **Create User** 링크를 클릭한다.

3. 그림 9-1처럼 사용자 이름, 비밀번호, 비밀번호 확인, 전체 이름, 이메일 주소 등 세부 정보를 입력한다.

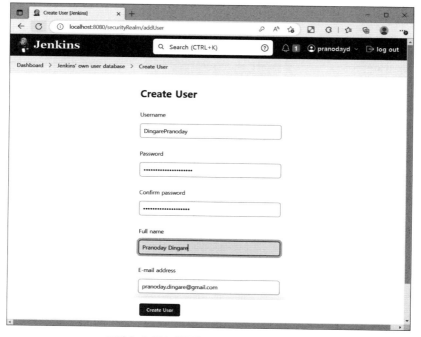

그림 9-1 필수 항목을 입력한 사용자 생성 화면

4. **Create User** 버튼을 클릭한다.

그림 9-2처럼 새로 추가된 사용자가 목록에 나타난다(참고로, 다른 2명의 사용자는 기존에 등록돼 있던 사용자다).

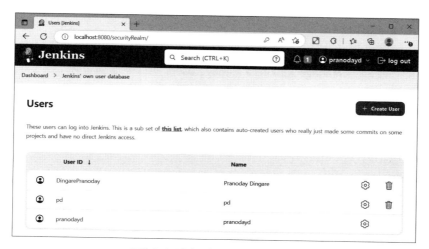

그림 9-2 젠킨스에 등록된 사용자 목록

▶▶ 젠킨스 사용자에게 역할 할당

사용자에게 역할을 할당하려면 우선 역할과 권한을 생성하고, 역할에 권한을 부여하는 과정이 필요하다. 그리고 권한을 생성하려면 Role-based Authorization Strategy^{역할-기반 권한 부여 전략} 플러그인을 설치해야 한다.

역할-기반 전략 플러그인 설치

먼저 젠킨스에 Role-based Authorization Strategy 플러그인을 설치하자. 이 플러그인을 설치하려면 다음 절차를 거친다.

1. **젠킨스 로그인**: 젠킨스 관리자 자격으로 로그인한다. 로그인하면 대시보드가 나타난다.

2. **플러그인 관리자 페이지로 이동**: 젠킨스 대시보드에서 **Manage Jenkins > Manage Plugins** 링크를 클릭해 플러그인 관리자 페이지로 이동한다(그림 9-3).

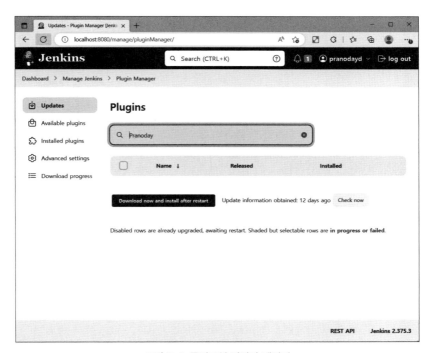

그림 9-3 플러그인 관리자 페이지

3. **플러그인 설치**: Available plugins 메뉴로 이동해, 검색 창에서 **Role-based Authorization Strategy**를 입력한다. 그러면 해당 플러그인이 목록 최상단에 나타난다.

4. 그림 9-4처럼 체크박스를 클릭해 플러그인을 선택한다.

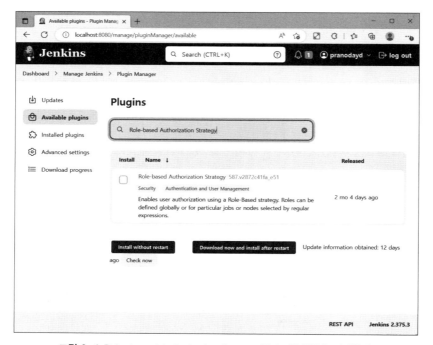

그림 9-4 Role-based Authorization Strategy 플러그인 항목을 선택한다.

5. 플러그인을 선택하고 **Install without Restart** 버튼을 클릭하면 플러그인이 설치된다.

6. 플러그인 설치가 종료되고 Success 상태가 될 때까지 기다린다(그림 9-5).

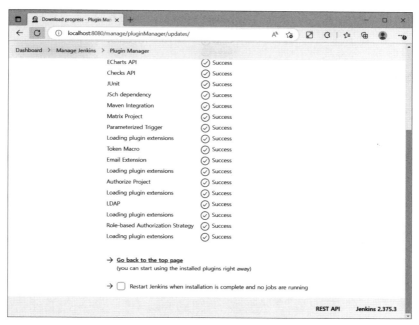

그림 9-5 플러그인 설치 완료 화면

역할-기반 전략 플러그인 활성화

플러그인을 설치한 후 **Manage Jenkins > Configure Global Security** 링크를 클릭한다. Configure Global Security 페이지가 나타나면 Authorization 섹션에서 Role-Based Strategy^{역할-기반 전략}이라는 항목을 찾아볼 수 있다(그림 9-6).

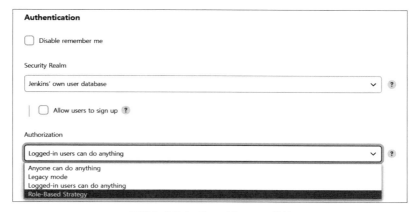

그림 9-6 Role-Based Strategy 옵션

Role-Based Strategy 옵션을 클릭한 후 **Save** 버튼을 클릭한다.

젠킨스에서 역할 생성

이제 새로 설치한 플러그인을 활용해 역할을 생성해보자.

1. **Manage Jenkins** 링크를 클릭한다. 그러면 Security 섹션 아래에 **Manage and Assign Roles**^{역할 관리 및 할당} 링크를 볼 수 있다.

2. 그림 9-7처럼 **Manage and Assign Roles** 링크를 클릭한다. 그러면 Manage and Assign Roles 페이지로 이동한다.

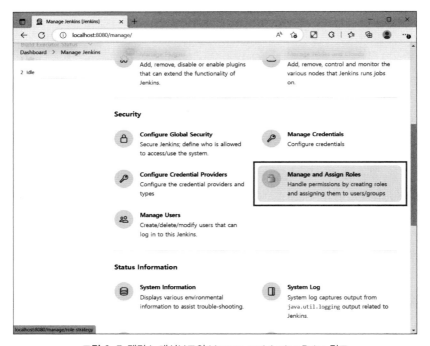

그림 9-7 젠킨스 대시보드의 Manage and Assign Roles 링크

3. 역할을 생성하려면 그림 9-8처럼 Manage and Assign Roles 페이지에서 **Manage Roles** 링크를 클릭한다.

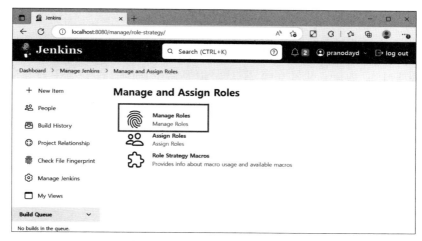

그림 9-8 Manage and Assign Roles 페이지

그러면 그림 9-9처럼 Manage Roles 페이지가 나타난다.

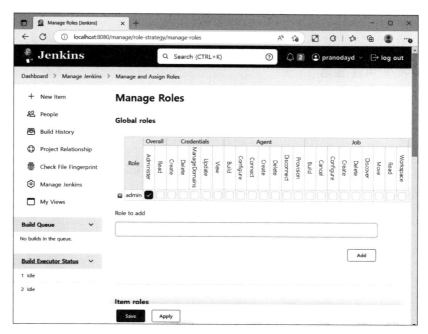

그림 9-9 Manage Roles 페이지

4. Role to add 항목에 역할 이름을 입력하고 **Add** 버튼을 클릭한다.

   그러면 Global roles 표에 새로운 Role^{역할} 항목이 생성된다. 예제에서는 View^{보기}라는 이름을 사용했다.

5. 각 섹션 아래에서 필요한 권한에 해당하는 체크박스를 클릭한다.

   예제에서는 View 섹션 내에 체크박스를 모두 선택해, 보기-전용 사용자 권한을 생성했다(그림 9-10).

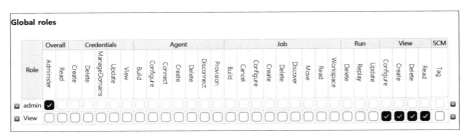

그림 9-10 View 섹션 내에 모든 체크박스를 선택한 모습

6. 페이지 아래의 **Save** 버튼을 찾아 클릭한다.

사용자에게 역할 할당

역할이 생성됐다면 사용자에게 역할을 할당해야 할 차례다. 사용자에게 역할을 할당하는 절차는 다음과 같다.

1. Manage and Assign Roles 페이지에서 **Assign Roles** 링크를 클릭해 Assign Roles 페이지로 이동한다(그림 9-11).

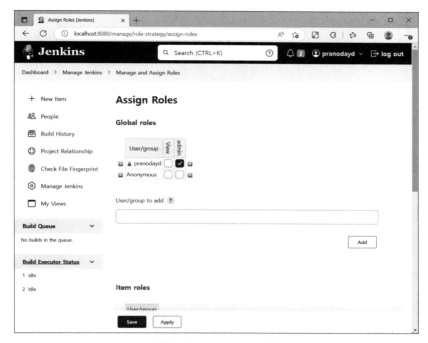

그림 9-11 Assign Roles 페이지

2. User/Group to add 필드에 사용자 이름을 입력하고 **Add** 버튼을 클릭한다.

내 시스템에 등록된 사용자는 그림 9-12에 나와 있다.

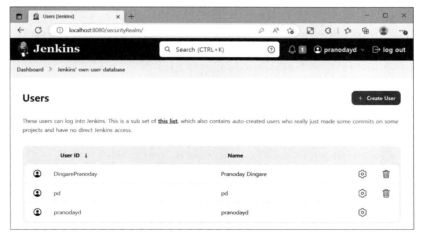

그림 9-12 내 젠킨스 시스템에 등록된 사용자 목록

이들 중 pd라는 사용자에게 새로 생성된 역할을 할당한다고 해보자. 이를 위해 우선 User/Group to add 필드에 **pd**를 입력하고 **Add** 버튼을 클릭한다. 그러면 Global roles 표에 사용자 이름이 추가된다.

3. 추가된 사용자인 pd에게 View 역할을 할당하기 위해 사용자 이름에 해당하는 행에 View 열의 체크박스를 클릭한다.

4. 페이지 아래의 **Save** 버튼을 클릭한다.

역할 할당 확인

사용자에게 제대로 역할이 할당됐는지 확인하려면 역할을 할당한 사용자로 시스템에 로그인하면 된다.

예제에서는 **pd** 사용자의 자격 증명으로 로그인을 시도했으며, `Access Denied`접근 거부 메시지가 나타났다.

▶▶ 프로젝트-기반 역할 생성

젠킨스에서는 애플리케이션마다 각기 다른 CI/CD 작업을 수행하는 작업을 다양하게 생성할 수 있다. 특정 사용자에 대해 일부 작업에만 접속할 수 있도록 제한하려면 프로젝트-기반 역할project-based role을 생성하고 이를 사용자에게 할당하면 된다.

프로젝트-기반 역할을 생성하는 절차는 다음과 같다.

1. Manage Jenkins > Manage and Assign Roles > Manage Roles 링크를 클릭해 Manage Roles 페이지로 이동한다.

2. 특정 작업에만 접속할 수 있는 역할을 생성해보자. 예를 들어, 단위 테스트와 E-E 테스트 작업에만 접속을 허용하는 역할을 생성해보자.

3. Item roles 섹션 내에 Role to add^{추가할 역할} 필드에 역할 이름을 입력하고, 그림 9-13처럼 Pattern^{패턴} 필드에 **.*Testing**을 입력한다. 이렇게 하면 UnitTesting, e-e Testing처럼 작업명에 'Testing'이라는 단어가 포함된 작업에 접속할 수 있다.

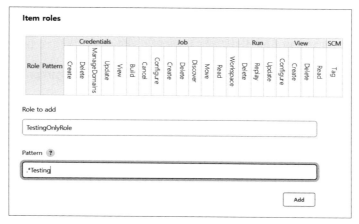

그림 9-13 Pattern 필드에 값을 입력

4. **Add** 버튼을 클릭한다.

   그러면 Item roles 표에 항목이 추가된다.

5. 새로 생성한 역할에 해당하는 작업 열에서 체크박스를 모두 선택해 모든 권한을 부여한다.

6. 페이지 아래의 **Save** 버튼을 찾아 클릭한다.

프로젝트-기반 역할 할당

이제 사용자에게 프로젝트-기반 역할을 할당해보자.

1. **Manage Jenkins > Manage and Assign Roles > Assign Roles** 링크를 클릭해 Assign Roles 페이지로 이동한다.

2. Item roles 섹션 내에 User/Group to add 필드에 사용자 이름을 입력하고 **Add** 버튼을 클릭한다. 예를 들어, dingarepranoday 사용자에게 TestingOnlyRole 을 할당해보자. 이를 위해 User/Group to add 필드에 **dingarepranoday**를 입력하고, **Add** 버튼을 클릭한다.

   그러면 Item roles 표에 dingarepranoday 사용자 항목이 생성된다.

3. dingarepranoday 사용자 행에서 **TestingOnlyRole** 체크박스를 클릭한다.

4. Global roles 섹션 내에 User/Group to add 필드에 **dingarepranoday**를 입력하고, **Add** 버튼을 클릭한다.

5. 이 사용자에게 View 역할을 할당한다. View 역할은 앞에서 설정한 대로 보기와 관련된 모든 권한을 갖는다.

6. 이제 dingarepranoday 사용자에게는 Global roles의 View 역할과 Item roles 섹션의 TestingOnlyRole이라는 2개의 역할이 할당됐다(그림 9-14). 그러나 이때 주의 사항은 사용자가 overall 접속 권한을 갖고 있지 않으면 대시보드에 접근할 수가 없다. 그러므로 이번에는 Manage roles 페이지에서 View 역할에 Overall 섹션의 **Read** 체크박스를 선택해 권한을 추가한다.

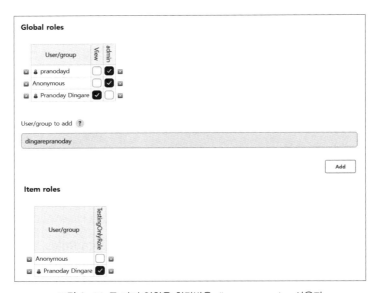

그림 9-14 두 가지 역할을 할당받은 dingarepranoday 사용자

120

7. 페이지 아래의 **Save** 버튼을 찾아 클릭한다.

프로젝트-기반 역할 검증

이번 절에서는 프로젝트-기반 역할의 동작 방식을 알아본다. 예제에서는 몇 개의 젠킨스 작업을 생성해뒀다(그림 9-15).

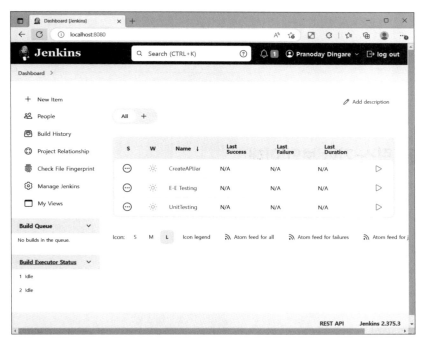

그림 9-15 젠킨스에 생성된 작업 목록

CreateAPIJar, E-E Testing, UnitTesting이라는 세 가지 작업이 생성돼 있으며, 현재 Pranoday Dingare 사용자로 로그인돼 있다. 이제 dingarepranoday 사용자로 다시 로그인을 해보자.

그러면 dingarepranoday 사용자에게는 'Testing'이라는 단어가 들어간 작업만 나타나는 것을 알 수 있다(그림 9-16).

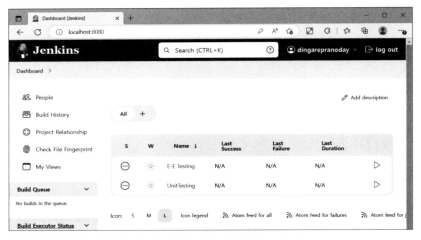

그림 9-16 'Testing'이 포함된 작업만 표시된 화면

▷▷ 매트릭스-기반 보안 이해

지금까지는 다양한 역할을 생성하고, 작업 및 노드 수준에서 접속 관리를 하는 방법을 설명했다.

이번 절에서는 Configure Global Security 페이지의 Authorization 섹션에서 사용할 수 있는 Maxtix-based security^{매트릭스-기반 보안} 옵션에 대해 설명한다(그림 9-17).

참고로, 이 옵션이 나타나지 않는다면 Matrix Authorization Strategy 플러그인을 설치하고 다시 시도한다.

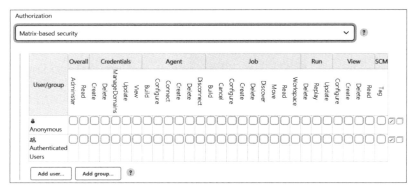

그림 9-17 Configure Global Security 페이지 Authorization 섹션의 매트릭스 기반 보안 옵션

이 섹션에는 Anoymous와 Authenticated Users라는 2개의 그룹이 있다.

- **Anonymous(익명)**: 인증되지 않은 특수한 유형의 사용자

- **Authenticated Users(등록 사용자)**: 젠킨스 시스템에서 인증된 모든 사용자

사용자나 그룹에게 권한을 할당하려면 **Add user...** 또는 **Add group...** 버튼을 클릭한다. 그러면 나타나는 브라우저 프롬프트 대화상자에 사용자 ID나 그룹 이름을 입력한다(그림 9-18).

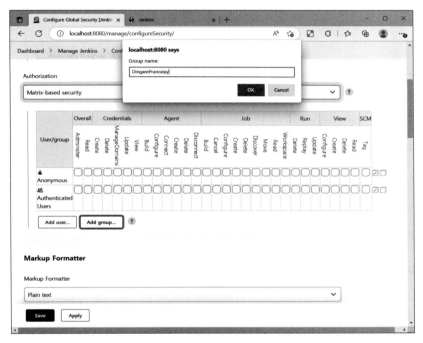

그림 9-18 Add user... 또는 Add group... 버튼을 클릭하면 나타나는 프롬프트

프롬프트 창에서 **OK** 버튼을 클릭한다. 권한 설정표에서 사용자에게 할당하려는 권한에 해당하는 체크박스를 선택한다.

예제에서는 DingarePranoday 사용자에게 Job 섹션에 대한 권한을 주기 위해 Job 섹션 내의 모든 체크박스와 Overall 섹션 내의 **Read** 체크박스를 선택했다(그림 9-19).

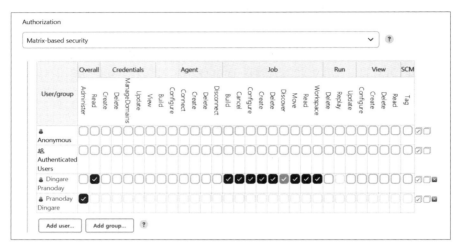

그림 9-19 DingarePranoday 사용자에게 할당된 권한

페이지 아래의 **Save** 버튼을 클릭한다.

이제 DingarePranoday의 자격 증명으로 로그인을 한다. 이 사용자로 로그인하면 왼쪽에 몇 개의 메뉴 옵션만 표시된다.

Manage Jenkins와 같은 다른 메뉴는 이 사용자가 사용할 수 없다.

▶▶ 프로젝트-기반 매트릭스 권한 부여 전략 이해

이 모드는 Maxtix-based security을 확장한 것으로 각 프로젝트에 대해 추가 매트릭스를 정의할 수 있는 확장 보안 기능이다.

이 기능은 Configure Global Security 페이지의 Authorization 섹션에서 Project-based Matrix Authorization Strategy 옵션에서 제공되는 모드다.

이 설정에 사용자를 추가하려면 **Add user...** 또는 **Add group...** 버튼을 클릭한다. 그러면 나타나는 브라우저 프롬프트 대화상자에 사용자 ID나 그룹 이름을 입력한다(그림 9-20). 예제에서는 **Add user...**를 클릭하고, 프롬프트 대화상자에 **DingarePranoday**를 입력했다.

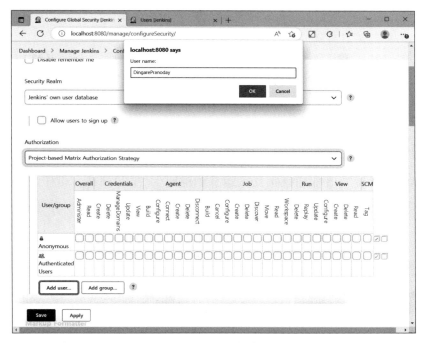

그림 9-20 Add user... 또는 Add group... 버튼을 클릭하면 나타나는 프롬프트

OK 버튼을 클릭해 사용자를 추가한다. 그러면 DingarePranoday 사용자가 추가되는 것을 볼 수 있다.

권한 설정표에서 사용자에게 할당하려는 권한에 해당하는 체크박스를 선택한다.

예제에서는 DingarePranoday 사용자에게 빌드 작업 권한을 부여하려고, Job 섹션에서 **Build** 체크박스를 선택하고, Overall 섹션에서 **Read** 체크박스를 선택했다(그림 9-21).

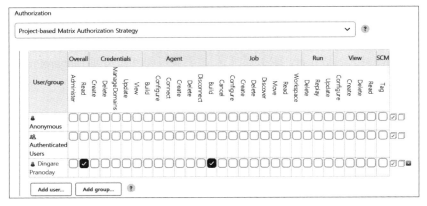

그림 9-21 DingarePranoday 사용자에게 Build 및 Read 권한 할당

페이지에서 아래의 **Save** 버튼을 클릭한다.

지금부터는 특정 작업에 대해서 보안 설정을 해보자. 먼저, 젠킨스 대시보드로 이동해서 작업 목록을 확인한다. 그림 9-22처럼 CreateAPIJar 작업 이름 옆에 표시된 드롭다운 메뉴에서 **Configure** 옵션을 클릭한다.

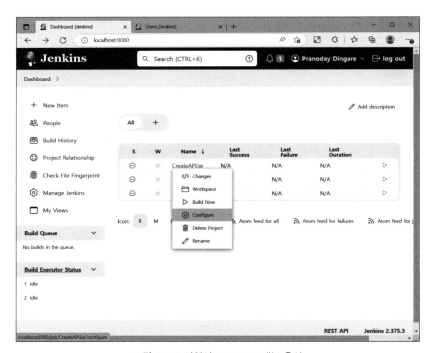

그림 9-22 작업의 Configure 메뉴 옵션

General 섹션 아래 **Enable project-based security** 체크박스를 클릭하면 상세 설정 메뉴가 나타난다.

단, 이 설정은 Configure Global Security 페이지의 Authorization 섹션에서 Project-based Matrix Authorization Strategy를 사용하는 경우에만 표시된다.

상세 설정에서 사용자를 추가하려면 **Add user...** 버튼을 클릭한다. 그러면 나타나는 프롬프트에 사용자 ID를 입력한다.

예제에서는 프롬프트 대화상자에 **DingarePranoday**를 입력해 사용자를 추가하고, OK 버튼을 클릭했다.

Inheritance Strategy^{상속 전략} 섹션의 드롭다운 메뉴에서 **Do not inherit permission grants from other ACLs**^{다른 ACL에서 부여한 권한을 상속하지 않음} 옵션을 선택한다. 그러면 현재 작업에서 설정해둔 권한이 이 작업을 사용하는 사용자에게 부여된다(그림 9-23).

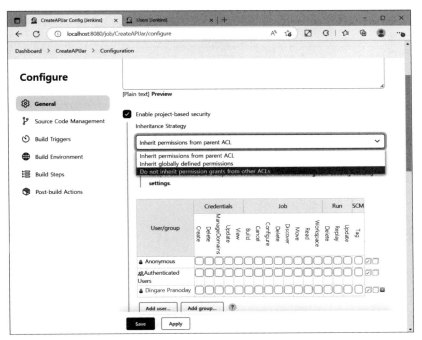

그림 9-23 Inheritance Strategy 섹션의 여러 옵션

예제에서는 DingarePranoday 사용자에게 Build와 Read 권한만 부여하도록 체크 박스를 선택했다.

이제 DingarePranoday 사용자로 로그인을 해보자.

그러면 DingarePranoday 사용자는 Build와 Read 권한만 있을 것을 알 수 있다. 실행 아이콘을 클릭해서 작업을 빌드할 수는 있지만 작업 구성을 편집하거나 볼 수는 없고, 삭제도 할 수 없다. 그림 9-24에서 볼 수 있듯이 드롭다운 메뉴에서 프로젝트 구성 및 삭제 옵션을 사용할 수 없다.

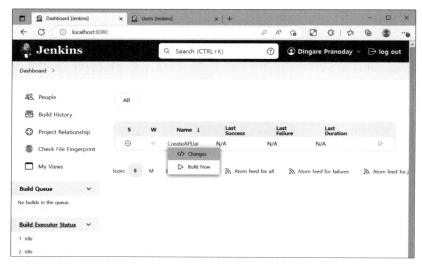

그림 9-24 프로젝트 구성 및 삭제 옵션을 사용할 수 없다.

▶▶ 요약

9장에서는 여러 사용자를 생성하고 팀에서 수행하는 역할에 따라 각기 다른 권한을 할당하는 방법을 설명했다. 또한 젠킨스 시스템에 대한 정교한 접속 제어를 설정할 수 있도록 하는 프로젝트-기반 권한 부여와 매트릭스-기반 전략도 다뤘다. 10장에서는 젠킨스의 작업에 대해 알아볼 것이다.

Chapter 10

젠킨스 작업의 이해

앞에서 실제 프로젝트에서 CI/CD 도구의 장점을 활용하는 데 필요한 주요 개념을 학습했다면, 지금부터는 실제 프로젝트에서 젠킨스를 활용하는 방법을 다루는 과정이다. 그리고 10장은 이 과정의 첫 번째 단계라 할 수 있다.

젠킨스는 자동화 서버로서 수명 주기 전체를 자동화하는 다양한 절차를 수행하는 도구라는 것은 이미 언급했다. 젠킨스에서는 이 절차를 작업이라는 형태로 구성한다. 10장에서 젠킨스에서 가장 중요하고 필수적인 개념인 작업을 알아본다. 젠킨스에서 구성할 수 있는 작업의 종류는 매우 다양하다. 10장에서는 일반적인 작업 관리에 대해 알아보고, 특정 유형의 다른 작업들은 11장에서 자세히 설명할 것이다.

▶▶ 젠킨스의 작업

젠킨스의 작업은 젠킨스에게 무엇을 언제 해야 하는지를 지시하는 일련의 명령 집합을 말한다. 작업은 다른 말로 젠킨스 프로젝트라고 할 수도 있다. 어떤 종류의 작업을 구성하든 다음 세 가지 유형의 지시 사항이 포함돼야 한다.

1. **작업을 수행하는 시점(트리거)**

   사용자는 작업에서 수행할 태스크task가 언제 시작될지를 젠킨스에게 지시할 수 있다. 이것을 젠킨스에서는 트리거trigger라고 부른다.

2. **작업을 구성하는 단계별 태스크(빌드 스텝)**

   사용자는 특정 목표를 수행하기 위한 태스크를 단계별step로 구성할 수 있다. 이것을 젠킨스에서는 빌드 스텝build step이라고 부른다. 예를 들어, 빌드 스텝에서는 간단한 배치 명령을 실행할 수도 있다.

3. **태스크가 완료 후 수행할 명령(포스트-빌드 액션)**

   사용자는 태스크 실행이 완료된 후에 젠킨스가 수행할 작업을 구성할 수 있다. 이것을 젠킨스에서는 포스트–빌드 액션post–build action이라고 한다. 예를 들어, 작업의 결과(성공 또는 실패)를 사용자에게 알려주는 후속 동작이나, 자바 코드를 컴파일한 후 생성된 클래스 파일을 특정 위치로 복사하는 동작 등이 있다.

▶▶ 젠킨스의 빌드

젠킨스의 빌드는 젠킨스 작업의 특정 실행 버전이다. 사용자는 젠킨스 작업을 여러 번 실행할 수 있는데, 실행될 때마다 고유한 빌드 번호가 부여된다. 작업 실행 중에 생성된 아티팩트, 콘솔 로그 등 특정 실행 버전과 관련된 모든 세부 정보가 해당 빌드 번호로 저장된다.

▶▶ 프리스타일 작업

젠킨스에서는 필요에 따라 파이프라인 작업이나 프리스타일 작업freesytle Job 등과 같은 다양한 유형의 작업을 만들 수 있다. 그중 프리스타일 작업은 일반적인 형태의 빌드 작업(또는 태스크)이라 할 수 있다. 이를 통해 일반적으로 테스트 실행, 애플리케이션 빌드 및 패키징, 보고서 전송 같은 간단한 작업을 할 수 있다. 10장에서는 간단한 프리스타일 작업을 생성하고, 다양하게 작업을 구성하는 방법을 살펴볼 것이다. 그리고 11장에서 프리스타일 작업에 대해 좀 더 자세히 살펴볼 것이다.

▶▶ 젠킨스의 작업 생성

젠킨스의 작업에 대한 기본 개념을 이해했다면 이제 작업을 직접 생성해보자. 절차는 다음과 같다.

1. 젠킨스에 로그인해 대시보드로 이동한다.

2. 작업을 생성하기 위해 왼쪽 메뉴에서 **New Item** 링크를 클릭한다.

3. 기존에 생성된 작업이 없는 경우에는 대시보드 화면 중간에 **Create a Job** 링크가 나타나는데, 이 링크도 **New Item** 링크와 같은 역할을 한다.

4. 링크를 클릭하면 그림 10-1처럼 아이템 이름 입력 화면이 나타난다.

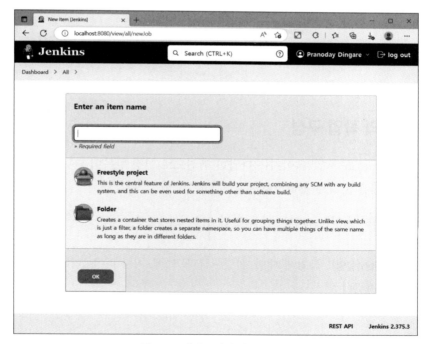

그림 10-1 젠킨스 작업 이름 입력 화면

5. 적당한 이름을 입력하고, **Freestyle project** 옵션을 선택한다. **OK** 버튼을 누르면
   그림 10-2처럼 작업 구성 페이지로 이동한다.

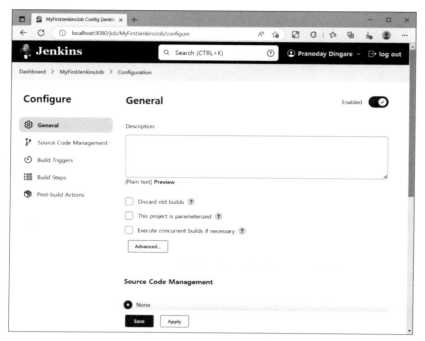

그림 10-2 작업 구성 페이지

▶▶ 젠킨스의 작업 구성

Job Configuration^{작업 구성} 페이지는 다양한 섹션으로 설정 항목이 나뉘어 있다. 각 섹션과 설정 항목을 하나씩 살펴보자.

General^{일반} 섹션에 있는 옵션은 다음과 같다.

- **Description(설명)**: 작업에 대한 설명이나 목적(예, 자바 라이브러리 프로젝트 컴파일)을 입력한다.

- **Discards old builds(오래된 빌드 삭제)**: 빌드는 젠킨스 작업의 특정한 실행 버전을 의미하며, 콘솔 출력이나 실행 후 생성된 아티팩트 등을 모두 포함한다. 빌드 내역을 삭제할 시기를 결정하는 옵션에는 두 가지가 있다.
    - **Build Age(빌드 기간)**: 빌드 후 지정된 날짜(예, 7일)가 지나면 삭제한다.
    - **Build Count(빌드 회수)**: 지정된 빌드 개수를 초과하면 가장 오래된 빌드를 삭제한다.

기본 설정된 제한값은 최대 14일, 50개의 빌드까지 유지하는 것이다. 제한값을 초과하면 가장 오래된 빌드가 삭제된다. 이 옵션을 활성화하고, 적절한 값을 입력하는 것은 디스크 공간을 절약하는 데 있어 매우 중요하다.

이 항목을 선택하면 그림 10-3처럼 두 가지 옵션을 설정하는 메뉴가 나타난다.

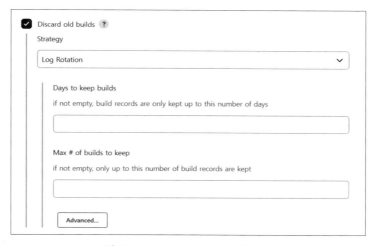

그림 10-3 Discard old builds의 설정 메뉴

Days to keep builds^{빌드 유지 기간} 필드에는 빌드를 삭제하기 전에 유지할 기간을 입력한다. 여기에 5를 입력하면 이 작업의 빌드를 최대 5일간 유지하는 것이다.

Max# of builds to keep^{빌드 유지 최대 개수} 필드에는 빌드를 유지할 최대 빌드 수를 지정한다. 여기에 10을 입력했다고 가정하면 빌드 번호가 11번 이후에는 가장 오래된 빌드부터 순서대로 삭제된다.

Advanced...^{고급} 버튼을 클릭하면 그림 10-4처럼 Days to keep artifacts^{아티팩트 유지 기간} 와 Max # of builds to keep with artifacts^{아티팩트 포함 빌드 유지 최대 개수}라는 2개의 필드가 더 표시된다.

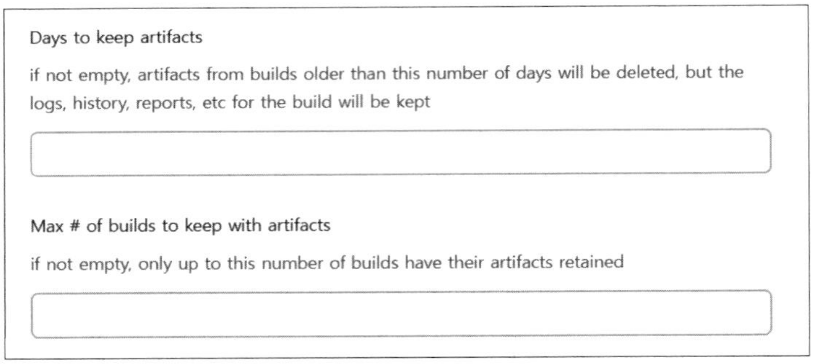

그림 10-4 Discard Old Build 옵션과 관련된 고급 설정

빌드 아티팩트는 해당 작업을 실행한 후 생성되는 출력된 모든 산출물을 말한다. 예를 들어, 자바 애플리케이션을 컴파일하고 .jar 파일을 생성하는 작업이라면, .jar 파일이 해당 작업의 아티팩트가 된다.

Days to keep artifacts 필드를 사용하면 빌드 아티팩트를 유지할 기간을 정할 수 있다. 여기에 3을 입력하면 빌드 아티팩트는 3일 후에 삭제되지만, 콘솔 로그 같은 그 외 빌드 결과물은 Days to keep builds가 지난 후에 삭제된다.

Max # of builds to keep with artifacts 필드에 5를 입력하면 최신 빌드 5개의 아티팩트가 유지된다.

매개변수형 프로젝트

만약 (매개변수를 통한) 외부 입력을 받아야 하는 작업이 있다면 **This project is parameterized**^{이 프로젝트는 매개변수형임} 체크박스를 선택한다. 그러면 부울형이나 문자형처럼 필요한 외부 입력 유형을 지정할 수 있다(그림 10-5).

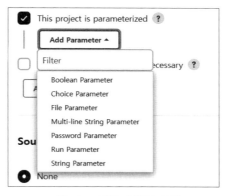

그림 10-5 작업 매개변수 목록

예를 들어, 문자열을 입력으로 보내려면 **String Parameter**^{문자열 매개변수} 옵션을 선택한다. 이 옵션을 선택하면 String Parameter 섹션이 나타난다.

Name 필드에 매개변수 이름을 입력하고, Default Value 필드에 매개변수의 기본값을 입력하고, Description 필드에는 매개변수의 용도에 대한 설명을 입력한다.

만약 자신의 이름을 매개변수로 전달하고, 이를 화면에 출력하는 작업이 있다고 가정해보자. 그러면 10-6처럼 입력하게 될 것이다.

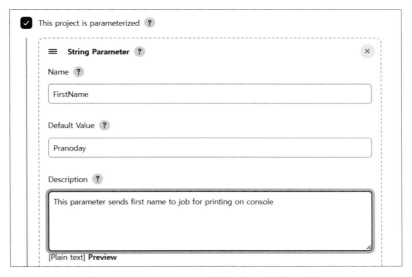

그림 10-6 String Parameter 섹션의 필드에 값을 입력한다.

이 매개변수 값은 작업의 빌드 스텝에서 가져와서 콘솔에 출력할 수 있다. 11장에서는 빌드 스텝에서 매개변수 값을 가져오는 방법과 실시간으로 사용하는 방법을 다룬다.

프로젝트 비활성화

오른쪽 위의 토글 버튼(Enabled/Disabled)으로 변경할 수 있다. 이 옵션을 비활성화하면 작업이 실행되지 않으며 새로운 빌드도 생성되지 않는다. 필수 인프라가 없어서 일시적으로 특정 작업을 사용하지 않는 경우에 유용한 설정값이다.

동시 빌드 실행

기본적으로 작업 실행은 한 번에 하나씩만 가능하다. 만약 작업 실행 버튼을 여러 번 클릭하면 현재 실행 중인 작업이 완료될 때까지 대기열에 추가되는 방식이다. 이러한 기본 실행 방식은 작업을 수행하는 데 있어 디렉터리와 파일들에 대해 독점 권한을 갖는 것이 중요할 때 사용한다.

그러나 빌드를 병렬로 실행하고 싶다면 먼저 Execute concurrent builds if necessary 필요시 동시 빌드 실행 옵션을 선택해야 한다. 이 옵션은 독립적인 여러 단계로 분리될 수 있는 긴 빌드 프로세스를 실행할 때 유용하다. 즉 긴 빌드 프로세스의 여러 단계를 병렬로 시작하면 전체 작업 시간을 상당히 줄일 수 있다. 이에 대해서는 17장에서 자세히 다룰 예정이다.

Advanced... 버튼을 클릭하면 기본 옵션 외에 고급 옵션들이 추가로 표시된다(그림 10-7).

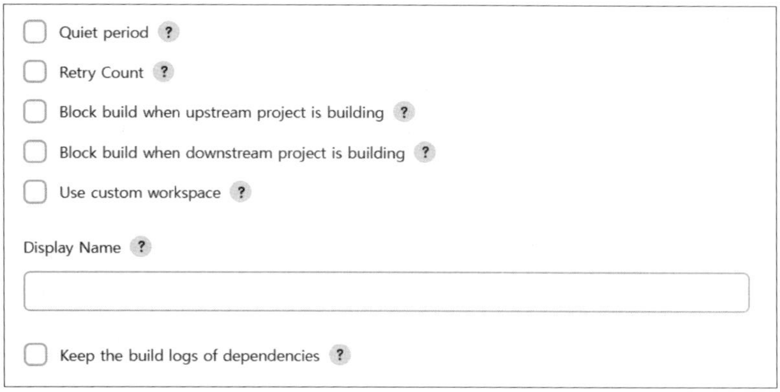

그림 10-7 Advanced... 버튼을 클릭하면 나타나는 추가 옵션

대기 시간

Quiet period^{대기 시간} 옵션을 선택하면 새로운 빌드가 즉시 시작되지 않는다. 빌드 큐(대기열)에 추가되고 지정된 시간이 지나야 빌드가 시작된다.

이 옵션은 여러 개의 코드 커밋을 모아서 수행할 때 유용한 기능이다. 예를 들어, 이 옵션을 선택하지 않은 상태에서 여러 개발자가 코드 리포지터리로 거의 동시에 커밋을 했다면, 첫 번째 커밋이 이뤄지는 즉시 빌드가 시작돼 나머지 커밋은 이 빌드에 반영되지 않는다. 대신 이 옵션을 선택했다면 첫 번째 커밋이 이뤄지고 지정된 시간 동안 빌드 큐에서 기다리다가 거의 동시에 발생한 모든 커밋을 포함해 빌드가 시작되는 것이다.

이 옵션을 선택하면 빌드 대기 시간(초 단위)을 설정하는 필드인 Number of seconds가 나타난다. 여기에 5를 입력하면 빌드가 시작되기 전에 5초 동안 빌드 큐에서 대기한다.

재시도 회수

Retry Count^{재시도 회수} 옵션이 설정되지 않은 상태에서 깃 리포지터리 같은 소스 코드 관리^{SCM, Source Code Management} 시스템을 사용하도록 작업을 구성했다면 첫 번째 체크 아웃 시도가 실패하자마자 바로 작업 실패로 처리된다.

그러나 이 옵션을 사용하면 작업 실패로 표시하기 전에 몇 번 더 체크아웃을 시도할지를 정할 수 있다. 예를 들어, SCM checkout retry count 값을 3으로 지정하면 젠킨스는 체크 아웃을 3번 시도하며, 재시도 사이의 시간 간격은 10초다.

업스트림 프로젝트가 빌드 중일 때 빌드 차단

젠킨스에서는 작업 A에서 생성된 아티팩트가 작업 B의 작업에 사용되도록 2개의 작업을 구성할 수 있다. 즉 작업 B를 작업 A에 종속되게 구성하는 것이다. 예를 들어, 작업 A는 자바 애플리케이션을 컴파일해 .CLASS 파일을 생성하고, 작업 B는 이들 클래스 파일을 사용해 .jar 파일을 생성하는 식이다.

여기서 작업 A를 작업 B의 upstream job^{업스트림 작업. 선행 작업}이라고 부른다. 반대로 작업 B는 작업 A의 downstream job^{다운스트림 작업. 후속 작업}이 된다.

Block build when upstream project is building^{업스트림 프로젝트가 빌드 중일 때 빌드 차단} 옵션을 선택하면 업스트림 프로젝트(현재 작업이 의존하는 프로젝트)가 빌드 큐^{build queue}에 있을 때 젠킨스가 이 프로젝트/작업을 실행하지 않는다.

즉 작업 A가 빌드 큐에 있으면 젠킨스는 작업 B를 시작하지 않는다.

다운스트림 프로젝트가 빌드 중일 때 빌드 차단

Block build when downstream project is building^{다운스트림 프로젝트가 빌드 중일 때 빌드 차단} 옵션을 선택하면 다운스트림 프로젝트가 빌드 큐에 있을 때 젠킨스가 이 프로젝트/작업을 실행하지 않는다.

즉 작업 B가 빌드 큐에 있으면 젠킨스는 작업 A를 시작하지 않는다.

커스텀 워크스페이스 사용

Use custom workspace 설정에 대해 설명하기에 앞서 젠킨스의 워크스페이스를 먼저 알아보자. 워크스페이스는 빌드가 실행되는 디렉터리를 말한다. 젠킨스 작업이 소스 코드를 리포지터리에서 체크아웃하는 경우에 이 디렉터리를 사용한다. 빌드가 시작되면 기본적으로 ${JENKINS_HOME}\workspace 폴더에 실행 중인 작업의 이름으로 워크스페이스 디렉터리가 생성된다. 참고로 ${JENKINS_HOME}는 ${현재 윈도우 로그인 계정}\.Jenkins에 위치하는 것이 일반적이다. 그러나 워크스페이스 디렉터리 위치를 변경할 수도 있다. 예를 들어, 현재 작업의 아티팩트를 다른 작업이 사용하고 있고 이 경로가 다른 작업에서 하드코딩돼 바꿀 수가 없다면, 현재 작업의 워크스페이스 위치를 변경할 수 있다.

본 예제의 워크스페이스 위치는 D:\MyFirstJenkinsJob이다. 만약 예제의 작업을 실행하면 MyFirstJenkinsJob이라는 디렉터리가 D:\에 생성돼 워크스페이스로 사용된다.

표시 이름 지정

이 필드에서 지정한 이름이 젠킨스 웹 화면^{WebUI} 전체에서 프로젝트 이름으로 표시된다. 본 예제에서는 표시 이름을 MyJob으로 설정했다. 그러면 대시보드에서 작업 필드에 표시 이름이 그림 10-8처럼 MyJob으로 나타난다.

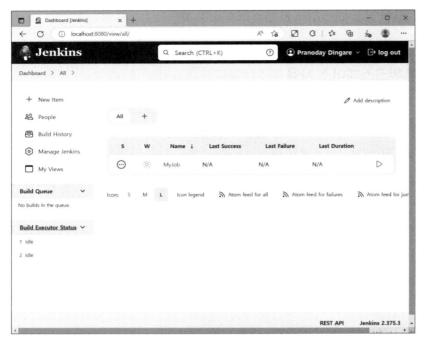

그림 10-8 젠킨스 대시보드에 MyJob으로 작업이 표시된다.

참고로 표시 이름은 웹 화면에만 나타난다. 워크스페이스 디렉터리는 프로젝트 이름으로 계속 생성된다.

예를 들어, MyFirstJenkinsJob 작업의 표시 이름은 MyJob이지만, 워크스페이스 디렉터리는 MyJob이 아닌 MyFirstJenkinsJob으로 생성되는 것이다.

의존성 빌드 로그 유지

Keep the build logs of dependencies^{의존성 빌드 로그 유지하기} 옵션을 선택하면 현재 작업과 관련된 모든 빌드가 로그 순환^{log rotation} 기능에서 제외된다. 로그 순환은 젠킨스의 빌드 로그를 자동으로 압축하고, 삭제하는 기능이다.

소스 코드 관리

이제 작업 구성 페이지의 일반 탭 다음에 Source Code Management 섹션을 살펴보자.

이번 절의 깃 옵션은 깃 플러그인이 설치된 경우에만 나타난다. 이 플러그인을 설치하는 자세한 과정은 6장을 참고하자. 일반적으로 신규 소프트웨어 빌드를 생성하는 젠킨스 작업은 중앙 리포지터리로 커밋된 최신 코드에서 작동한다. 그러므로 젠킨스가 최신 코드를 다운로드해 빌드할 수 있도록 깃 코드 리포지터리 URL에 이 필드를 추가해야 한다.

예제에서는 내 깃 리포지터리 URL을 추가했다. 이제 Myjob을 실행하게 되면 우선 최신 코드를 다운로드한다.

리포지터리 URL에 입력한 주소는 내 공개 리포지터리 주소다. 공개 깃 리포지터리는 인증이 필요없다.

그러나 개인 리포지터리의 경우에는 일반적으로 깃 리포지터리 구성에 필요한 사용자 이름, 비밀번호, SSH 개인 키나 API 토큰 같은 인증 정보를 제공해야 한다. 그렇지 않으면 그림 10-9처럼 오류가 표시된다.

그림 10-9 자격 증명 없이 개인 리포지터리에 접속할 때의 인증 오류

이 오류를 해결하려면 필수 인증 정보를 갖는 Global 유형의 자격 증명을 생성해야한다. 자격 증명을 생성하는 과정은 8장을 참고한다.

예제에서는 Global 유형의 자격 증명을 생성하고, Credentials 드롭다운 메뉴에서이를 선택했다. 그러면 그림 10-10처럼 더 이상 에러 메시지가 표시되지 않는다.

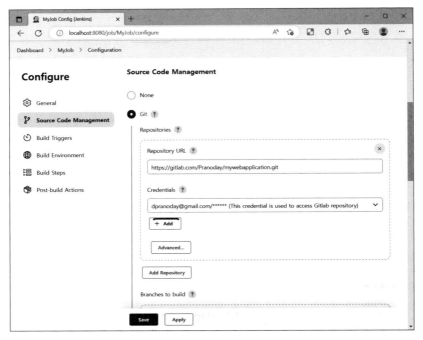

그림 10-10 젠킨스에서 개인 리포지터리에 접속한 화면

만약 이 페이지에서 자격 증명 항목을 직접 생성하려면 그림 10-11처럼 **+ Add** 버튼을 클릭해 Jenkins 옵션을 찾으면 된다.

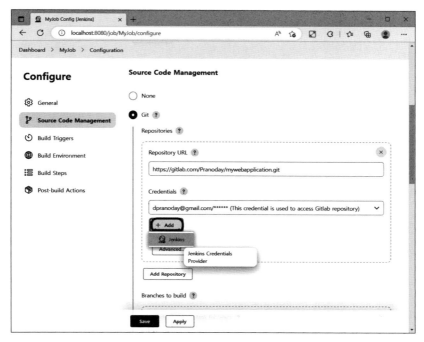

그림 10-11 Credentials 드롭다운 메뉴에서 Jenkins 옵션을 선택

Jenkins 옵션을 클릭하면 나타나는 Jenkins Credentials Provider: Jenkins 입력 창에서 그림 10-12에서처럼 필수 정보들을 입력하고, 창 아래의 **Add** 버튼을 클릭한다 (각 항목에 대한 설명은 8장을 참고한다).

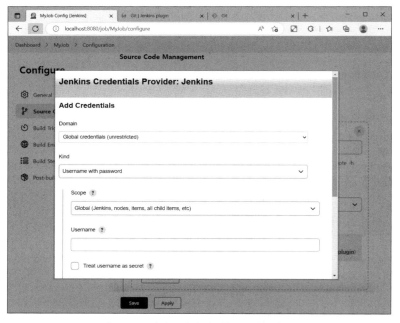

그림 10-12 자격 증명에 필요한 상세 항목을 입력

그러면 그림 10-13처럼 새로 생성된 항목이 자격 증명 드롭다운 메뉴에 나타난다.

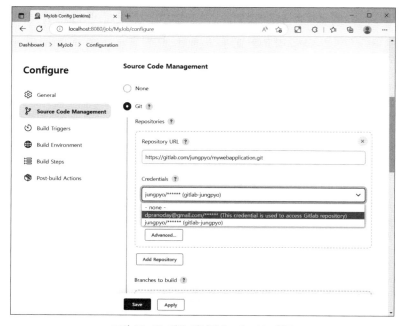

그림 10-13 새로 생성된 Credentials 항목

일반적으로 젠킨스와 Windows 자격 증명 관리자에서 개인 리포지터리에 접속하는 과정에서 문제가 생기면 해결이 쉽지 않은데, 이와 관련해 알아둬야 할 중요한 사항이 있다.

Windows 자격 증명(제어판 > 모든 제어판 항목 > 자격 증명 관리자)에 이미 사용자 이름과 비밀번호가 저장된 경우가 있다는 것이다. 자격 증명 관리자는 그림 10-14처럼 표시된다.

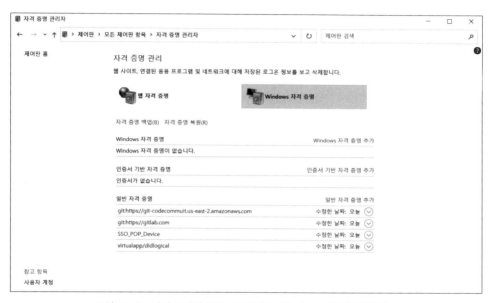

그림 10-14 자격 증명이 모두 저장돼 있는 Windows 자격 증명 관리자

그림 10-15에서 깃 자격 증명이 Windows 자격 증명에 저장된 것을 볼 수 있다. 예제에서는 그림 10-14에 표시된 Windows 자격 증명 추가 링크를 사용해서 자격 증명을 생성했다.

그림 10-15 Windows 자격 증명 관리자에 저장된 깃랩 자격 증명

이제 젠킨스가 내 자격 증명을 Windows 자격 증명에서 가져올 수 있기 때문에, Credentials 드롭다운 메뉴에서 자격 증명 항목을 선택하지 않더라도 그림 10-9처럼 리포지터리 URL 필드에 인증 오류가 발생하지 않는다.

만약 Windows 자격 증명에서 내 자격 증명을 제거하면 그림 10-16처럼 Windows 자격 증명에 내 자격 증명 항목이 없어진 것을 볼 수 있다.

일반 자격 증명	일반 자격 증명 추가
git:https://git-codecommuit.us-east-2.amazonaws.com	수정한 날짜: 오늘 ⌄
SSO_POP_Device	수정한 날짜: 오늘 ⌄
virtualapp/didlogical	수정한 날짜: 오늘 ⌄

그림 10-16 깃랩 자격 증명이 삭제된 결과

이제 Credentials 드롭다운 메뉴에서 항목을 선택하지 않고, Windows 자격 증명 관리자에도 내 자격 증명이 없기 때문에 젠킨스에서 인증 오류(Error 128)가 발생한다.

빌드 브랜치

기본적으로 젠킨스 작업은 마스터 브랜치를 기준으로 변경 사항을 확인하고, 원격 리포지터리의 브랜치에서 코드를 다운로드한다. 만약 다른 브랜치를 지정하고 싶다면 Branches to build빌드 브랜치 필드에 새로운 브랜치의 이름을 지정해야 한다.

빌드 트리거

Build Triggers빌드 트리거 섹션 내의 설정값을 사용해 젠킨스에서 작업에 착수(시작)하는 시점을 설정할 수 있다. 상세 항목을 하나씩 살펴보자.

원격 빌드 트리거

깃 리포지터리 같은 외부 서비스에서 젠킨스 작업을 시작할 수 있다. 즉 개발자가 코드를 마스터 브랜치에 병합하면 젠킨스 작업이 시작되는 경우를 말한다. 이 경우 작업을 시작하는 옵션에는 두 가지가 있다.

- **Polling Source Code Repository(소스 코드 리포지터리 폴링)**: 이 옵션에서는 젠킨스가 특정 시간 간격(폴링 시간)마다 소스 코드 리포지터리의 변경 여부를 확인하도록 구성한다. 코드 리포지터리에 변경이 있다면 즉시 작업을 시작한다. 세부 옵션에 대해서는 뒤에서 다시 설명한다.

- **Triggering Jenkins Job from SCM on a specific event(특정 이벤트 발생 시 SCM에서 젠킨스 작업 시작)**: 이 옵션에서는 폴링이 아닌 SCM의 특정 이벤트에 대해 작업을 시작하도록 SCM을 구성할 수 있다. 예를 들어, 코드가 특정 브랜치에 병합될 때 발생하는 병합 이벤트가 있다.

이때 두 번째 옵션으로 작업을 시작하려면 Trigger Build Remotely(e.g. from scripts)^{스크립트 등을 사용한 원격 빌드 트리거} 옵션을 선택해야 한다. 모든 젠킨스 작업에는 원격으로 시작할 수 있는 URL이 있다.

이 URL의 형식은 다음과 같다.

```
<젠킨스_URL>/job/<작업_이름>/build?token=<토큰_이름>
```

- **젠킨스_URL**: 젠킨스 인스턴스에 접근하기 위한 URL(예, http://localhost:8080)을 나타낸다.

- **작업_이름**: 젠킨스 작업 이름. 표시 이름이 아닌 작업 이름을 입력해야 한다.

- **토큰_이름**: 이 작업을 시작하는 데 사용할 액세스 토큰이다.

예를 들어, 이 작업에 접속할 수 있는 URL은 다음과 같다.

```
http://localhost:8080/job/MyFirstJenkinsJob/build?token= abcd123456890
```

이와 관련된 실제 사용 사례는 11장에서 다룰 예정이다.

다른 프로젝트 빌드 완료 후 빌드 시작

Build after other projects are built 옵션은 다른 작업을 완료한 후에 이 작업을 시작하고 싶을 때 선택한다. 앞에서는 선행 작업의 아티팩트(산출물)를 후행 작업이 사용하는 의존성에 대해 설명했다. 예를 들어, 현재 작업이 CompileJavaApplication이라는 선행 작업의 결과로 생성되는 아티팩트를 사용하는 경우, 이 옵션을 선택하고 CompileJavaApplication을 Project to watch^{감시 대상 프로젝트}에 추가하는 식으로 현재 작업을 설정한다.

이때 다음 세 가지 옵션을 사용해 의존성 작업 상태에 따른 작업 시작 여부를 구성할 수 있다.

- **Trigger only if build is stable(빌드가 안정한 경우에만 시작)**: 이 옵션을 선택하면 선행 작업의 빌드가 안정(성공)한 경우에만 작업이 시작된다.

- **Trigger even if the build is unstable(빌드가 불안정한 경우에도 시작)**: 애플리케이션을 컴파일하고, Junit에서 단위 테스트 보고를 게시하기로 한 경우, 컴파일은 성공했지만 단위 테스트는 실패했다면 Junit에서는 이 빌드를 불안정한 것으로 표시할 것이다. 그러나 이 옵션을 선택하면 선행 작업의 빌드가 불안정한 경우에도 작업이 시작된다.

- **Trigger even if the build fails(빌드가 실패해도 시작)**: 이 옵션을 선택하면 선행 작업 빌드가 실패하거나 중단된 경우에도 작업이 시작된다.

빌드 실패/중단은 하나 이상의 빌드 단계가 실패해 빌드 작업을 완료할 수 없는 경우를 말한다.

정기 빌드

Build periodically^{정기 빌드} 옵션을 사용하면 매일, 매월, 매주 같은 특정 시간과 간격에 따라 빌드를 시작할 수 있다. 즉 윈도우의 작업 스케줄러나 유닉스 시스템의 크론 ^{cron} 작업과 같은 기능을 제공하는 것이다.

그러나 작업을 특정 시간에 주기적으로 시작하는 것은 CI/CD 원칙에 부합하지는 않는다. CI/CD에서는 코드에 변경이 발생하는 즉시 빌드가 진행되고 그 결과를 피드백하는 방식이기 때문이다. 그러므로 이 기능이 유용한 경우는 애플리케이션이 빌드돼 테스트 환경에 배포된 후, E-E 테스트를 실행하는 작업을 시작하는 경우라 할 수 있다.

일단 이 옵션을 선택하면 Schedule^{일정}을 입력하는 텍스트 박스가 나타나며, 여기에 일정을 크론 표현식으로 입력할 수 있다.

크론 표현식은 다음과 같은 형식이다.

```
MINUTE  HOUR  DOM  MONTH  DOW
```

이 명령은 탭이나 공백으로 구분된 5개의 필드로 구성된다.

- MINUTE: 분(0~59)

- HOUR: 시간(0~24)

- DOM^{Day Of Month}: 날짜(1~31)

- MONTH: 월(1~12)

- DOW^{Day Of Week}: 요일(0~7), 여기서 0과 7은 일요일을 나타낸다.

예를 들어, 어떤 작업을 매월, 매일, 모든 요일마다 오전 8시 45분에 실행하려면 다음과 같이 크론 표현식을 작성한다(그림 10-17).

```
45 8 * * *
```

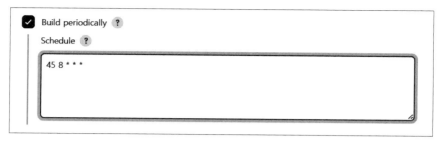

그림 10-17 Schedule 필드에 입력한 크론 표현식

크론 표현식에 대한 자세한 내용은 다음 링크(https://en.wikipedia.org/wiki/Cron)를 참조한다.

폴 SCM

폴Poll SCM 옵션을 사용하면 젠킨스가 SCM 섹션에 지정한 URL에 있는 소스 코드의 변경 여부를 확인하는 시간 간격(폴링 타임)을 구성할 수 있다.

예를 들어, 어떤 작업을 매일, 매월, 모든 요일에 5분마다 SCM(소스 코드 관리 섹션에 지정한 URL)을 점검(폴링)하도록 설정하려면 다음과 같이 크론 표현식을 작성한다.

```
H/5 * * * *
```

이제 젠킨스는 5분마다 SCM을 점검하며, 마지막으로 점검한 이후 소스 코드에 변경이 발생하면 즉시 빌드를 시작한다.

빌드 스텝

Build Steps빌드 스텝 섹션은 1개 이상의 단계(스텝)를 하나씩 실행하는 식으로 현재 작업에 할당된 태스크를 수행할 때 사용한다. 스텝은 배치 파일을 실행할 수도 있고, 다른 빌드 도구를 실행하는 것일 수도 있다. 예를 들어, 윈도우 터미널의 명령을 실행하는 스텝을 추가한다면 **Add build step** 버튼을 클릭한 후, Execute Windows batch command윈도우 배치 명령 실행 옵션을 선택한다.

그리고 Command^{명령어} 필드에 터미널 명령어를 추가한다. 만약 스텝을 제거하고 싶다면 오른쪽에 위치한 빨간색 x 버튼을 클릭한다.

1개의 작업에는 여러 개의 스텝을 추가할 수 있으며, 여러 개의 스텝은 그림 10-18처럼 위에서부터 순차적으로 실행된다.

그림 10-18 1개의 작업에 여러 개의 빌드 스텝을 추가하는 화면

포스트-빌드 액션

포스트-빌드 액션 섹션은 할당된 태스크가 완료된 이후에 수행하려는 작업이 있을 때 사용한다. 예를 들어, 작업 완료 후 이메일 알림을 보내는 작업이 대표적이다.

액션을 추가하려면 Add Post-Build Action 옵션을 클릭한 후, 필요한 옵션을 선택한다. 이 섹션에서 선택할 수 있는 작업은 다양하다. 이를 실제로 사용하는 방법은 뒤에서 다룰 것이다.

▶▶ 작업 실행 및 결과 확인

젠킨스에서는 작업이 생성, 구성, 저장될 때마다 작업 결과가 대시보드에 표시된다.

특정 작업을 수동으로 실행하고 싶다면 작업 항목의 실행 아이콘(▷)을 클릭한다.

수동 시작이든 트리거에 의한 시작이든 관계없이 젠킨스 작업이 시작되면 실행 상태가 Build Executor Status^{빌드 실행자 현황} 섹션에 나타난다. 그림 10-19를 보면 진행률을 표시하는 프로그레스 바^{progress bar}를 볼 수 있다.

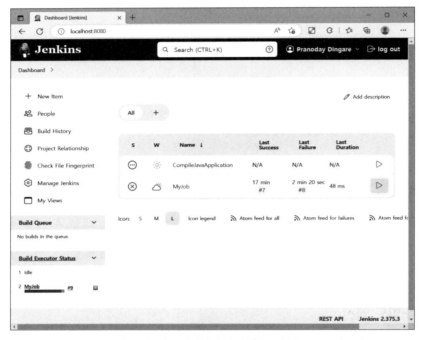

그림 10-19 화면 아래에 표시돼 작업 진행률을 보여주는 프로그레스 바

작업이 완료되면 대시 보드 페이지 왼쪽에 표시된 **Build History**^{빌드 내역} 링크를 클릭해서 빌드 실행 내역을 볼 수 있다.

Build History 링크를 클릭하면 그림 10-20처럼 젠킨스의 Build History 페이지가 열린다. 화면에 표시되는 빌드 내역은 작업을 실행한 회수에 따라 다를 것이다. 본 예제에서는 작업을 8번 실행했기 때문에 Build #1에서 Build #8까지의 실행 내역을 보여준다.

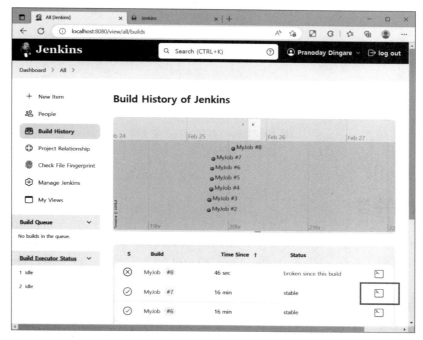

그림 10-20 실행 작업들의 빌드 내역

세부 빌드 내역을 확인하려면 그림 10-20에 강조 표시한 것처럼 표에서 특정 빌드 항목의 **Console Output**^{콘솔 출력} 아이콘을 클릭한다.

예를 들어, Build #7의 세부 콘솔 기록을 보려면 해당 항목의 **Console Output** 아이콘을 클릭한다. 그러면 그림 10-21처럼 Build #7의 세부 콘솔 출력을 보여준다.

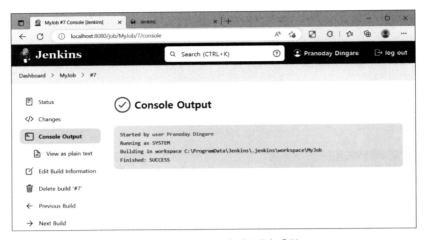

그림 10-21 Build #7의 세부 콘솔 출력

▶▶ 작업 수정

기존 젠킨스 작업을 수정하고 싶다면 젠킨스 대시보드의 작업 드롭다운 메뉴를 클릭하고, 그림 10-22처럼 Configure^{구성} 옵션을 클릭한다.

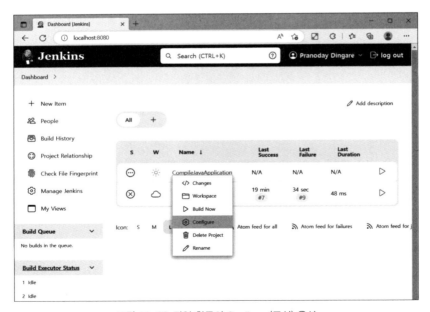

그림 10-22 작업 항목의 Configure(구성) 옵션

그러면 그림 10-23처럼 작업 구성 페이지로 이동한다.

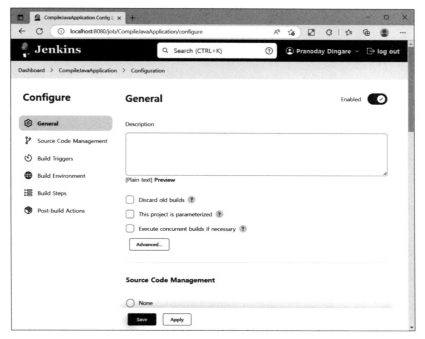

그림 10-23 CompileJavaApplication 작업의 구성 페이지

해당 페이지에서 필요한 수정 작업을 진행하고 **Save** 버튼을 클릭한다.

▶▶ 워크스페이스 보기

특정 작업의 워크스페이스^{Workspace}를 보고 싶다면 대시보드에서 작업 항목을 클릭한다. 그러면 그림 10-24처럼 작업 페이지 내부로 이동한다.

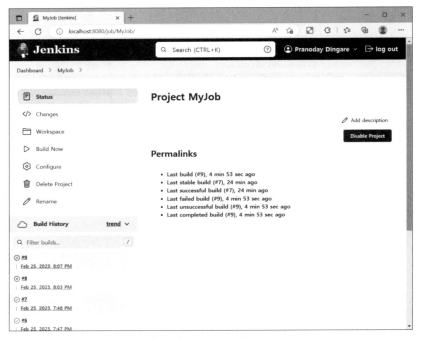

그림 10-24 MyJob의 작업 페이지

페이지 왼쪽에 있는 **Workspace** 링크를 클릭하면 그림 10-25처럼 워크스페이스가 나타난다.

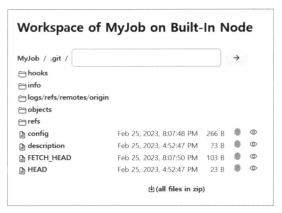

그림 10-25 MyJob의 워크스페이스

▶▶ 워크스페이스 비우기

특정 작업의 워크스페이스를 비우려면 대시보드에서 작업 항목을 클릭한다. 그러면 그림 10-24처럼 작업 페이지 내부로 이동한다.

페이지 왼쪽에 있는 **Workspace** 링크를 클릭하고, 그림 10-26처럼 **Wipe Out Current Workspace**^{현재 워크스페이스 완전히 비우기} 링크를 클릭한다.

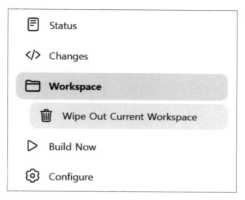

그림 10-26 Workspace 메뉴 내에 Wipe Out Current Workspace 메뉴 옵션

▶▶ 작업 삭제

기존 젠킨스 작업을 삭제하려면 젠킨스 대시보드의 작업 드롭다운 메뉴를 클릭하고, 그림 10-27처럼 **Delete Project**^{프로젝트 삭제} 옵션을 선택한다.

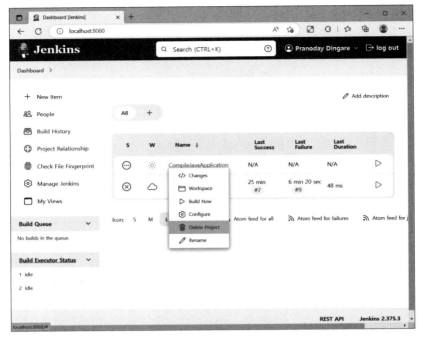

그림 10-27 작업의 드롭다운 메뉴의 Delete Project 옵션

삭제 확인 창이 나타나면 **OK** 버튼을 클릭한다.

▶▶ 요약

10장에서는 이 책에서 가장 중요한 기능 중 하나인 작업의 개념을 배웠다. 프리스타일 작업을 생성하고 다양한 작업 구성을 살펴봤다. 또한 젠킨스의 작업을 실행하고, 실행된 내역을 검토하는 데 필요한 스텝에 대해서도 알아봤다. 11장에서는 배운 내용을 발전시켜서 자바 API와 웹 애플리케이션 같은 다양한 종류의 애플리케이션을 빌드하면서 젠킨스 작업의 실시간 구현 방법을 배운다.

Chapter 11

메이븐으로 자바 API 프로젝트 준비

10장에서 젠킨스에서의 작업 구성 방법에 대해서 상세히 알아봤다면 이제 11장에서는 다양한 애플리케이션의 빌드 수명 주기 전체를 관리하는 실제 사용법을 알아보자. 즉 여러 종류의 작업을 구성하고 다양한 방식으로 시작하는 방법을 알아볼 것이다.

애플리케이션 프로그래밍 인터페이스API, Application Programming Interface라고 불리는 재사용 라이브러리나 웹 애플리케이션, RESTful API 서비스 등 여러 종류의 애플리케이션은 그 나름대로의 빌드와 배포 절차를 갖는다. 예를 들어, 자바 API 프로젝트는 .jar 파일의 형태로 아티팩트 리포지터리로 배포될 수 있고, 자바로 개발된 웹 애플리케이션은 .war 파일의 형태로 톰캣 같은 서버에 배포될 수 있다. 젠킨스에서 이런 애플리케이션의 빌드 수명 주기를 구현하려면 먼저 각 애플리케이션의 빌드 수명 주기 단계를 이해하고, 최종 목적지에 도착할 때까지 거치는 각 단계에서 사용되는 도구에 대해서도 알아야 한다.

11장에서는 TestNG와 메이븐 같은 도구를 사용해서 간단한 자바 API 프로젝트와 이 프로젝트가 거치는 여러 빌드 수명 주기 단계를 구현할 것이다. 그리고 12장부터는 이 자바 API 프로젝트 릴리스를 자동화할 수 있도록 다양한 종류의 젠킨스 작업을 빌드하는 방법을 다룰 것이다.

▶▶ 메이븐 빌드 도구의 이해

이번 절에서는 메이븐이라는 인기 빌드 도구를 사용해 자바 API 프로젝트를 빌드하는 방법을 살펴본다. 메이븐의 핵심 목표는 개발자가 단시간 내에 전체 개발 상태를 이해하도록 돕는 것이다.

메이븐을 자세히 알아보기 전에 자바 API 개발 수명 주기의 일반적인 워크플로가 무엇인지 그리고 개발자가 이를 수행할 때 빌드 도구가 어떤 도움을 주는지는 먼저 살펴볼 필요가 있다.

자바 API 프로젝트 개발 과정

이번 절에서는 개발자가 자바 API 프로젝트를 개발할 때 수행하는 일반적인 태스크를 설명한다. 그러나 실제 태스크는 프로젝트마다 조금씩 다를 수 있다.

서드파티 라이브러리 다운로드

일반적으로 개발자가 애플리케이션을 구현할 때는 라이브러리(개발 키트에서 제공하는 API 클래스)를 활용한다. 자바 API 프로젝트의 경우에는 JDK가 이에 해당한다. 그리고 이런 기본 라이브러리 외에도 다른 API 개발자가 구현한 라이브러리를 사용하는데, 이를 서드파티 라이브러리^{third-party library}라고 한다. 서드파티 라이브러리는 보통 아티팩트 또는 패키지 레지스트리^{package registry}라고 불리는 별도의 웹 플랫폼을 통해 제공한다. 예를 들어, 다음 링크(https://mvnrepository.com/)는 자바 API 개발자가 패키지 파일(.jar)을 배포하고, 사용자가 다운로드할 수 있도록 하는 중앙 리포지터리다. 그리고 다음 링크(https://www.npmjs.com/)는 자바스크립트를 사용해 빌드된 재사용 노드 패키지를 릴리스하기 위한 패키지 레지스트리다. 이 책의 자바 API 개발자도 mvn 리포지터리에서 이들 라이브러리 파일들을 다운로드해야 한다.

프로젝트에 라이브러리 추가

이렇게 다운로드한 라이브러리는 프로젝트 개발자가 작업 중인 레퍼런스 라이브러리에 추가해야 한다. 자바 API 프로젝트의 경우, 이들 라이브러리는 프로젝트의 CLASSPATH에 추가된다.

단위 테스트 케이스 작성

필요한 서드파티와 네이티브 라이브러리가 프로젝트의 빌드 경로에 존재한다면 개발자는 다른 API 함수도 작성할 수 있다. 일단 특정 함수의 구현이 완료되면 단위 테스트 케이스를 작성한다. 개발자가 테스트 주도 개발 방식으로 개발하는 경우에는 함수 본문을 구현하기 전에 테스트 케이스를 먼저 작성하게 된다.

애플리케이션과 단위 테스트 케이스 코드 컴파일

코드를 작성한 다음에 개발자는 API 소스 코드와 단위 테스트 케이스를 모두 컴파일해야 한다.

테스트 케이스 실행

애플리케이션의 소스 코드와 단위 테스트 케이스를 컴파일한 다음에 개발자는 TestNG나 Pytest, NUnit 등과 같은 테스트 도구를 사용해 단위 테스트 케이스를 실행해야 한다. 그리고 이때 사용되는 도구들은 개발 환경에 따라 달라진다.

애플리케이션 번들링/패키징

단위 테스트가 완료되고 코드 통합도 끝나면 구현 결과가 라이브러리(.jar) 파일로 패키징한다.

아티팩트 리포지터리로 릴리스

해당 라이브러리 버전이 생성되면 사용자가 다운로드할 수 있도록 아티팩트 리포지터리로 릴리스한다.

개발자 지원 빌드 도구 사용법

지금까지 자바 API 프로젝트의 일반적인 워크플로를 살펴봤다. 이때 개발자는 컴파일 단계에서 필요한 라이브러리, 테스트용 라이브러리, 실행 라이브러리 등을 다운로드하는 작업 외에도 많은 태스크를 수행한다는 것을 확인했다. 그리고 코드가 컴파일된 후에도 단위 테스트, 패키징, 라이브러리 배포 등의 작업이 이어진다. 이들 태스크를 수작업으로 수행하면 번거롭기도 하고 오류도 종종 발생한다. 그러므로 개발자에게는 이러한 작업을 자동으로 수행할 도구가 필요하며, 이를 빌드 도구^{build tool}라고 한다. 대표적인 제품으로는 아파치 앤트^{Apache Ant}, 메이븐^{Maven}, 그래들^{Gradle} 등이 있다.

자바 API 프로젝트 빌드

이번 절에서는 메이븐 빌드 도구로 자바 API 프로젝트를 빌드하는 법을 설명하며, 이클립스^{Eclipse}를 사용한다.

이번 절을 진행하려면 다음 필수 요소를 설치해야 한다.

- JDK

- 이클립스(최신 버전)

1단계: 이클립스에서 워크스페이스 생성

이클립스를 시작하면 워크스페이스 위치를 묻는 메시지가 표시된다(그림 11-1). 이클립스 워크스페이스는 이클립스에서 생성한 모든 프로젝트가 저장되는 디렉터리다. 원하는 경로를 선택한 후, **Launch**^{실행} 버튼을 클릭한다.

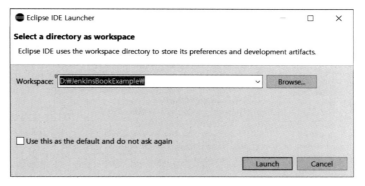

그림 11-1 이클립스 워크스페이스 위치를 선택하는 창

Launch 버튼을 클릭하면 환영 메시지가 나타난다.

2단계: 메이븐 프로젝트 생성

다음 단계를 따라 메이븐 프로젝트를 생성한다.

1. **Maven Eclipse(메이븐 이클립스) 플러그인 설치:**

   메이븐의 명령행 인터페이스^{CLI, Command Line Interface}를 설치하면 셸 프로그램에 명령을 입력하는 식으로 사용할 수 있다. 이클립스에서 메이븐을 사용하려면 Maven Eclipse 플러그인이 설치돼 있어야 한다. 최신 버전의 이클립스에는 이미 설치돼 있을 수도 있으나, 이전 버전의 이클립스를 사용하는 경우에는 해당 플러그인을 설치해야 한다.

2. 메이븐이 이미 설치됐는지 여부는 **Window > Preferences** 메뉴를 선택하면 표시되는 Preference^{환경 설정} 창에서 확인할 수 있다(그림 11-2).

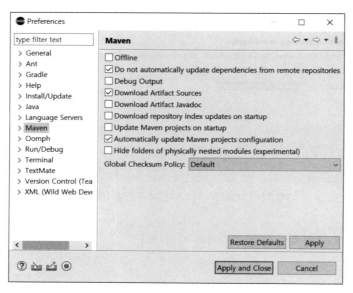

그림 11-2 이클립스 내에 메이븐 Preference

NOTE

> 메이븐에 필요한 플러그인과 의존성을 다운로드하려면 인터넷에 접속해야 한다. 만약 프록시가 설치된 네트워크를 사용한다면 ${user.home}₩.m2 폴더에 settings.xml 파일을 생성하고 프록시 접속 정보를 입력해야 한다. 좀 더 자세한 내용은 11장 뒷부분의 '메이븐의 settings.xml 파일' 절을 참고한다.

3. 메이븐 프로젝트 생성:

   File > New > Other... 메뉴를 선택하면 Select a wizard^{마법사 선택} 창이 나타난다.

   거기에서 Maven 섹션을 찾은 후, 하위 섹션을 연다.

4. Maven Project 옵션을 선택하고 **Next >** 버튼을 클릭한다(그림 11-3).

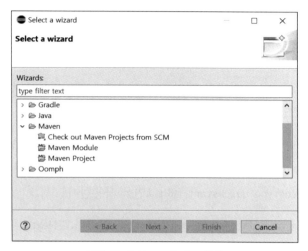

그림 11-3 Maven Project 옵션

그러면 New Maven Project^{신규 메이븐 프로젝트} 창이 열린다(그림 11-4).

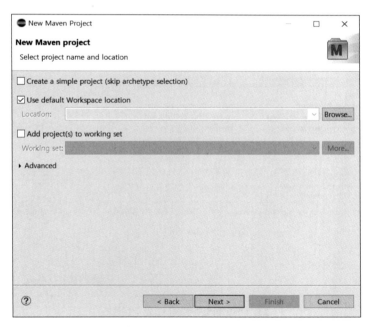

그림 11-4 New Maven Project 창

5. **Next >** 버튼을 클릭하면 Select an Archetype^{아키타입 선택} 창이 열린다.

메이븐은 플러그인을 사용해 이들 태스크를 수행하며, 태스크 유형에 따라 고유의 디렉터리 구조를 갖는다. 예를 들어, 웹 애플리케이션의 경우 WEB-INF 폴더와 index.html 파일이 있지만, EJB 애플리케이션의 경우 자체적인 디렉터리 구조를 갖는다. 그러므로 메이븐은 적절한 디렉터리를 구성하는 다양한 아키타입 플러그인을 제공한다.

웹 애플리케이션을 개발하는 경우에는 디렉터리 구조를 생성하는 maven-archetype-webapp이 필요하다. 여기서는 간단한 자바 API 프로젝트를 생성하므로 maven-archetype-quickstart 플러그인을 사용한다.

6. Filter 필드에 maven-archetype-quickstart를 입력하고 **Next >** 버튼을 클릭한다.

7. **Next >** 버튼을 클릭하면 메이븐이 아티팩트 플러그인을 다운로드하기 시작한다 (그림 11-5).

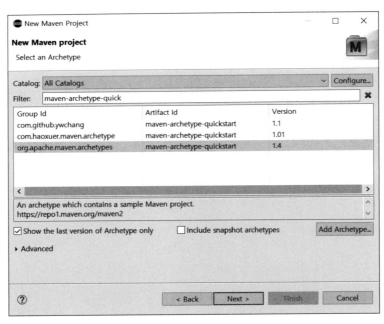

그림 11-5 아티팩트 플러그인 다운로드

아티팩트가 다운로드되면 New Maven Project 창이 나타난다.

여기에는 Group Id, Artifact Id, Version 입력 상자가 표시된다. 메이븐 프로젝트는 MvnRepository나 넥서스 리포지터리 같은 아티팩트 리포지터리에 관계없이 이들 3개의 매개변수를 사용해서 고유하게 식별된다.

- **Group Id**: 프로젝트나 그룹의 소유자

- **Artifact Id**: 프로젝트의 이름

- **Version**: 아티팩트 리포지터리에서 다운로드할 때 사용할 수 있는 특정 릴리스 번호

예를 들어, 이 책에서는 Group Id로는 Pranodayd를, Artifact Id로는 CalculatorAPI를, Version으로는 1.0을 사용했다(그림 11-6).

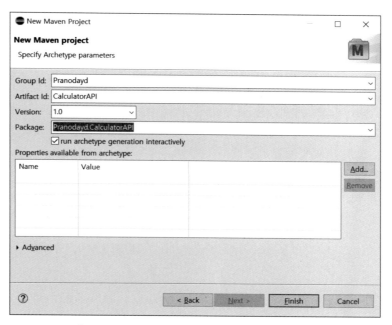

그림 11-6 Group ID, Artifact ID, Version 정보가 입력된 화면

8. **Finish** 버튼을 클릭하면 메이븐 프로젝트를 생성한다.

메이븐 프로젝트 디렉터리 구조

메이븐 프로젝트 디렉터리는 프로젝트 생성 시 Artifact Id 필드에 입력한 이름으로 생성된다. 프로젝트 내에 생성된 디렉터리와 파일들을 살펴보자.

src/main/java

src/main/java는 자바 패키지의 기본 소스 코드 디렉터리다. 여기에 소스 코드가 위치한다. 또한 Group Id와 Artifact Id를 갖는 패키지 디렉터리도 생성된다.

본 예제에서는 Group Id로 Pranodayd를, Artifact Id로는 CalculatorAPI를 입력해서 프로젝트를 생성했다. 그러므로 src/main/java 디렉터리에 Pranodayd가 생성되고, 그 아래에 CalculatorAPI라는 디렉터리가 생성된다. 또한 템플릿 데모 파일인 App.java가 자동으로 생성되는데 이 파일은 사용하지 않으므로 삭제한다.

src/test/java

src/test/java 디렉터리에는 단위 테스트 케이스 파일들이 위치한다. 또한 Group Id와 Artifact Id로 생성된 패키지 디렉터리도 생성된다.

여기에는 단위 테스트 케이스용 템플릿 파일인 Apptest.java가 생성되는데 이 파일은 삭제한다.

프로젝트 디렉터리 안에는 pom.xml 파일(그림 11-7)도 있는데 이 파일에 대해서는 뒤에서 다룰 예정이다.

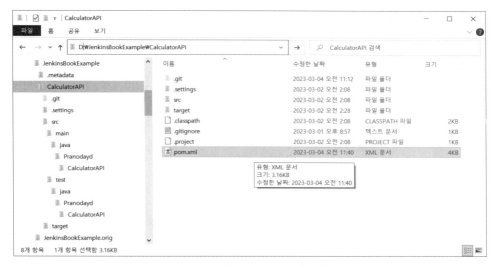

그림 11-7 메이븐 프로젝트의 파일 내용

자바 API 프로젝트 코드 파일

- **API 소스 코드**: src/main/java 아래의 패키지 디렉터리 구조 안에 Calculator. java라는 파일을 생성한다. 이 파일에 덧셈, 뺄셈, 곱셈, 나눗셈 같은 기본 함수를 작성할 것이다.

- **API 단위 테스트 코드**: src/test/java 아래의 패키지 디렉터리 구조 안에 API에 구현된 모든 함수에 대한 단위 테스트 케이스가 담긴 자바 파일을 생성한다. 예를 들어, TestAdditionFunctionality.java에는 덧셈 함수에 대한 단위 테스트 케이스가 들어가고, TestSubtractionFunctionality.java에는 뺄셈 함수에 대한 테스트 케이스가 들어간다.

이러한 테스트 케이스는 자바 환경에서 널리 사용되는 TestNG라는 단위 테스트 도구를 사용해 실행된다.

TestNG는 @BeforeClass, @AfterClass, @Test, @BeforeMethod 등의 어노테이션annotation으로 작성한 메서드를 사용해 테스트 케이스를 제어하는 단위 테스트 도구이며, 테스트 보고서도 생성할 수 있다.

자바 API 프로젝트의 pom.xml 파일

POM은 프로젝트 객체 모델^{Project Object Model}의 약어다. 메이븐의 pom.xml 파일은 모든 메이븐 프로젝트의 핵심이며 특정 프로젝트의 다양한 세부 정보를 정의하는 파일이다. 프로젝트의 정보는 <project></project> 태그 내에 담긴다.

리스트 11-1에 표시된 정보는 프로젝트 식별 정보를 정의한 것이다.

▼ **리스트 11-1** pom.xml 파일의 메이븐 프로젝트 식별 정보

```
<groupId>Pranodayd</groupId>
<artifactId>CalculatorAPI</artifactId>
<version>1.0</version>
```

리스트 11-2에 포함된 <properties></properties> 속성 섹션에서는 JAVA 파일을 컴파일할 때 필요한 ANSI, UTF8 등 텍스트 인코딩 및 자바 버전 등의 속성을 정의한다.

▼ **리스트 11-2** pom.xml 파일의 메이븐 프로젝트 속성 섹션

```
<properties>
  <project.build.sourceEncoding>UTF-8</project.build.sourceEncoding>
  <maven.compiler.source>1.7</maven.compiler.source>
  <maven.compiler.target>1.7</maven.compiler.target>
</properties>
```

리스트 11-3의 <dependencies></dependencies> 섹션은 서드파티 라이브러리와 해당 라이브러리가 필요한 단계(컴파일 단계 또는 단위 테스트, 애플리케이션 실행 단계 등)를 정의한다.

▼ **리스트 11-3** pom.xml 파일의 메이븐 프로젝트 의존성 섹션

```
<dependencies>
 <dependency>
   <groupId>org.testng</groupId>
   <artifactId>testng</artifactId>
   <version>7.4.0</version>
```

```
    <scope>test</scope>
  </dependency>

</dependencies>
```

이 API 프로젝트에서는 TestNG 의존성만 필요하다는 것을 알 수 있다. 그리고
<scope>test</scope>는 단위 테스트 케이스를 실행할 때만 프로젝트의 CLASSPATH에
TestNG JAR파일을 배치한다고 정의한다. 그러므로 단위 테스트 케이스가 종료되면
TestNG JAR 파일들은 프로젝트의 CLASSPATH에서 제거돼야 한다. <scope>는 수명 주
기 단계별로 필요한 의존성을 정의하며, 이를 로컬 리포지터리 내부의 중앙 리포지
터리에서 다운로드해서 프로젝트의 CLASSPATH에 추가하게 한다.

메이븐은 이 섹션에서 정의한 모든 필수 플러그인 및 의존성을 다운로드하는 로컬
리포지터리를 유지한다.

메이븐이 기본적으로 생성하는 이 로컬 리포지터리 경로는 ${user.home}\.m2\reposi
tory다.

빌드를 실행하는 단계마다 메이븐은 로컬 리포지터리에서 필요한 의존성을 사용할
수 있는지 여부를 확인한다. 사용할 수 있다면 파일을 프로젝트의 CLASSPATH에 추가
한다. 사용할 수 없다면 중앙 리포지터리에서 로컬 리포지터리로 다운로드한 후, 프
로젝트의 CLASSPATH에 추가한다.

메이븐이 로컬 리포지터리에서 의존성을 다운로드할 때 의존성의 GroupId,
ArtifactId, Version 정보에 따라 로컬 리포지터리 내부에 디렉터리 구조를 생성한
다. 이번 예제 API 프로젝트의 경우 TestNG 의존성 설정은 GroupId:org.testng,
ArtifactId:testing, Version:7.4.0이다.

그러므로 이 의존성을 다운로드할 때 메이븐에서 생성하는 디렉터리 구조는 그림
11-8과 같다.

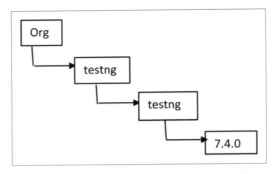

그림 11-8 메이븐이 생성한 로컬 리포지터리의 디렉터리 구조

이 경로 안에 testing-7.4.0.jar 파일이 다운로드된다. ${user.home}\.m2 안에 settings. xml 파일을 생성하고, 로컬 리포지터리의 기본 위치를 ${user.home}\.m2\repository 에서 다른 위치로 변경할 수도 있다. 위치를 변경하려면 settings.xml 파일에서 <localRepository> 태그에 바꾸려는 로컬 리포지터리 위치를 지정한다.

```
<settings>
  <localRepository>D:\MavenRepo</localRepository>
</settings>
```

▼ **리스트 11-4** pom.xml 파일의 메이븐 프로젝트 빌드 섹션

```
<build>
  <pluginManagement><!-- lock down plugins versions to avoid using Maven
defaults (may be moved to parent pom) -->
    <plugins>
      <!-- clean lifecycle, see https://maven.apache.org/ref/current/maven-
core/lifecycles.html#clean_Lifecycle -->
      <plugin>
        <artifactId>maven-clean-plugin</artifactId>
        <version>3.1.0</version>
      </plugin>
      <!-- default lifecycle, jar packaging: see https://maven.apache.
org/ref/current/maven-core/default-bindings.html#Plugin_bindings_for_jar_
packaging -->
      <plugin>
```

```xml
          <artifactId>maven-resources-plugin</artifactId>
          <version>3.0.2</version>
        </plugin>
        <plugin>
          <artifactId>maven-compiler-plugin</artifactId>
          <version>3.8.0</version>
        </plugin>
        <plugin>
          <artifactId>maven-surefire-plugin</artifactId>
          <version>2.22.1</version>

        </plugin>
        <plugin>
          <artifactId>maven-jar-plugin</artifactId>
          <version>3.0.2</version>
        </plugin>
        <plugin>
          <artifactId>maven-install-plugin</artifactId>
          <version>2.5.2</version>
        </plugin>
        <plugin>
          <artifactId>maven-deploy-plugin</artifactId>
          <version>2.8.2</version>
        </plugin>
        <!-- site lifecycle, see https://maven.apache.org/ref/current/maven-
core/lifecycles.html#site_Lifecycle -->
        <plugin>
          <artifactId>maven-site-plugin</artifactId>
          <version>3.7.1</version>
        </plugin>
        <plugin>
          <artifactId>maven-project-info-reports-plugin</artifactId>
          <version>3.0.0</version>
        </plugin>
      </plugins>
    </pluginManagement>
  </build>
```

pom.xml의 `<build>` 태그에서는 단계별로 필요한 메이븐 플러그인과 애플리케이션의 전체 빌드 수명 주기를 정의한다(리스트 11-4).

빌드 수명 주기 단계와 순서

- **정리(Clean)**: 메이븐은 `maven-clean-plugin`을 사용해 이전에 생성된 모든 컴파일 파일과 패키지 파일을 정리(삭제)하고, 새로운 빌드 수명 주기를 실행한다.

- **리소스 다운로드**: 이 단계에서 mvnrepository.com 같은 아티팩트 리포지터리에서 프로젝트에 필요한 모든 의존성을 다운로드한다.

  메이븐 플러그인도 순환 참조를 포함한 모든 프로젝트 의존성을 다운로드한다.

- **애플리케이션 소스 코드 컴파일**: 메이븐은 javac(자바 컴파일)을 내부적으로 사용하는 `maven-compiler-plugin`을 사용해 애플리케이션 소스 코드를 컴파일한다. 컴파일러 플러그인은 기본 경로인 src/main/java 안에 모든 .JAVA 파일을 찾아 컴파일한다.

  컴파일러 플러그인은 자바 파일을 입력으로 받아, 컴파일을 수행하고, 결과물 .CLASS 파일을 생성한다. 컴파일 단계에서 생성한 .CLASS 파일은 $(프로젝트_디렉터리)/target/classes 폴더에 저장된다.

- **단위 테스트**: 먼저 `mvn compile:test-compile` 단계에서 src/test/java 내에 단위 테스트 코드를 컴파일하고 클래스 파일을 $(프로젝트_디렉터리)/target/test-classes 폴더에 저장한다.

  메이븐은 `maven-surefire-plugin`을 사용해 JUnit 또는 TestNG 프레임워크를 실행하고 단위 테스트 케이스를 시작한다.

- **패키징**: `maven-jar-plugin`은 $(프로젝트_디렉터리)/target/classes 폴더에 생성된 .CLASS 파일 등의 컴파일 결과 파일을 .jar 파일로 묶는다. 이때 JAR 파일은 $(프로젝트_디렉터리)/target 폴더에 생성된다.

- **릴리스**: 메이븐은 `maven-install-plugin`을 사용해 JAR 파일을 메이븐의 로컬 리포지터리에 설치한다.

만약 이 JAR 파일의 사용자가 원격지에 있다면 이 파일은 mvnrepository.com처럼 웹에서 접속할 수 있는 중앙 리포지터리로 배포돼야 한다.

이 과정은 `deploy goal`을 실행해 진행하며, 메이븐은 `mavel-deploy-plugin`을 사용해 JAR 파일을 중앙 리포지터리로 배포해 개발자가 이를 다운로드하고 사용할 수 있도록 한다.

CLI에서 메이븐 사용

이전 절에서는 이클립스에서 메이븐을 사용하는 방법을 설명했다. 앞에서 언급했듯이 메이븐은 명령행 인터페이스를 지원한다. 지금부터는 CLI를 통해 메이븐을 사용하는 방법을 알아본다.

메이븐 설정

아파치 메이븐 웹 사이트(https://archive.apache.org/dist/maven/maven-3/3.8.7/binaries/apache-maven-3.8.7-bin.zip)에서 메이븐을 다운로드한다.

다운로드한 압축 파일을 원하는 위치에 푼다. 예제에서는 D:\MavenInstallation로 설정했다.

apache-maven-3.8.7\bin 폴더 안에 `mvn` 명령 파일이 있다. 이들이 명령 프롬프트에서 사용할 수 있는 메이븐 CLI다. 이들 `mvn` 명령을 PATH 환경 변수에 추가하고, 환경 변수 섹션에서 JAVA_HOME과 M2_HOME 변수를 생성해보자.

1. **환경 변수 섹션으로 이동**: 윈도우 시작 화면에서 '**시스템 환경 변수 편집**'을 입력한다.

2. '**시스템 환경 변수 편집**' 항목을 선택한다. 그러면 시스템 속성 창이 나타난다.

3. **환경 변수(N)...** 버튼을 클릭한다. 그러면 환경 변수 창이 나타난다.

4. **M2_HOME 환경 변수 생성**: 시스템 변수 섹션에서 **새로 만들기(W)...** 버튼을 클릭한다(그림 11-9).

그러면 새 시스템 변수 창이 나타난다.

그림 11-9 시스템 변수 섹션을 강조 표시한 환경 변수 창

5. 변수 이름 필드에 **M2_HOME**을 입력하고, 변수 값 필드에 압축 해제한 메이븐의
   위치를 입력한다(그림 11-10).

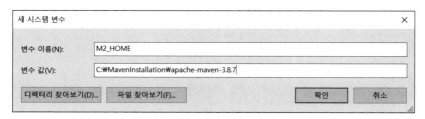

그림 11-10 M2_HOME 환경 변수 생성

6. **확인** 버튼을 클릭하면 M2_HOME 항목이 환경 변수의 시스템 변수 섹션에 추
   가된다(그림 11-11).

그림 11-11 M2_HOME 환경 변수

7. **PATH 환경 변수의 메이븐 폴더에 bin 폴더를 추가:** 시스템 변수 섹션의 환경 변수 목록에서 PATH 환경 변수 항목을 찾는다(그림 11-12).

그림 11-12 시스템 변수 섹션의 PATH 환경 변수

8. **편집(I)...** 버튼을 클릭한다. 그런 다음 **새로 만들기(N)** 버튼을 클릭하고, 환경 변수 목록에서 새로 생성된 항목에 **%M2_HOME%\bin**을 입력한다(그림 11-13).

그림 11-13 PATH 환경 변수에 추가된 bin 폴더

9. **확인** 버튼을 클릭한다.

10. **JAVA_HOME 환경 변수를 생성**: 시스템 변수 섹션에서 **새로 만들기(W)...** 버튼을 클릭한다. 그러면 새 시스템 변수 창이 나타난다.

11. 변수 이름 필드에 **JAVA_HOME**을 입력하고, 변수 값 필드에 JDK의 위치를 입력하고, **확인** 버튼을 클릭한다(그림 11-14).

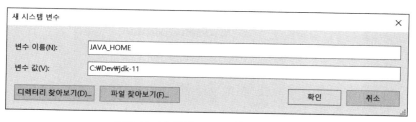

그림 11-14 JAVA_HOME 환경 변수 생성

12. 필요한 모든 구성이 완료되면, 명령 프롬프트에서 `mvn -version` 명령을 실행해서 메이븐이 성공적으로 구성됐는지 확인한다.

메이븐 CLI 명령 사용

명령 프롬프트에서 메이븐을 사용할 수 있도록 설정을 마치면 이제 API 프로젝트에서 다양한 빌드 수명 주기 단계를 제어할 수 있다.

명령 프롬프트를 열고 `cd` DOS 명령을 실행해서 작업 디렉터리를 프로젝트 디렉터리로 변경한다(그림 11-15).

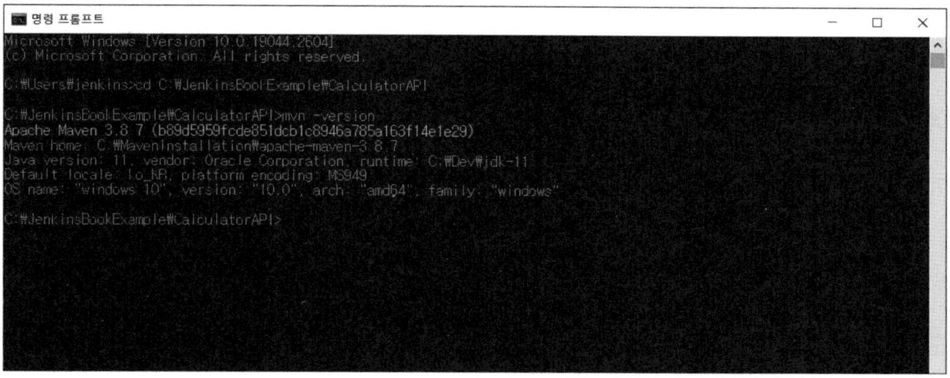

그림 11-15 작업 디렉터리를 프로젝트 디렉터리로 변경

> **NOTE**
>
> 메이븐 명령을 실행하려면 pom.xml 파일이 포함된 메이븐 프로젝트 디렉터리로 이동해야 한다.

특정 빌드 단계를 실행하려면 `mvn <골(goal) 이름>` 명령을 실행한다. 이제 패키지 단계를 실행해 이 API 프로젝트의 .jar 파일을 생성해보자.

명령 프롬프트에서 `mvn package` 명령을 실행한다.

이때 메이븐 골을 실행하면 이전의 골도 모두 실행된다. 즉 `mvn package`를 실행하면 다음 골들도 모두 실행된다는 의미다.

1. maven-resources 플러그인을 사용해 프로젝트 의존성을 다운로드

2. API 소스 코드를 컴파일

3. 단위 테스트 케이스 코드를 컴파일

4. maven-surefire 플러그인을 사용해 단위 테스트 케이스를 실행

5. maven-jar 플러그인을 사용해 JAR 파일을 생성

지금까지 메이븐 빌드 도구를 사용해 간단한 자바 API 프로젝트의 빌드 수명 주기를 자동화하는 방법을 설명했다. 다음 절에서는 settings.xml 파일을 사용해 기본 메이븐 설정을 변경하는 방법을 다룬다.

메이븐의 settings.xml 파일

메이븐 빌드 도구에는 기본 설정값이 있다. 예를 들어, 로컬 리포지터리의 기본 위치는 ${user.home}\.m2\repository다. 이 위치를 다른 폴더로 변경하거나 중앙 리포지터리 URL을 변경하려면 settings.xml을 사용하면 된다.

또한 로컬 리포지터리의 위치를 변경하면서 프록시 서버 설정값도 포함시키고 싶다고 가정해보자. 이렇게 하려면 리스트 11-5처럼 settings.xml 파일을 생성한 후, ${user.home}\.m2 디렉터리에 저장해야 한다.

▼ **리스트 11-5** 로컬 리포지터리와 프록시 설정값이 변경된 메이븐의 settings.xml 파일

```
<settings>
  <localRepository>D:\MavenRepo</localRepository>
  <proxies>
    <proxy>
      <protocol>http</protocol>
      <host>10.9.1.1</host>
      <port>80</port>
    </proxy>
  </proxies>
</settings>
```

▶▶ 요약

11장에서는 자바 API 프로젝트의 일반적인 빌드 수명 주기 단계를 설명했고, 이러한 빌드 수명 주기 단계를 메이븐으로 자동화하는 방법을 설명했다. 이클립스에서 메이븐 프로젝트를 구성하고, 메이븐 명령을 실행해 전체 빌드 수명 주기 단계를 실행하고 아티팩트(.jar) 파일을 생성해봤다. 그리고 settings.xml로 기본 메이븐 설정을 변경하는 방법을 배웠다. 12장에서는 메이븐과 넥서스를 통합해 넥서스라는 아티팩트에서 릴리스하는 방법을 설명한다.

Chapter 12

메이븐과 넥서스 통합 및
자바 API 릴리스용 프리스타일 작업 생성

11장에서는 자바 API 프로젝트를 생성하고, 빌드 도구인 메이븐을 사용해 일반적인 자바 API 프로젝트의 빌드 프로세스 중에서 수명 주기 단계를 관리하는 방법을 배웠다. 12장에서는 깃(소스 코드 리포지터리) 및 넥서스(아티팩트 리포지터리)와 같은 다른 종류의 CI/CD 도구의 사용법을 소개한다. 이를 위해 젠킨스 작업을 생성해서 넥서스 리포지터리에서 자바 API 프로젝트의 릴리스를 생성할 것이다.

12장에서는 젠킨스가 소스 코드 리포지터리에서 자바 API 프로젝트의 원시 소스 코드를 가져오는 방법과 빌드 도구를 사용하고 전체 빌드 수명 주기 단계를 거쳐, 아티팩트를 최종 목적지인 넥서스 리포지터리로 배포할 때까지의 방법을 설명한다.

▶▶ 깃의 이해

깃은 버전 관리 시스템이다. 개발자는 버전 관리 시스템을 사용해 다양한 코드 버전을 유지하면서 변경 사항을 추적할 수 있다. 새로운 코드 기능을 추가하고, 낡은 기능을 제거하고, 기존 기능을 업데이트하고, 코드의 결함을 수정하는 등의 작업을 하면서 애플리케이션을 개선해나갈 수 있다. 또한 버전 관리 시스템을 사용하면 개발자들이 협업하는 데 도움이 된다. 협업에 사용되는 애플리케이션의 소스 코드는 모든 개발자가 접근할 수 있는 중앙 리포지터리에 보관된다. 중앙 리포지터리의 코드는 새롭게 구현되고 테스트된 코드로 항상 업데이트된다. 이러한 협업 환경에서 작업하는 동안 개발자들은 자신의 코드와 다른 개발자들이 구현 및 테스트한 코드와 통합해서 중앙 리포지터리에 유지하는 활동을 해야 한다. 즉 모든 개발자는 자신의 코드 사본과 중앙 리포지터리의 최신 변경 내역을 항상 동기화해야 한다.

이번 절에서는 이들 업무 흐름을 자세히 살펴보자. 소스 관리 시스템에는 다음과 같이 세 가지 유형이 있다.

1. **중앙집중식 버전 관리 시스템**

   중앙집중식 버전 관리는 특정 서버에서 운영되며 개발자는 항상 중앙 리포지터리에 연결해서 버전 관리를 해야 한다. 네트워크에 연결돼 있지 않으면 로컬 시스템에서 버전 관리를 수행할 수 없다. Tortoise SVN 같은 제품이 중앙집중식 버전 관리 시스템이다.

2. **로컬 버전 관리 시스템**

   로컬 방식 버전 관리는 로컬 시스템용 코드 리포지터리를 사용한다. 이런 방식은 매우 일반적이고 단순하지만, 변경 사항을 잘못된 파일에 쓸 가능성이 높아 오류에 취약하다는 문제가 있다.

3. **분산 버전 관리 시스템**

   분산 버전 관리 시스템에는 두 가지 유형의 코드 리포지터리가 존재한다.

   i) **로컬 리포지터리:**

   개발자마다 코드 변경 사항을 추적하고, 여러 버전의 코드를 유지할 수 있는 자체 리포지터리로서 로컬 시스템 내에 위치한다.

   ii) **중앙 리포지터리:**

   개발자 모두가 접속할 수 있는 특정 네트워크에 위치하며 모든 버전의 애플리케이션 코드를 유지하는 리포지터리다. 개발자들의 모든 코드 변경 사항을 병합해 최종 버전을 갖고 있는 저장소다.

분산 버전 관리 시스템에서 개발자는 여러 버전의 코드 파일을 관리할 수 있으며, 코드 변경에 대한 관리는 로컬 리포지터리에서 진행된다. 코드 변경이 완료되고 테스트가 완료되면 코드를 중앙 리포지터리로 보내서 최종 애플리케이션의 코드로 병합되도록 한다.

분산 버전 관리 시스템의 장점은 네트워크에 연결돼 있지 않을 때에도 버전 관리가 가능하다는 것이다.

분산 버전 관리 시스템의 대표적인 사례는 다음 절에서 설명하는 깃이다.

▶▶ 깃 설치

다음 링크(https://git-scm.com/downloads)에서 사용자의 컴퓨터 시스템에 해당하는 깃 버전을 다운로드한다. 설정 마법사setup wizard를 실행해 깃을 설치한다. 깃이 설치되면 깃 설치 경로 PATH 환경 변수에 제대로 추가됐는지를 확인한다. 깃 버전 관리 시스템은 다양한 명령어를 사용할 수 있는 명령행 인터페이스를 제공한다.

▶▶ 깃허브와 깃랩

깃과 깃허브/깃랩을 구별하지 못하는 개발자가 많다. 깃은 분산 버전 관리 시스템의 장점을 활용할 수 있는 환경을 제공하는 시스템으로서 로컬 리포지터리 생성, 코드 브랜치 생성, 코드 변경 커밋 등에 필요한 명령을 제공한다. 반면, 깃허브/깃랩은 깃 저장소를 관리하는 클라우드 기반 웹 서비스다. 그러므로 개발자가 접속할 수 있는 중앙 리포지터리가 웹에서 생성된다.

▶▶ 깃 프로세스 이해

시스템에 깃을 설치했다면 이번 절에서는 깃 시스템을 통해 단계별로 API 프로젝트의 버전 관리를 수행해본다.

1단계: 로컬 리포지터리 생성

먼저 프로젝트 디렉터리에 로컬 리포지터리를 생성해야 한다. 명령 프롬프트를 열고 cd 명령으로 프로젝트 디렉터리로 이동한다.

git init 명령을 실행해 빈 로컬 코드 리포지터리를 생성한다.

> **NOTE**
>
> git init 명령을 실행할 때 "git is not recognized as an internal or external command(깃이 내부 또는 외부 명령으로 인식되지 않음)"라는 메시지가 표시되면 윈도우 명령 프롬프트가 시스템에서 깃을 찾을 수 없다는 의미다. 이 문제를 해결하려면 시스템 환경 변수로 이동한다. PATH 환경 변수에 깃을 설치한 폴더의 경로를 추가/저장한 후, 새로운 명령 프롬프트를 띄워 다시 명령을 실행한다. PATH 환경 변수에 수정한 후에는 명령 프롬프트를 반드시 재시작해야 한다. 그렇지 않으면 설정이 적용되지 않아 같은 오류가 발생한다.

로컬 리포지터리가 생성되면 프로젝트 디렉터리에 .git 폴더가 나타난다. .git 디렉터리는 기본적으로 숨김 폴더로 설정돼 있다(그림 12-1).

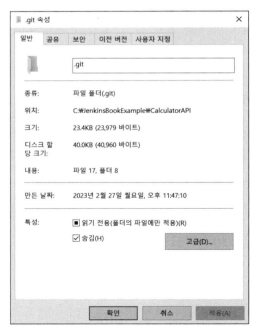

그림 12-1 .git 속성창에 숨김 체크박스가 선택돼 있다.

.git 폴더를 확인하려면 폴더 옵션 창 '고급 설정' 섹션에서 '숨김 파일, 폴더 및 드라이브 표시' 항목이 선택돼 있는지 확인한다(그림 12-2).

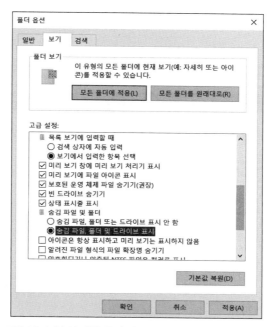

그림 12-2 '숨김 파일, 폴더 및 드라이브 표시' 항목 선택 확인

2단계: 깃랩에 중앙 리포지터리 생성

깃랩 계정이 없다면 다음 링크(https://gitlab.com/users/sign_up)에 접속해서 가입 절차를 진행한다.

가입을 마쳤다면 이제 다음 링크(https://gitlab.com/users/sign_in)에 접속해 사용자 이름과 비밀번호를 입력하고 로그인한다.

대시보드 페이지에서 **New Project**^{새 프로젝트} 버튼을 클릭하면 Create New Project^{새 프로젝트 생성} 페이지가 나타난다.

Create blank project^{빈 프로젝트 생성} 링크를 클릭하면 Create blank project 페이지가 나타난다. Project name 필드에 프로젝트 이름을 입력하고, Visibility Level^{가시성 수준}은 Private^{비공개}로, Initialize repository with a README^{리드미 파일로 리포지터리 초기화}는 선택 해제한다(그림 12-3).

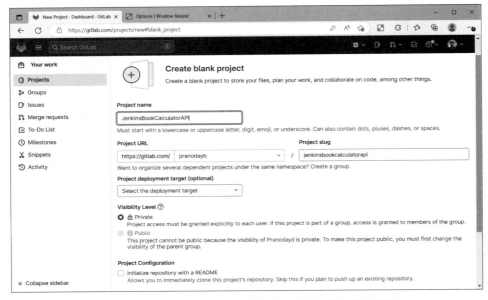

그림 12-3 Create blank project 페이지에 프로젝트 세부 정보를 입력

페이지 아래에 **Create project**^{프로젝트 생성} 버튼을 클릭하면 그림 12-4처럼 빈 프로젝트 가 생성된다.

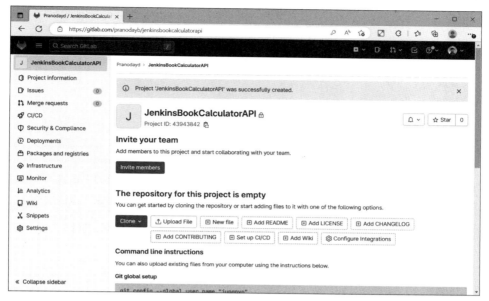

그림 12-4 소스 파일 없이 생성된 프로젝트

3단계: 로컬 리포지터리로 커밋

이제 브랜치를 생성하고 코드를 로컬 리포지터리로 커밋해본다.

우선, 명령 프롬프트를 열고 cd 명령을 사용해 프로젝트 디렉터리로 이동한다.

코드 복사본이 생성되면 메인 브랜치에 영향을 주지 않고도 브랜치 사본에서 수정을
할 수 있다. 그러나 빈 리포지터리를 생성한 경우에는 브랜치가 없을 텐데 이는 git
branch 명령으로 확인할 수 있다.

그러면 checkout -b <브랜치 이름> 명령을 실행해 첫 번째 브랜치를 생성해보자.

다음 명령을 실행하면 FirstBranch라는 코드 브랜치를 생성할 수 있다.

```
git checkout -b FirstBranch
```

그리고 리스트 12-1을 참고해 프로젝트 디렉터리에 .gitignore 파일을 생성한다.

▼ **리스트 12-1** .gitignore 파일의 설정값

```
.settings
Target
.classpath
.project
```

.gitignore 파일에는 깃에서 변경 내역을 추적하지 않아도 되는 디렉터리와 파일 이름을 추가한다. 본 예제에서는 src 폴더와 pom.xml 파일에서 변경된 사항을 추적할 것이므로 그 외 다른 파일과 디렉터리를 .gitignore 파일에 추가해야 한다.

깃 시스템에는 다음과 같은 3개의 영역이 있다.

- **작업 디렉터리**: 아직 버전 관리에 추가되지 않은 코드가 위치하며, 깃 시스템은 파일의 변경 사항을 인식하지 못한다.

- **스테이징**^{staging} **영역**: 깃 시스템이 코드의 변경 사항을 인식 및 관리하는 영역이다.

- **커밋 영역**: 변경된 코드를 커밋하면 브랜치에 영구적으로 기록된다.

그러면 API의 코드를 브랜치에 커밋하기에 앞서 스테이징 영역에 API 코드를 추가해보자.

`git add .` 명령을 실행하면 .gitignore 파일에 추가된 항목을 제외한 모든 디렉터리와 파일이 스테이징 영역에 추가된다. 그리고 이들 파일에 변경이 발생할 때마다 커밋하라는 설명이 표시된다.

이제 다음 명령으로 커밋할 때 필요한 사용자 이름과 이메일을 지정한다.

```
git config --global user.name <사용자 이름>
```

커밋에 필요한 사용자 이름을 Pranodayd로 설정하려면 다음 명령을 실행한다.

```
git config --global user.name Pranodayd
```

이메일은 다음 명령으로 설정한다.

```
git config --global user.email pranoday.dingare@gmail.com
```

이제 commit 명령으로 변경 사항을 FirstBranch로 커밋하자. 명령 형식은 git commit
-m <커밋 메시지>다.

예제에서는 다음과 같이 커밋을 실행했다.

```
git commit --m "First commit in Java API project"
```

그림 12-5는 .java 파일과 pom.xml 파일이 브랜치에 커밋됐음을 보여준다. 나머지
는 스테이징 영역에 속하지 않으므로 브랜치에도 속하지 않는다.

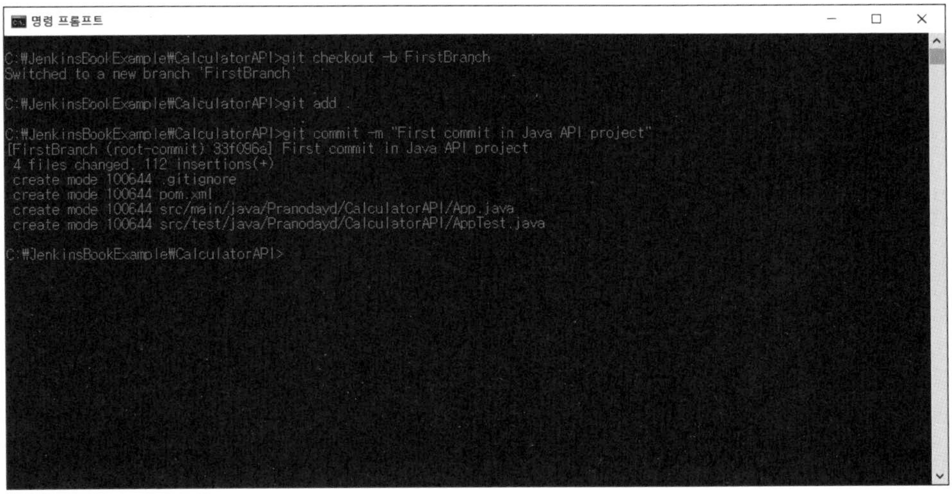

그림 12-5 .java 파일과 pom.xml 파일의 커밋 결과

4단계: 로컬 리포지터리의 코드를 깃랩으로 푸시

이제 깃랩 중앙 리포지터리로 코드를 푸시해보자. 로컬 리포지터리의 브랜치에서 중앙 리포지터리로 푸시하려면 다음 명령을 실행한다.

```
git push -u <깃랩 리포지터리의 URL> <브랜치 이름>
```

깃랩 리포지터리의 URL은 다음 순서에 따라 깃랩 사이트에서 가져올 수 있다.

그림 12-6처럼 gitlab.com의 코드 리포지터리에 있는 **Clone**^{복제} 버튼을 클릭하고, Clone with HTTPS 섹션에서 **Copy URL** 버튼을 클릭한다.

그림 12-6 리포지터리의 HTTPS URL 정보

앞에서 복사한 URL 정보를 **git push** 명령에 붙여 넣는다.

```
git push -u https://gitlab.com/Pranoday/jenkinsbookcalculatorapi.git
FirstBranch
```

이 명령을 실행하면 깃 자격 증명 인증 창이 나타난다. 여기에 깃 사용자 이름과 비밀번호를 입력하고 **OK** 버튼을 클릭한다.

사용자 이름과 비밀번호가 확인되면 소스 코드가 깃랩 리포지터리로 푸시된다.

깃랩 리포지터리로 이동해서, 페이지를 새로 고침하고, 푸시된 코드가 있는지 확인한다.

5단계: 깃랩의 리포지터리에 마스터 브랜치 생성

이제 Master라는 이름의 새로운 브랜치를 생성한다. 이 브랜치는 각 개발자의 변경 사항을 모두 검토한 후 병합되는 메인 브랜치로 사용될 곳이다.

깃랩의 JenkinsBookCalculatorAPI 프로젝트에서 **+ > New branch** 메뉴를 클릭한다. 그러면 New Branch 페이지가 나타난다.

Branch name^{브랜치 이름} 필드에 **Master**라고 입력한다. **Create branch**^{브랜치 생성} 버튼을 클릭하면 FirstBranch 브랜치에서 Master 브랜치가 생성된다.

그러면 이제 그림 12-7처럼 2개의 브랜치가 존재한다.

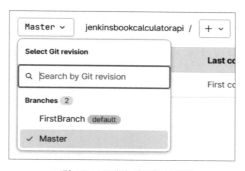

그림 12-7 2개의 새로운 브랜치

릴리스 생성을 Master 브랜치로 통합된 코드에서 진행할 것이므로 기본 브랜치를 FirstBranch에서 Master로 변경해보자.

그림 12-8처럼 **Setting > Repository**로 이동한다.

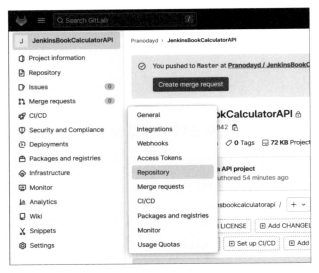

그림 12-8 Setting > Repository 메뉴

Branch defaults^{기본 브랜치} 섹션에서 **Expand**^{확장} 버튼을 클릭한다. Default branch 드롭다운 메뉴에서 FirstBranch 대신 Master를 선택하고, **Save changes**^{변경 사항 저장} 버튼을 클릭한다.

이제 마스터가 기본 브랜치가 된 것을 알 수 있다. 이어서 FirstBranch를 삭제해보자. 메뉴에서 **Repository > Branches** 링크를 클릭한다. 브랜치 목록이 나타나면 FirstBranch 항목에서 **Delete protected branch**^{보호 브랜치 삭제} 아이콘을 클릭한다. 그러면 삭제 확인 창이 나타나는데 텍스트 필드에 **FirstBranch**를 입력한 후, **Yes, delete protected branch** 버튼을 클릭하면 브랜치가 삭제된다.

그러면 애플리케이션의 유일한 브랜치이자 기본^{default} 브랜치인 Master만 남는다.

▶▶ 넥서스 리포지터리의 이해

앞 절에서는 분산형 소스 코드 리포지터리인 깃에 대해 배웠다. 이제 넥서스 아티팩트 리포지터리를 살펴볼 차례다.

아티팩트

아티팩트는 빌드 과정에서 생성되는 산출물을 말한다. 예를 들어, 웹 애플리케이션을 개발 중이고, 이 애플리케이션을 .war 파일의 형태로 패키징한다면 이 .war 파일이 바로 아티팩트다. 자바 API 프로젝트의 경우에는 빌드 과정에서 생성되는 .jar 파일이 아티팩트가 된다.

넥서스 리포지터리

CalculatorAPI에 기능을 추가할 때 깃을 사용해서 여러 버전의 소스 코드를 관리한다. 이때 소스 코드 외에도 각기 다른 버전의 CalculatorAPI.jar 파일에서 생성한 파일(아티팩트)을 관리하는 시스템(리포지터리)이 추가로 필요하다. 바로 이때 넥서스가 사용된다. 넥서스는 아티팩트를 릴리스하고 필요에 따라 사용자가 아티팩트를 다운로드할 수 있는 기능을 제공하는 플랫폼이다. 그중 mvnrepository.com에서 제공하는 리포지터리로 배포하면 웹에서도 접속할 수 있어 편리하며, 여기에 배포된 아티팩트는 누구나 다운로드해서 사용할 수 있다. 그러나 누구나 접근하는 것이 아니라 같은 조직의 사람들만 접속할 수 있도록 하려면 조직 내부 네트워크에 넥서스 리포지터리를 설치해야 한다.

▶▶ 넥서스 리포지터리 설치

다음 링크(https://www.sonatype.com/products/repository-oss-download)에서 넥서스 리포지터리의 압축 파일을 다운로드한다.

다운로드한 파일을 시스템의 특정 위치에 압축 해제한다. 예제에서는 내 컴퓨터의 D:\NexusRepository 폴더에 압축 해제했다.

폴더의 구성은 다음과 같다.

- **nexus-3.48.0-01**: 이 폴더에는 넥서스 시스템 관련 파일들이 있다. 예를 들어, nexus.exe는 bin/ 폴더에 위치하며, 넥서스의 실행 파일이다.
- **sonatype-work**: 이 폴더에는 버전별로 생성한 아티팩트 리포지터리의 데이터가 저장된다.

▶▶ 넥서스 리포지터리 시작

넥서스 리포지터리 시스템이 제공하는 서버는 시스템의 IP 주소와 특정 포트에서 시작할 수 있다. 서버에서 사용할 IP 주소와 포트는 넥서스 설치 경로의 etc 폴더 내 nexus-default.properties 파일에서 설정한다.

본 예제에서 이 파일의 경로는 다음(D:\NexusRepository\nexus-3.48.0-01\etc\nexus-default.properties)과 같다.

그러면 이 파일을 열고 application-port^{애플리케이션 포트} 항목을 넥서스 서버를 실행할 때 사용할 포트로 설정해보자. 또한 application-host^{애플리케이션 호스트} 항목도 시스템의 IP 주소로 설정한 후, 변경 사항을 파일에 저장한다.

본 예제에서는 application-port의 값을 8081로 설정하고, application-host의 값은 내 컴퓨터의 IP 주소인 192.168.43.10으로 설정했다. 시스템의 IP 주소는 `ipconfig` 명령을 실행해서 알아낼 수 있다.

IP 주소와 포트 설정이 끝나면 명령 프롬프트에서 `nexus.exe /run` 명령을 실행해 넥서스 서버를 시작한다. nexus.exe는 넥서스 설치 경로의 bin 폴더에 있다.

`nexus.exe /run` 명령을 실행한 후, 소나타입^{Sonatype} 넥서스 서버가 실행될 때까지 기다린다. 넥서스 리포지터리를 처음 설정하는 경우에는 몇 분 정도 걸리기도 한다. 설정 과정에서 기본 관리자(UserName: admin)가 생성되고, 비밀번호가 ${넥서스 설치 경로}\sonatype-work\nexus3\admin.password 파일에 저장된다.

윈도우 보안 경고 창에서 **Allow Access** 버튼을 클릭한다. 그러면 서버가 시작될 것이다.

▶▶ 넥서스 설치: 윈도우 서비스

다음 명령을 사용하면 넥서스를 윈도우 서비스로 설치할 수 있다.

```
Nexus.exe /install  <서비스 이름>
```

이 명령에서 <서비스 이름> 부분은 선택 사항이다.

예를 들어, ${넥서스 설치 경로}\nexus-3.48.0-01\bin을 작업 디렉터리로 하기 위해 (관리자 권한으로) 명령 프롬프트를 열고 해당 경로로 이동한다. 그리고 `Nexus.exe /install MyNexusService` 명령을 실행한다.

그림 12-9처럼 서비스 영역에서 서비스가 제대로 설치됐는지 여부를 확인할 수 있다.

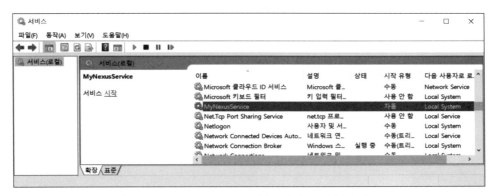

그림 12-9 MyNexusService라는 이름으로 설치된 넥서스 서비스

여기서 서비스 **시작(S)** 버튼을 클릭해 서비스를 시작한다.

▶▶ 넥서스 리포지터리 매니저 접속

브라우저를 열고 앞에서 설정한 http://⟨IP 주소⟩:⟨포트⟩를 입력해 서버에 접속한다.

예제에서는 http://192.168.43.10:8081 주소로 접속했다.

페이지 오른쪽 상단 모서리에 표시된 **Sign in** 버튼을 클릭한다. 그러면 그림 12-10 처럼 로그인 창이 나타난다.

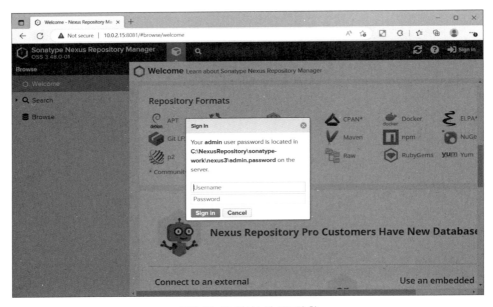

그림 12-10 넥서스의 로그인 창

Username 필드에는 **admin**을 입력하고, Password 필드에는 설치 시 자동 생성된 비밀번호를 입력한다. 비밀번호는 ${넥서스 설치 경로}\sonatype-work\nexus3\ admin.password 파일에 있으며, 파일 내에 암호문을 복사해서 입력한다.

예제에서는 이 파일의 위치는 다음(D:\NexusRepository\sonatype-work\nexus3\ admin.password)과 같다.

사용자 이름과 비밀번호를 입력하고, **Sign in** 버튼을 클릭해 로그인한다. 이어서 나타나는 Setup wizard^{설정 마법사}에서 **Next** 버튼을 클릭한다. 새로운 비밀번호을 입력한 후,

Next 버튼을 클릭한다.

익명 사용자의 접속 허용 여부를 설정하는 항목에서는 유효한 자격 증명인 경우에만 접속을 허용하도록 Disable anonymous access^{익명 사용자 접속 해제}를 선택한다. Next 버튼을 클릭한 후, Finish 버튼을 클릭하면 설정이 완료된다.

▶▶ 호스티드 리포지터리 생성

이제 넥서스 리포지터리에서 호스티드^{Hosted} 리포지터리를 생성해보자. 먼저 상단 메뉴에서 **Server administration and configuration**^{서버 관리 및 구성} 버튼을 클릭한다. 그리고 **Repositories** 버튼을 클릭한다. 그런 다음 **Create repository** 버튼을 클릭한다. 그러면 Repositories/Select Recipe 페이지가 나타난다. 페이지에 나열된 목록 중에서 **maven2(hosted)**를 선택한다.

Create Repository:maven2(hosted) 페이지가 나타나면 Name 필드에 이름을 입력한다. 본 예제에서는 `JenkinsBookCalculatorAPI_Release`라고 입력했다.

페이지 아래로 스크롤해 **Create repository** 버튼을 클릭한다. 그러면 리포지터리가 생성되고 Repositories > Manage repositories 페이지에 리포지터리 목록이 나타난다.

▶▶ 메이븐과 넥서스 리포지터리 통합

지금까지 자바 API Calculator.jar 파일을 릴리스할 때 중앙 아티팩트 리포지터리로 사용할 넥서스 리포지터리를 구성했다. 메이븐 빌드 도구에서는 기본적으로 다음 링크(https://repo.maven.apache.org/maven2)를 프로젝트의 아티팩트(.jar) 파일이 배포되는 중앙 리포지터리로 사용한다. 그러므로 이제 다음 링크(https://repo.maven.apache.org/maven2)를 사용하는 대신 새로 생성한 넥서스 리포지터리를 사용해 아티팩트를 배포하도록 메이븐을 설정해보자.

우선, 프로젝트의 pom.xml 파일에 넥서스 리포지터리 URL을 추가해야 한다. 리포지터리 URL은 Repositories > Manage repositories 페이지에 나열된 리포지터리 항목의 URL [copy] 기능을 클릭해서 복사할 수 있다. 그리고 리스트 12-2처럼 pom.xml 파일을 열고, `<distributionManagement></distributionManagement>` 태그 사이에 이 URL을 추가한다.

▼ **리스트 12-2** 〈distributionManagement〉 태그에 리포지터리 URL을 추가한다.

```xml
<distributionManagement>
  <!-- Publish the versioned releases here -->
    <repository>
      <id>PranodaydNexusRepo</id>
      <name>PranodaydNexusRepo</name>
      <url>http://192.168.43.10:8081/repository/
JenkinsBookCalculatorAPI_Release/</url>
    </repository>

</distributionManagement>
```

넥서스 리포지터리는 익명 접속을 허용하지 않으므로 settings.xml 파일에 넥서스 리포지터리의 사용자 이름과 비밀번호를 제공해야 한다(리스트 12-3). 만약 settings.xml 파일이 ${user.home}\.m2에 없다면 새로 생성하고, 그 파일에 넥서스 리포지터리의 사용자 이름과 비밀번호를 추가한다.

▼ **리스트 12-3** settings.xml에 구성된 넥서스 사용자 이름과 비밀번호

```xml
<settings>
  <servers>
    <server>
      <id>PranodaydNexusRepo</id>
      <username>admin</username>
      <password>admin123</password>
    </server>
  </servers>
</settings>
```

넥서스 리포지터리에서 CalculatorAPI.jar 파일 릴리스

이상으로 메이븐에서 넥서스 리포지터리 URL과 자격 증명을 구성했다면 넥서스 리포지터리로 CalculatorAPI.jar를 릴리스할 준비가 모두 끝난 것이다.

명령 프롬프트를 열고 cd 명령으로 작업 디렉터리를 자바 API 프로젝트 디렉터리로 변경한다.

mvn deploy 명령을 실행한다.

이 명령은 리소스 다운로드, 소스 코드 컴파일, 단위 테스트 코드 컴파일 및 실행, CalculatorAPI1.0.jar의 클래스 파일 패키징 등 모든 빌드 수명 주기 단계를 실행한다. 그리고 마지막 단계에서 생성된 CalculatorAPI1.0.jar가 넥서스 리포지터리로 배포된다.

이제 넥서스 리포지터리로 이동해 릴리스를 살펴보자. 이를 위해 넥서스 리포지터리의 대시보드로 이동한다. 상단 메뉴에서 **Browser server contents**^{서버 콘텐츠 검색} 아이콘을 클릭하고, 왼쪽 메뉴에서 **Browse** 링크를 클릭한다.

Browse > Browse assets and components 페이지가 나타나면 목록 중에서 리포지터리 항목을 찾아 클릭한다.

그러면 CalculatorAPI1.0.jar 파일을 넥서스 리포지터리로 릴리스한 결과를 확인할 수 있다.

▶▶ 넥서스 리포지터리에서 CalculatorAPI.jar를 릴리스하는 젠킨스 프리스타일 작업 생성

이번 절에서는 넥서스 리포지터리로 계산기(CalculatorAPI2.0.jar)의 새 버전을 릴리스하는 프리스타일 작업을 생성하고, 설정하는 방법을 알아보자.

1단계: 젠킨스에서 메이븐 설정

젠킨스 서버를 시작하고 로그인해 대시보드로 이동한다. **Manage Jenkins > Global Tool Configuration**을 선택해 Global Tool Configuration 페이지로 이동한다.

Maven Configuration 섹션 내에 Default settings provider 필드의 기본값은 Use default maven settings^{기본 메이븐 설정 사용}로서 이는 메이븐의 ${user.home}\.m2에 있는 기본 settings.xml 파일을 의미하며, 이 파일은 넥서스 리포지터리 자격 증명을 설정하는 파일이다. 따라서 아무것도 변경할 필요가 없다.

페이지를 아래로 스크롤하고 **Add Maven** 버튼을 클릭한다. 그러면 Maven 섹션이 확장된다.

Name 필드에는 이름(예, MyMaven)을 입력하고, **Install Automatically**^{자동 설치} 체크박스를 해제한 후, MAVEN_HOME 필드에 메이븐 설치 디렉터리 경로를 지정한다. 그리고 **Save** 버튼을 클릭한다.

2단계: 깃 리포지터리 자격 증명 추가

Manage Credentials를 클릭해 Credentials 페이지로 이동한다. 깃 사용자 이름과 비밀번호를 입력해 자격 증명 항목을 만든다. 자격 증명 항목을 만드는 자세한 절차는 8장을 참고한다.

3단계: 젠킨스 대시보드에서 프리스타일 작업 생성

젠킨스 대시보드에서 **New Item** 링크를 클릭한다. Enter an item name^{항목 이름 입력} 필드에 작업 이름을 입력하고 **Freestyle project**^{프리스타일 프로젝트} 옵션을 선택한 후, **OK** 버튼을 클릭한다.

예제에서는 작업 이름으로 **ReleaseCalculatorAPI**를 입력한 후, **Freestyle project** 옵션을 선택했다.

Configure^{작업 구성} 페이지가 나타나면 Source Code Management 섹션에서 깃 항목을 선택하고, Repository URL 필드에는 깃 코드 리포지터리 HTTPS URL을 입력한다. 깃랩 리포지터리에서 리포지터리 URL 정보를 얻는 과정은 앞에서 다룬 '4단계: 로컬 리포지터리의 코드를 깃랩으로 푸시' 절을 참고하자.

Credential 드롭다운에서 깃랩 사용자 이름/비밀번호가 들어간 자격 증명 항목을 선택하고 Branch Specifier 필드에는 브랜치 이름으로 **Master**를 입력한다. 이 예제에서도 메인 깃 리포지터리 브랜치용으로 Master를 사용한다.

페이지를 아래로 스크롤해 빌드 스텝을 추가한다. **Add build step** 버튼을 클릭하고 **Invoke top-level Maven targets** 옵션을 선택한다.

Maven Version 드롭다운에서는 1단계에서 입력한 항목(예, MyMaven)을 선택한다. Goals 필드에는 `deploy`를 입력한다. **Save** 버튼을 클릭한다.

4단계: API 프로젝트에 뺄셈 함수와 단위 테스트 케이스 추가

API 프로젝트에 새로운 함수와 테스트 케이스를 추가해보자. src/main/java 폴더의 Pranodayd.CalculatorAPI 패키지 아래에 Calculator.java 파일을 만들고 리스트 12-4처럼 뺄셈 함수를 추가한다.

▼ **리스트 12-4** Calculator.java의 뺄셈 함수

```
public int Subtraction(int num1, int num2)
{
```

```
    int Res = num1 - num2;
    return Res;
}
```

또한 src/test/java 폴더의 Pranodayd.CalculatorAPI 패키지 아래에 TestSubtraction
Functionality.java라는 파일을 만들고 빼기 기능을 검증하는 단위 테스트를 몇 개
추가한다. 상세 내역은 리스트 12-5를 참조한다.

▼ **리스트 12-5** TestSubtractionFunctionality.java에서의 단위 테스트 케이스 구현

```java
package Pranodayd.CalculatorAPI;

import org.testng.Assert;
import org.testng.annotations.AfterClass;
import org.testng.annotations.BeforeClass;
import org.testng.annotations.Test;
import org.testng.annotations.BeforeMethod;
public class TestSubtractionFunctionality
{
  Calculator Cal;
  int Result;
  @BeforeClass
  public void Init()
  {
    Cal=new Calculator();

  }

  @BeforeMethod
  public void ReInitialise()
  {
    Result=0;
  }

  @Test(priority=1,groups= {"RegressionTest"})
  public void TestSubtractionWithPositiveNumbers()
  {
```

```
    Result=Cal.Subtraction(50, 10);
    Assert.assertEquals(Result, 40,"Subtraction does not work with Positive
Numbers");
  }

  @Test(priority=2)
  public void TestSubtractionWith1Positive1NegativeNumbers()
  {

    Result=Cal.Subtraction(50, -10);
    Assert.assertEquals(Result, 60,"Subtraction does not work with 1
Positive and 1 Negative Numbers");
  }

  @AfterClass
  public void Teardown()
  {
    Cal=null;
  }
}
```

API에 새 기능을 추가한 후 CalculatorAPI.jar 버전 2.0을 릴리스할 계획이므로 프로젝트의 pom.xml에서 버전값을 **1.0**에서 **2.0**으로 변경해보자. 예제에서는 리스트 12-6처럼 버전값을 **2.0**으로 변경했다.

▼ **리스트 12-6** pom.xml의 groupId, artifactId, version 태그

```
<groupId>Pranodayd</groupId>
  <artifactId>CalculatorAPI</artifactId>
  <version>2.0</version>
```

방금 생성한 .java 파일들과 변경된 pom.xml 파일을 저장한다. 개발자는 단위 테스트 케이스를 실행해 성공 여부를 확인한다.

5단계: 로컬 리포지터리에서 커밋과 푸시 실행

명령 프롬프트를 열고 cd 명령을 사용해 프로젝트 디렉터리로 이동한다.

다음 명령을 사용해 새로운 변경 사항을 추적하는 브랜치를 생성해보자.

```
git checkout -b "SubtractionFunction"
```

git add . 명령을 실행해 변경 사항을 스테이징 영역에 추가한다. 그리고 다음 명령으로 새로 만든 브랜치에서 변경 사항을 커밋한다.

```
git commit --m "Adding subtraction function in Java API project"
```

이제 다음 명령을 실행해 깃 중앙 리포지터리로 브랜치를 푸시한다.

```
git push -u https://gitlab.com/Pranoday/
jenkinsbookcalculatorapi.git SubtractionFunction
```

> **NOTE**
>
> 앞에서 깃랩 리포지터리로 코드를 푸시할 때 이미 로그인을 했기 때문에 이번에는 로그인에 필요한 자격 증명을 요구하지 않을 수도 있다. 자격 증명은 윈도우 제어판의 윈도우 자격 증명 관리자에 저장할 수 있다. 그러나 만약 자격 증명을 요구하면 앞에서와 마찬가지로 깃의 사용자 이름과 암호를 입력한다.

6단계: SubtractionFunction 브랜치를 깃랩 중앙 리포지터리의 Master 브랜치와 병합

브라우저에서 깃랩 리포지터리 페이지를 새로 고치면 바로 SubtractionFunction 브랜치가 푸시됐다는 알림이 깃랩 서비스 페이지 상단에 표시된다.

Create merge request병합 요청 생성 버튼을 클릭한다. 그러면 New merge request 페이지가 나타난다.

Description 필드에는 변경 내역에 대한 설명을 입력한다. 이 필드는 선택 사항이다. Assignee 섹션에 **Assign to me**나에게 할당 링크가 있다면 이 링크를 클릭해서 이 병합 요청을 자신에게 할당한다.

More options추가 옵션 섹션에서 **Delete source branch when merge request is accepted**병합 요청이 수락되면 소스 브랜치를 삭제 체크박스는 선택된 상태로 유지한다. 그러면 SubtractionFunction 브랜치가 Master 브랜치와 병합된 후 SubtractionFunction 브랜치가 중앙 리포지터리에서 삭제된다.

페이지 아래의 **Create merge request** 버튼을 클릭한다. 그리고 Ready to merge!병합 준비 섹션에서 **Merge** 버튼을 클릭해서 최종적으로 변경 사항을 Master 브랜치에 병합한다.

변경 사항이 Master 브랜치에 제대로 병합됐다면 그림 12-11처럼 Calculator 클래스에서 Subtraction 함수를 확인할 수 있다.

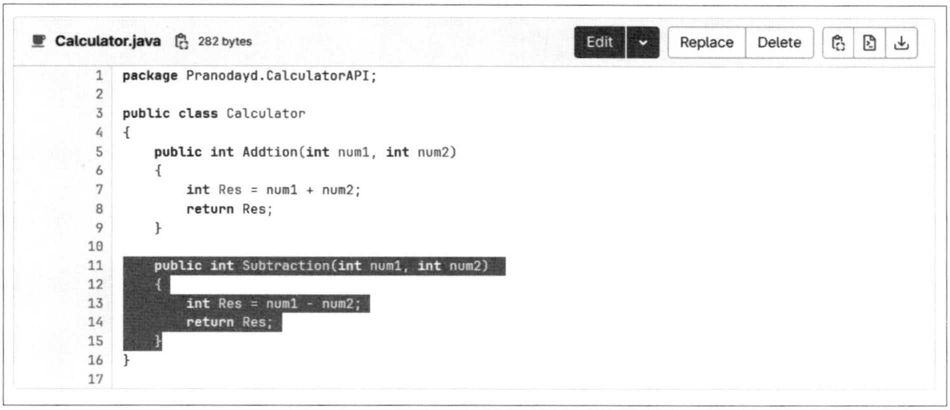
Calculator.java
282 bytes
Edit
Replace
Delete
package Pranodayd.CalculatorAPI;
public class Calculator
{
public int Addtion(int num1, int num2)
{
int Res = num1 + num2;
return Res;
}
public int Subtraction(int num1, int num2)
{
int Res = num1 - num2;
return Res;
}
}

그림 12-11 깃랩 리포지터리 Calculator.java 파일 내의 Subtraction 함수

▶▶ 넥서스 리포지터리에서 CalculatorAPI.jar를 릴리스하는 젠킨스 프리스타일 작업 실행

대시보드에서 작업 항목 옆에 실행 아이콘을 클릭한다. 그러면 대시보드 왼쪽의 Build Executor Status^{빌드 실행자 상태} 섹션에서 진행 상황을 볼 수 있다.

일단 작업이 실행되면 콘솔 출력을 볼 수 있다(그림 12-12).

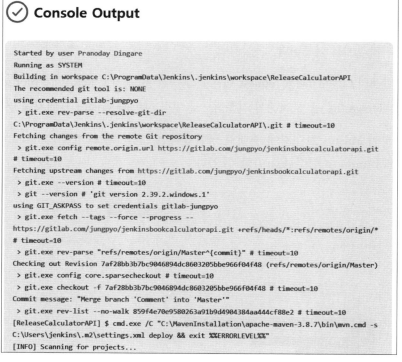

그림 12-12 실행된 작업의 콘솔 출력

CalculatorAPI2.0.jar 파일의 릴리스가 성공했지는 여부를 알기 위해 넥서스 리포지터리로 이동한다. 만약 성공했다면 그림 12-13처럼 CalculatorAPI2.0.jar 파일이 넥서스 리포지터리로 릴리스된 화면을 볼 수 있다.

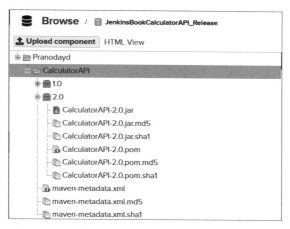

그림 12-13 넥서스 리포지터리로 릴리스된 CalculatorAPI 2.0

▶▶ 요약

12장에서는 깃이라는 분산 버전 관리 시스템에 대해 설명했다. `git init`와 `git add`, `git commit`과 `git push` 같은 다양한 깃 명령도 살펴봤다. 그리고 깃랩에 중앙 리포지터리를 만들고 자바 API 프로젝트의 소스 코드를 푸시했다. 브랜치의 개념을 배웠고, 개발자가 구현하고 테스트를 완료한 2개의 브랜치를 병합하는 방법도 살펴봤다. 넥서스라는 인기 있는 아티팩트 리포지터리도 다뤘다. 마지막으로, 메이븐을 넥서스와 통합하고 젠킨스의 작업을 실행해서 Calculator API의 새 버전을 넥서스에 릴리스해봤다. 13장에서는 자동으로 실행되는 젠킨스 작업을 생성하는 방법을 설명한다.

Chapter 13

자바 API 릴리스를 관리하는
자동 실행 프리스타일 작업 생성

12장에서는 깃과 깃랩, 메이븐 빌드 도구를 넥서스 리포지터리와 통합하는 방법을 배웠다. 그리고 넥서스 리포지터리에서 CalculatorAPI2.0의 JAR 파일을 릴리스하는 프리스타일 젠킨스 작업을 만들었다. 그러면 이제 좀 더 재미있는 과정인 실시간 시나리오를 살펴보려고 한다.

13장은 신규 사용자를 개인 깃랩 리포지터리에 컨트리뷰터[contributor]로 추가하는 방법, 깃랩 리포지터리에 SSH 인증을 설정하는 방법, 젠킨스에서 SSH 인증 방식의 깃랩 리포지터리에 접속하는 방법, SCM을 폴링하고 자동으로 빌드를 시작하는 젠킨스 작업을 생성하는 방법 등을 알아본다.

▶▶ 비공개 깃랩 리포지터리에 컨트리뷰터 추가

12장에서는 깃랩 리포지터리 작업 시 깃랩에서 생성된 사용자의 자격 증명을 사용했다. 이렇게 로그인된 사용자는 깃랩 코드 리포지터리에 대한 관리자[administrator] 권한을 갖는다. 이러한 권한을 갖는 사람은 아마도 애플리케이션 개발자일 것이다. 그러나 개발 팀의 모두가 애플리케이션 개발자는 아닐 것이다. 애플리케이션 담당자 외에 개발자가 깃랩 리포지터리에서 작업하려면 관리자가 이들을 컨트리뷰터로 추가해야 한다. 관리자는 깃랩을 사용하는 여러 팀원에게 각기 다른 역할을 부여할 수 있다. 예를 들어, 어떤 팀원은 애플리케이션의 버그를 찾아서 보고하는 역할인 리포터 권한만 필요하겠지만, 어떤 팀원은 개발자이기 때문에 좀 더 많은 권한이 필요할 수도 있다. 깃랩 관리자는 코드 리포지터리에 팀원을 추가하고 이들에게 각기 다른 역할을 할당할 수 있다.

코드 리포지터리에 팀원 초대

새로운 팀원을 초대하는 것은 리포지터리 관리자만 할 수 있다. 그리고 관리자가 초대하려는 팀원은 유효한 깃랩 계정이 있어야 한다.

초대 방법을 단계별로 살펴보자.

1. **깃랩 리포지터리의 관리자 자격으로 로그인**: 코드 리포지터리에서 생성한 깃랩 사용자의 자격 증명으로 깃랩에 로그인을 한다. 예를 들어, JenkinsBook CalculatorAPI 깃랩 리포지터리는 dpranoday@gmail.com 사용자가 생성했다. 그러므로 이 계정으로 깃랩에 로그인을 했다.

   로그인을 하면 깃랩 대시보드가 나타난다.

2. **코드 리포지터리로 이동**: 깃랩 대시보드에서 팀원 초대 작업을 할 코드 리포지터리인 JenkinsBookCalculatorAPI를 찾는다.

3. 깃랩 리포지터리 링크를 클릭해 리포지터리 메인 페이지로 이동한다.

4. **Project members 페이지로 이동**: 메뉴에서 **Project Information > Members**를 선택한다(그림 13-1).

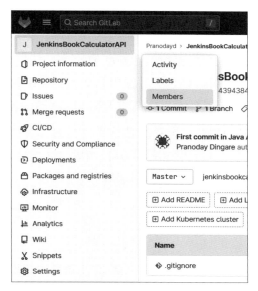

그림 13-1 Project Information 메뉴 아래 Members 메뉴 옵션

Project members 페이지가 나타나면 **Invite members** 버튼을 클릭한다.

5. **Invite members에서 신규 멤버 추가**: Username or email address^{사용자 이름 또는 이메일} 주소 필드에다 깃랩 사용자 이름을 입력한다.

6. 드롭다운에서 원하는 멤버를 선택한다. 예제에서는 **Pranoday Dingare (@ Pranodayd)**를 선택했다.

7. Select a role^{역할 선택} 필드의 드롭다운에서 이 사용자에게 할당할 역할을 설정한 다. 예제에서는 **Developer**^{개발자} 항목을 선택했다.

8. **Invite**^{초대} 버튼을 클릭한다. 그러면 초대받은 사람의 깃랩 계정 이메일 주소로 초대장이 전송된다.

앞으로 이 멤버는 자신의 변경 내역을 자바 API 코드 리포지터리에 반영할 수 있다.

▶▶ SSH 인증 이해

깃랩 코드 리포지터리 접속 시 사용할 수 있는 인증에는 기본 인증, SSH 인증, API 키 등 다양한 방식을 사용할 수 있다. 기본 인증에서는 이미 살펴본 바와 같이 깃랩 사용자 이름과 비밀번호를 사용한다. 12장에서는 기본 인증으로 깃랩 리포지터리로 코드를 푸시하는 방법도 배웠다. 또한 자격 증명 항목을 생성해 젠킨스가 깃랩 리포지터리에 접속하도록 인증하는 방법도 다뤘다. 이번 절에서는 공개 키와 개인 키를 사용해 사용자를 인증하는 SSH 인증을 알아본다.

SSH 인증 필요성

사용자 이름/비밀번호 방식의 기본 인증으로 깃랩 리포지터리에 개발자 인증을 한 경우에는 이를 사용하면 (개인용 컴퓨터를 포함한) 모든 시스템에서 코드 리포지터리에 접속할 수 있다. 그러나 특정 컴퓨터(예, 사무실 컴퓨터)에서만 접속할 수 있도록 제한 하려면 깃랩 리포지터리에 SSH 인증을 적용하면 된다.

깃랩의 SSH 인증 동작 방식

이 기술의 동작 방식은 다음과 같다.

1. 이 방식으로 코드 리포지터리에 접속하려는 개발자는 자신의 컴퓨터에서 개인 키와 공개 키를 생성해야 한다. 그런 다음, 생성한 공개 키를 깃랩 코드 리포지 터리에 관리자에게 전송한다.

2. 관리자는 수신한 공개 키를 접속 권한을 부여하고 싶은 리포지터리에 추가한다.

3. 개발자가 코드 리포지터리에 접속하면 컴퓨터에 저장된 개인 키가 깃랩으로 전 송된다. 이때 공개 키와 개인 키가 일치하는지를 확인한다. 2개의 키가 일치하 면 접속을 허용하고, 다르면 거부한다.

▶▶ 자바 API 코드 리포지터리에 SSH 인증 적용

다음 단계를 따라 자바 API 코드 리포지터리에 SSH 인증을 적용해보자.

1단계: 공개 키와 개인 키를 생성

코드 리포지터리에 접속하는 시스템에서 공개 키와 개인 키 쌍을 생성해야 한다. 키 쌍을 생성하려면 ssh-keygen 명령어를 사용한다.

우선 윈도우 10(2018년 4월 10일 업데이트 또는 그 이후 버전) 이후 버전을 사용하는 경우 OpenSSH가 컴퓨터에 설치돼 있는 확인해야 한다. 이보다 과거 버전의 윈도우를 사용한다면 OpenSSH를 먼저 설치한다.

설정 애플리케이션을 실행한 다음, **앱 및 기능** 항목을 클릭한다(그림 13-2).

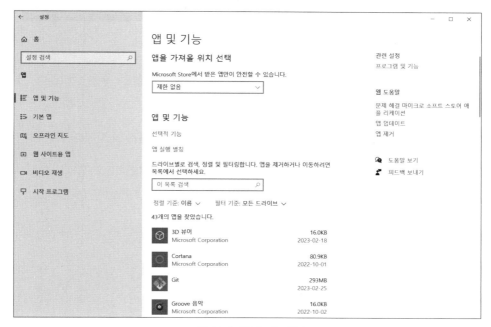

그림 13-2 앱 및 기능 화면

선택적 기능 링크를 클릭한다. 설치된 기능 목록 중에서 'OpenSSH 클라이언트'가 표시되지 않으면 **기능 추가** 버튼을 클릭하고 설치한다. 설치 후에 컴퓨터를 재부팅해야 할 수도 있다. OpenSSH 클라이언트가 설치됐다면 SSH 키 쌍을 생성할 준비가 된 것이다.

명령 프롬프트를 열고, ssh-keygen 명령을 실행한다.

키 쌍을 생성할 파일의 경로를 묻는 메시지가 나타난다. 이때 아무것도 입력하지 않고 엔터 키를 누르면 기본 경로인 $(user.home)\.ssh\id_rsa에 키 쌍이 생성된다.

예제에서는 D:\SSHKey\MyGitlabKeys 경로를 입력했다(그림 13-3).

그림 13-3 ssh-keygen 명령 실행하기

그림 13-4는 키 쌍이 D:\SSHKey 폴더 아래 성공적으로 생성된 것을 보여준다. 첫 번째 파일은 개인 키고, 두 번째 파일은 공개 키다.

이 SSH 키를 사용할 때마다 필요한 암호를 입력하라는 메시지가 표시된다.

```
C:\Users\jenkins>ssh-keygen
Generating public/private rsa key pair.
Enter file in which to save the key (C:\Users\jenkins/.ssh/id_rsa): D:\SSHKey\MyGitlabKeys
Enter passphrase (empty for no passphrase):
Enter same passphrase again:
Your identification has been saved in D:\SSHKey\MyGitlabKeys.
Your public key has been saved in D:\SSHKey\MyGitlabKeys.pub.
The key fingerprint is:
SHA256:VABkjEYyVeAJgq+9eyNxNcYu4uSnuW16+PLyUEy2bN4 jenkins@DESKTOP-VESDK58
The key's randomart image is:
+---[RSA 3072]----+
|o +o+*=....      |
|.. =oo. .        |
| . .=.  .        |
|  .= .=.         |
| o  *+ .S        |
| . =+o..         |
| +.*..E          |
|  O+*            |
|   *^=.          |
+----[SHA256]-----+
```

그림 13-4 성공적으로 생성된 공개 키-개인 키 쌍

2단계: JenkinsBookCalculatorAPI 깃랩 리포지터리에 공개 키 추가

개발자는 앞에서 생성한 공개 키를 깃랩에 추가할 수 있도록 깃랩 리포지터리에 매니저에게 전송해야 한다. 예제에서는 깃랩의 JenkinsBookCalculatorAPI 리포지터리에 공개 키를 추가한다.

SSH 키를 추가하려면, 페이지 오른쪽 상단의 사용자 아이콘을 클릭한다. 그림 13-5 처럼 Preferences^{환경 설정} 메뉴를 클릭한다.

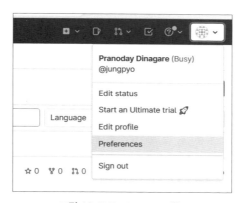

그림 13-5 Preferences 메뉴

Preferences 페이지가 열리면, 페이지 왼쪽에서 **SSH Keys** 메뉴를 클릭한다. SSH Keys 메뉴가 열리면, MyGitLabKeys.pub 파일의 내용을 복사해서 Key 필드에 붙여 넣는다.

Title^{제목} 필드에는 이 키의 제목을 입력한다. 예제에서는 **Pranodayd@LPTSEPT12**라고 입력했다(그림 13-6).

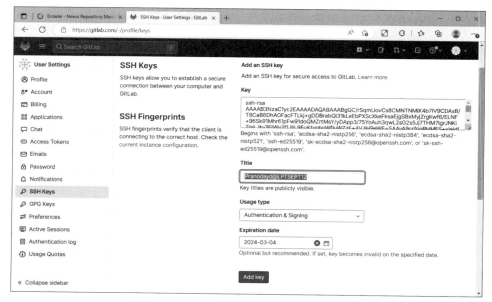

그림 13-6 Key 및 Title 필드에 세부 내용이 입력된 모습

Add key^{키 추가} 버튼을 클릭한다. 이렇게 하면 깃랩에 키를 추가하는 작업이 완료된 것이다.

⯮ SSH를 이용한 리포지터리 접속과 함수 추가

이제 신규 개발자가 SSH 키로 리포지터리에 접속해서 JenkinsBookCalculatorAPI에 새로운 연산 함수를 추가할 준비가 됐다.

1단계: JenkinsBookCalculatorAPI 리포지터리 복제

신규 개발자는 이 리포지터리가 처음이기 때문에 복제 작업을 수행해서 원격 리포지터리 전체를 자신의 컴퓨터로 가져와야 한다.

복제 작업은 소스 코드 파일뿐만 아니라 (커밋 내역 같은) 리포지터리 전체를 다운로드한다. 그러나 우선 리포지터리를 복제하기 전에 다음 설정을 수행해야 한다.

앞에서 ssh-keygen 명령으로 SSH 키 쌍을 생성할 때 키를 저장하는 파일 경로를 지정했었다. 만약 개인 키가 기본 위치인 $(user.name)\.ssh에 있으면 git clone 명령을 바로 실행할 수 있다.

그러나 앞의 예제에서 개인 키를 D:\SSHKeys\MyGitlabKeys에 생성했다. 그러므로 다음 옵션 중 하나를 수행해야 한다.

- **옵션 1**: $(user.name)\.ssh 폴더 내 known_hosts 파일에다 접속을 원하는 도메인에 대한 개인 키 파일을 등록하는 방식이다. 그러면 gitlab.com에 접속을 할 때 ssh 클라이언트가 known_hosts 파일의 개인 키를 전송하며 접속 권한이 부여된다.

    - known_hosts에 개인 키를 등록하려면 다음 명령을 실행한다.

    ```
    ssh -i D:\SSHKeys\MyGitlabKeys git@gitlab.com
    ```

    그러면 다음처럼 접속 희망 여부를 확인하는 질문이 나타난다.

    ```
    Are you sure you want to continue connecting (yes/no/[fingerprint])?
    ```

    - 여기서 yes를 입력하고 엔터 키를 누른다.
    - 암호문^{passphrase} 요청 문구가 나오면 자신이 설정한 암호문을 입력한다. 그러면 그림 13-7처럼 개인 키로 인증이 완료된 화면이 나타난다.

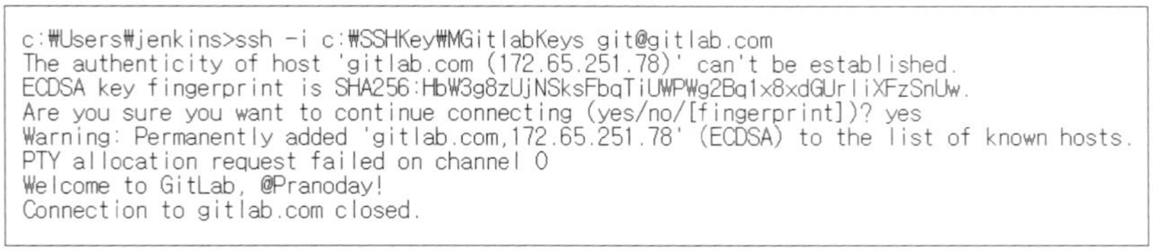

```
c:\Users\jenkins>ssh -i c:\SSHKey\MGitlabKeys git@gitlab.com
The authenticity of host 'gitlab.com (172.65.251.78)' can't be established.
ECDSA key fingerprint is SHA256:HbW3g8zUjNSksFbqTiUWPWg2Bq1x8xdGUrliXFzSnUw.
Are you sure you want to continue connecting (yes/no/[fingerprint])? yes
Warning: Permanently added 'gitlab.com,172.65.251.78' (ECDSA) to the list of known hosts.
PTY allocation request failed on channel 0
Welcome to GitLab, @Pranoday!
Connection to gitlab.com closed.
```

그림 13-7 사용자의 개인 키로 인증 완료된 깃랩 화면

- $(user.name)\.ssh 폴더로 이동한다. known_hosts라는 파일을 열어서 파일의 개인 키가 git@gitlab.com 도메인에 등록돼 있다면 이제 리포지터리를 복제할 수 있는 상태가 된 것이다.

- **옵션 2**: $(user.name)\.ssh 폴더에 config 파일을 생성하고, 여기에 개인 키 파일 항목을 추가하는 방식이다. 자세한 절차를 알아보자.

    - .ssh 폴더로 이동한다. 예제에서는 C:\Users\magicuser\.ssh 디렉터리로 이동했다.

    - 마우스 우클릭을 하고 Git Bash Here를 선택해 Git bash 창을 연다.

    - `touch config` 명령을 실행하면 .ssh 폴더 내에 config 파일이 생성된다.

그림 13-8 git bash에서 touch config 명령 실행

    - C:\Users\magicuser\.ssh\config 파일이 생성됐다면 노트패드[notepad] 편집기를 열어 다음 내용을 입력하고, 파일을 저장한다.

```
# GITLAB
Host gitlab.com
  HostName gitlab.com
  PreferredAuthentications publickey
  IdentityFile D:\SSHKey\MyGitlabKeys
```

- **옵션 3**: 명령 프롬프트를 열고 다음 명령을 실행하면 git global config 파일에 개인 키 파일이 설정된다.

```
git config --global core.sshCommand "ssh -i
D:\\SSHKey\\MyGitlabKeys -F /dev/null"
```

이제 세 가지 옵션 중 하나로 SSH 설정을 마쳤다면 `git clone` 명령으로 리포지터리를 복제해보자.

우선, 리포지터리 다음과 같이 리포지터리의 SSH URL을 복사한다.

- 깃랩의 리포지터리 페이지에서 **Clone** 버튼을 클릭한다.

- Clone with SSH 섹션에서 **Copy URL** 버튼을 클릭한다.

  예제에서는 새로운 폴더에서 프로젝트를 시작할 수 있도록 다음과 같이 D: 드라이브에 NewDeveloper라는 빈 폴더를 생성했다.

- 명령 프롬프트에서 D:\NewDeveloper 폴더를 생성하고, `cd` 명령을 사용해 해당 디렉터리로 이동한다.

- `git clone git@gitlab.com:Pranoday/jenkinsbookcalculatorapi.git` 명령을 실행한다.

  이때 gitlab.com는 SSH 클라이언트에 등록된 호스트가 아니기 때문에 확인 요청 메시지가 나타난다.

- 여기서 yes를 입력하고, 엔터 키를 누른다. 그러면 gitlab.com이 ($user. name)\.ssh 폴더의 known_hosts 파일에 추가된다.

NOTE

> 만약 옵션 1을 선택해서 gitlab.com을 known_hosts에 미리 추가했다면 git clone으로 리포지터리를 복제할 때 확인 요청 메시지가 나타나지 않는다.

- 이제 SSH 키 쌍을 생성할 때 설정한 암호문을 입력한다.

이상으로 리포지터리 복제를 완료했다.

2단계: Calculator 클래스에 Multiplication 함수 추가

이클립스를 사용해 앞에서 복제한 프로젝트 중 Calculator.java 파일에 Multiplication^{곱셈} 함수를 추가하는 과정을 알아본다.

우선, 빈 워크스페이스를 생성하고 복제된 메이븐 프로젝트를 가져오도록 하자. 이를 위해 이클립스를 실행하고, **File > Import...** 메뉴를 선택한다.

메이븐 섹션에서 **Existing Maven Project**^{기존 메이븐 프로젝트} 항목을 선택하고, **Next >** 버튼을 클릭한다. 복제된 프로젝트의 경로를 Root Directory 필드에 추가하고, **Finish** 버튼을 클릭한다. 그러면 이클립스로 프로젝트가 열린다.

이제 Calculator.java 파일을 열고, 다음 코드를 추가해보자.

```java
public int Multiplication(int num1,int num2)
  {
    int Res=num1*num2;
    return Res;
  }
```

3단계: Multiplication 함수의 테스트 케이스 추가

src/test/java의 Pranodayd.CalculatorAPI 패키지 아래에 위치한 TestMultiplicationFunctionality.java 파일에 Multiplication 함수에 대한 몇 가지 단위 테스트 케이스(리스트 13-1)를 추가했다.

▼ **리스트 13-1** TestMultiplicationFunctionality.java에 작성한 단위 테스트 케이스

```java
package Pranodayd.CalculatorAPI;
import java.io.IOException;
import java.nio.file.Files;
```

```java
import java.nio.file.Paths;
import java.nio.file.StandardCopyOption;

import org.testng.Assert;
import org.testng.annotations.*;
public class TestMultiplicationFunctionality
{
  Calculator Cal;
  int Result;
  @BeforeClass
  public void Init()
  {

    Cal=new Calculator();

  }

  @BeforeMethod
  public void ReinitialisingResult()
  {
    Result=0;

  }
  @Test(priority=1,dataProvider="ProvidePositiveIntegerValues",groups=
{"RegressionTest"})
  public void TestMultiplicationWithPositiveValues(int Number1,int
Number2,int ExpectedResult)
  {

    Result=Cal.Multiplication(Number1, Number2);
    Assert.assertEquals(Result, ExpectedResult,"Multiplication does not work
with positive numbers");
  }

  @DataProvider
  public Object[][] ProvidePositiveIntegerValues()
  {
    /*We want to test functionality with 3 SETs
     *
```

```
 * SET1                 :1,2,2
 * SET2                 :10,20,200
 * SET3                 :1000,2000,2000000
   SET4                 :100,200,20000
 */



Object [][] SetOfValues=new Object[4][3];
//This is SET 1:        1,2,2

SetOfValues[0][0]=1;
SetOfValues[0][1]=2;
SetOfValues[0][2]=2;

//This is SET 2:        10,20,200
SetOfValues[1][0]=10;
SetOfValues[1][1]=20;
SetOfValues[1][2]=200;

//This is SET 3:        1000,2000,2000000
SetOfValues[2][0]=1000;
SetOfValues[2][1]=2000;
SetOfValues[2][2]=2000000;



//This is SET 4:        1000,2000,2000000
SetOfValues[3][0]=100;
SetOfValues[3][1]=200;
SetOfValues[3][2]=20000;

return SetOfValues;
  }

}
```

4단계: pom.xml에서 버전을 3.0으로 변경

새로운 Multiplication 함수를 추가한 CalcualtorAPI.jar 버전 3.0을 릴리스할 예정이라고 가정해보자. 그러면 리스트 13-2처럼 pom.xml에서 버전 값을 2.0에서 3.0으로 변경해야 한다.

▼ **리스트 13-2** 버전이 3.0으로 변경된 pom.xml 파일

```
<groupId>Pranodayd</groupId>
<artifactId>CalculatorAPI</artifactId>
<version>3.0</version>
```

5단계: 단위 테스트 및 신규 기능의 회귀 테스트

이제 mvn test 명령으로 전체 단위 테스트 케이스를 수행하는 과정을 진행해보자. 이 과정은 새로 추가된 Multiplication 함수의 동작을 확인하고, 이전에 구현된 더하기 및 빼기 기능에 문제를 일으키지 않았는지를 검증하는 작업이다.

이를 위해 명령 프롬프트를 열고 cd 명령을 사용해 프로젝트 디렉터리로 이동한다. 그런 다음 mvn test 명령을 실행한다.

그리고 모든 테스트 케이스가 통과되는지를 확인한다.

6단계: 로컬 브랜치에 기능 변경 사항 커밋

새로 구현한 기능이 기존 API에서 동작되는 것을 확인했으니, 이제 변경 사항을 새 브랜치에 커밋할 수 있다. 다음 명령을 실행해 MultiplicationFunction이라는 이름의 브랜치를 생성해보자.

```
git checkout -b "MultiplicationFunction"
```

다음 명령을 실행하면 현재 디렉터리와 하위 디렉터리에서 변경된 모든 파일이 스테이징 영역에 추가된다.

```
git add .
```

그리고 다음 명령을 실행해 새로 생성된 브랜치에 대한 변경 사항을 커밋한다.

```
git commit --m "Multiplication function is added in Calculator API"
```

7단계: 로컬 브랜치를 원격 리포지터리로 푸시

다음 명령을 실행해 로컬 브랜치를 원격 리포지터리로 푸시한다.

```
git push -u git@gitlab.com:Pranoday/jenkinsbookcalculatorapi.git
MultiplicationFunction
```

참고로 현재 SSH URL 방식으로 브랜치를 푸시하는 중이므로 비밀번호 요청이 나오면 앞에서 설정한 SSH 키의 암호문을 입력한다.

그러면 브랜치가 원격 리포지터리로 푸시된다(그림 13-9).

그림 13-9 원격 리포지터리로 코드를 푸시한 결과

이제 깃랩 리포지터리 페이지를 새로 고침하면 MultiplicationFunction 브랜치가 푸시돼 병합할 준비가 된 것을 볼 수 있다.

8단계: 새로 추가된 브랜치의 병합 요청

이제 **Create merge request**^{병합 요청 생성} 버튼을 클릭해 병합 요청을 한다. 그러면 New merge request 페이지가 나타난다.

Title과 Description 필드에 세부 정보를 입력하고, **Create merge request** 버튼을 클릭한다.

이제 **Merge** 버튼을 클릭할 일만 남았지만, 이 작업은 젠킨스 작업을 생성한 후로 미뤄둬야 한다. 왜냐하면 코드를 머지^{merge}하면 자동으로 젠킨스 작업을 실행해서 새로운 버전의 CalculatorAPI.jar를 생성하고, 이를 넥서스 리포지터리로 배포하는 작업이 필요하기 때문이다.

▶▶ 이메일 알림 기능을 갖는 자동 실행 젠킨스 작업 생성

이제 신규 버전을 넥서스 리포지터리로 자동으로 릴리스하는 프리스타일 작업을 생성해보자.

1단계: 프리스타일 작업 생성

젠킨스 대시보드에서 **New Item** 링크를 클릭한다. Enter an item name^{항목 이름 입력} 필드에 작업 이름(예, ReleaseCalculatorAPIAutoTrigger)을 입력하고 **Freestyle project**^{프리스타일 프로젝트} 옵션을 선택한 후, **OK** 버튼을 클릭한다.

Configure 페이지가 나타나면 Source Code Management 섹션에서 깃 항목을 선택하고, Repository URL 필드에는 깃 코드 리포지터리의 SSH URL을 입력한다.

이제 SSH 자격 증명을 생성한다. Credentials 필드에서 **Add** 버튼을 클릭한다.

Jenkins 옵션을 클릭한다. 그러면 Jenkins Credentials Provider: Jenkins 페이지가 나타난다.

Domain 필드에는 Global Credentials(Unrestricted) 옵션이 선택된 상태를 유지한다.

Kind 필드 드롭다운에서 **SSH Username with private key** 옵션을 선택한다. ID 필드에 값을 입력한다. 예제에서는 **MyGitSSHCredentials**를 입력했다.

Private Key 섹션에서 **Enter directly** 항목을 선택한다. Private Key 섹션에서 **Add** 버튼을 클릭한다. 개인 키 파일에서 키를 복사한 후, Key 필드에 붙여 넣는다. Passphrase 필드에는 키의 암호문을 입력한다. 입력 값에 대해서는 그림 13-10을 참고하자. 마지막으로 **Add** 버튼을 클릭한다.

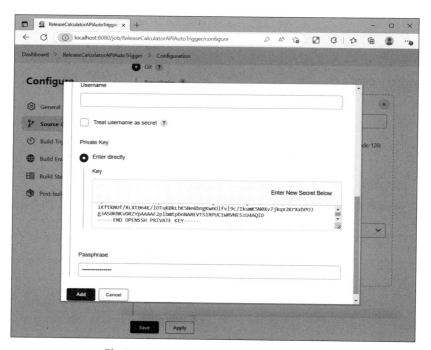

그림 13-10 Credentials 항목의 상세 정보를 입력한 창

Repository URL 필드에 표시된 Permission denied^{권한 거부} 오류를 해결하려면 Credentials 필드의 드롭다운에서 SSH 자격 증명 항목을 선택해야 한다. 이 오류는 접속 인증에 필요한 SSH 개인 키를 지정하지 않아서 발생하는 것이며, **Apply** 버튼을 클릭하면 오류가 사라지는 것을 볼 수 있다.

그리고 현재 메인 깃 리포지터리 브랜치에서 Master를 사용 중이므로, Branch Specifier 필드에 브랜치 이름으로 **Master**를 입력한다.

Build Triggers 섹션에서는 **Poll SCM** 체크박스를 선택한다.

Schedule 항목에는 다음 내용을 입력해서 젠킨스가 5분마다 리포지터리의 마스터 브랜치의 변경 사항을 확인하도록 한다. 만약 젠킨스가 변경 사항을 감지하면 즉시 빌드를 시작할 것이다.

```
H/5 * * * *
```

Biuld Steps 섹션에서 **Add build step** 버튼을 클릭하고, **Invoke top-level Maven targets** 옵션을 선택한다.

Maven Version 드롭다운에서 **MyMaven** 옵션을 선택한다. Goals 필드에는 **deploy**를 입력한다(그림 13-11).

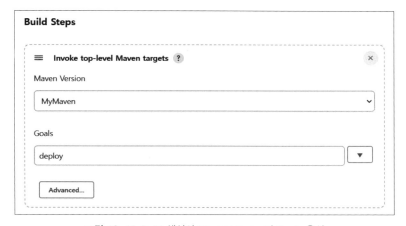

그림 13-11 Build 섹션의 Maven Version과 Goals 옵션

Post-build Actions 섹션에서는 Email Notification^{이메일 알림}을 구성해보자.

Add post-build action 버튼을 클릭하고, **E-mail Notification** 옵션을 선택한다.

알림을 받으려는 이메일 주소를 입력한다. 빌드가 실패할 경우 이메일 알림을 받기 위해 **Send e-mail for every unstable build**^{불안정한 빌드마다 이메일 전송} 체크박스를 선택한다.

Save 버튼을 클릭한다.

▶▶ 젠킨스에서 이메일 알림 설정

이메일 알림 기능을 동작시키려면 젠킨스 작업을 생성하는 것 외에도 다음과 같은 추가 설정이 필요하다.

젠킨스 대시보드에서 **Manage Jenkins > Configure System** 메뉴를 클릭한다.

Configure System 페이지가 나타나면 Jenkins Location 섹션이 나올 때까지 아래로 스크롤한다.

System Admin e-mail address^{시스템 관리자 이메일 주소} 필드에 이메일 주소를 입력한다. 나중에 젠킨스에서 이메일 알림을 보낼 때는 이곳에 입력한 이메일 주소가 송신자로 설정된다. 예제에서는 **pranoday.dingare@gmail.com**을 입력했다.

이어서 E-mail Notification 섹션이 나올 때까지 아래로 스크롤한다.

이 섹션에서는 이메일을 송신하는 서비스를 제공하는 SMTP 서버를 구성한다. 만약 조직 내에 SMTP 서버가 있을 경우 그 서버의 IP 주소를 서버 필드에 추가하도록 한다. 예제에서는 지메일^{Gmail}의 SMTP 서버를 사용하기 때문에 SMTP server 필드에 **smtp.gmail.com**을 입력했다.

Advanced... 버튼을 클릭하면 그림 13-12처럼 추가 설정 화면이 나타난다.

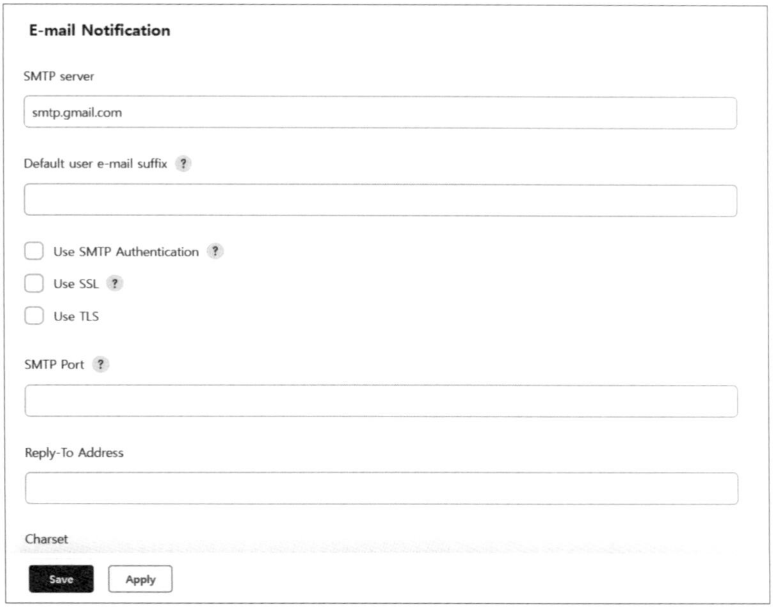

그림 13-12 SMTP 서버와 관련된 추가 설정

Use SMTP Authentication^{SMTP 인증 사용} 체크박스를 선택하고 유효한 지메일 계정의 사용자 이름과 비밀번호를 입력하면 이 정보를 사용해 지메일의 SMTP 서버가 인증을 진행한다.

> **NOTE**
>
> 조직 내의 SMTP 서버 정보를 입력한 경우에는 해당 조직에서 부여한 사용자 이름과 비밀번호를 입력해 인증을 해야 한다.

예제에서는 내 지메일 계정의 사용자 이름과 비밀번호를 사용하므로 **Use SSL** 체크박스를 선택하고, SMTP Port 필드에는 **465**를 입력한다.

이제 이 구성을 테스트해보자. **Test configuration by sending test email**^{구성 확인을 위해 테스트 이메일 전송} 체크박스를 클릭한다. 유효한 이메일 주소를 입력하고, **Test configuration** 버튼을 클릭한다.

예제에서는 'javax.mail.AuthenticationFailedException: UserName and Password not accepted'라는 에러가 발생했다. 만약 이러한 오류가 발생하면 보안 수준이 낮은 애플리케이션에서 이메일을 보내도록 해야 한다.

예제에서는 dpranoday@gmail.com 이메일을 사용하고 있으므로 지메일로 이동해서 **Google 계정 관리** 메뉴로 들어간다.

화면 왼쪽 메뉴에서 **Security** 옵션을 클릭해 보안 페이지로 이동하고, Less Secure App Access^{보안 수준이 낮은 애플리케이션 액세스} 섹션이 나올 때까지 아래로 스크롤한다.

여기에서 **액세스 켜기**(추천하지 않음)를 클릭하면 보안 수준이 낮은 애플리케이션 액세스 항목이 나타난다. Allow Less Secure Apps^{보안 수준이 낮은 애플리케이션 허용}을 켜서 활성화한다.

이제 젠킨스로 돌아가서 **Test Configuration** 버튼을 클릭하면 이메일이 성공적으로 전송되는 것을 볼 수 있다.

NOTE[1]

> 계정 보안을 유지하기 위해 구글은 2022년 5월 30일부터 보안 수준이 낮은 애플리케이션 설정을 지원하지 않는다고 발표했다. 지메일을 대신해서 간편하게 사용할 수 있는 도구로는 메일호그(Mailhog)가 있다. 메일호그는 하나의 실행 파일로 간편하게 사용할 수 있는 로컬 시스템용 SMTP 서버다. 메일호그를 설치한 후, 앞에서 설명한 구성 중 지메일 설정 부분을 메일호그 설정으로 변경하면 이메일 전송 기능을 시험해볼 수 있다.
> 메일호그의 깃허브 주소는 다음 링크(https://github.com/mailhog/MailHog)이며, 각 플랫폼별 실행 파일은 다음 링크(https://github.com/mailhog/MailHog/releases)에서 다운로드할 수 있다.

▶▶ 새 젠킨스 작업 시작

앞에서 5분마다 마스터 브랜치를 폴링하면서 변경 사항이 발생하면 즉시 실행을 하는 젠킨스 작업을 생성했다. 이제 앞의 '8단계: 새로 추가된 브랜치의 병합 요청'에서 중단했던 **Merge** 버튼을 클릭한다.

---

1   이 참고는 독자의 이해를 돕기 위해 만들었다. - 옮긴이

그리고 젠킨스의 대시보드로 이동해 젠킨스에서 리포지터리를 폴링할 때까지 기다린다. Build Queue에 빌드가 표시된다. 빌드 실행이 될 때까지 기다린다. 빌드 항목은 Build Executor status 섹션에 표시된다.

이제 이 빌드의 console output^{콘솔 출력}으로 이동한다. 콘솔 로그 상단에서 SCM 변경으로 작업이 시작됐다는 로그를 확인할 수 있다.

스크롤을 아래로 내리면 CalculatorAPI3.0.jar가 넥서스 리포지터리로 성공적으로 배포됐다는 것도 확인할 수 있다.

이제 넥서스 리포지터리로 이동해서 릴리스가 제대로 됐는지를 확인한다(그림 13-13).

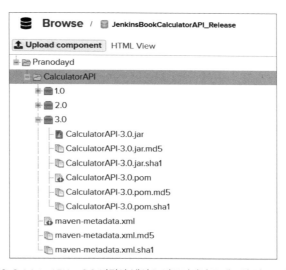

그림 13-13 CalulatorAPI.jar 3.0 버전이 넥서스 리포지터리로 배포된 것으로 알 수 있다.

▶▶ SCM이 설정된 작업 실행

SCM이 설정된 작업의 빌드가 실행되면 $(Jenkins.home) 위치에 워크스페이스 디렉터리가 생성된다. 또한 이 폴더 안에 작업 이름이 있는 디렉터리도 생성되며, 여기서 브랜치 체크 아웃이 수행된다.

예제의 경우 리포지터리 마스터 브랜치는 다음 위치에서 체크 아웃이 수행된다.

```
C:\Users\magicuser\.jenkins\workspace\ReleaseCalculatorAPIAutoTrigger
```

위 디렉터리가 작업 디렉터리가 된다. 여기서 `mvn deploy` 빌드 스텝이 실행되고, 모든 메이븐 실행 단계가 실행되며, JAR 파일들이 넥서스 리포지터리로 배포된다.

▶▶ 빌드 실패 이메일 알림 확인

Post-Build Actions 섹션에서 Send email for every unstable build 옵션을 설정했기 때문에 젠킨스는 빌드가 실패하면 이메일 알림을 보낸다.

이제 이메일 전송 테스트를 위해 단위 테스트 케이스 중 TestAdditionFunctionality.java 파일이 실패하도록 만들어보자(리스트 13-3). 그러면 2개의 인수 값을 받아 결과를 비교하는 `Addition()` 함수에서 실패가 발생할 것이다.

▼ **리스트 13-3** TestSubtractionFunctionality.java 내에 TestSubtractionWithPositiveNumbers 함수의 코드

```java
@Test(priority=1)
public void TestAdditionWithPositiveNumbers()
{
  System.out.println("I am in 1 st TestCase");
  Result=Obj.Addition(10,20);
  Assert.assertEquals(Result, 300,"Addition does not work with positive
numbers");
}
```

로컬 리포지터리의 브랜치에서 변경 사항을 커밋하고, 이 브랜치를 푸시해 원격 리포지터리와 병합한다. 그런 다음 이 브랜치를 마스터 브랜치와 병합하면 빌드가 시작될 것이다. 이 빌드는 테스트 케이스의 실패로 인해 빌드 오류가 발생한다. 그 결과 빌드 실패에 대한 이메일 알림을 받을 수 있다. 이메일을 클릭하면 빌드 실패에 대한 콘솔 로그 결과도 확인할 수 있다(그림 13-14).

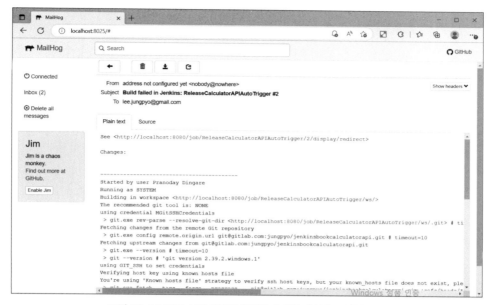

그림 13-14 빌드 실패 이메일 알림을 수신한 메일호그 실행 화면

▶▶ 요약

13장에서는 깃랩 리포지터리에 코드 컨트리뷰터를 추가하는 법을 설명했다. 그리고 SSH의 정의와 동작 방식, 공개 키와 개인 키 쌍을 생성하고, 깃랩 리포지터리에서 구성하는 방법을 배웠다. 또한 개인 키를 사용해 리포지터리를 복제하고 원격 리포지터리로 푸시하는 방법을 살펴봤다. 이어서 SSH 키를 사용해 젠킨스에서 자격 증명을 생성하고, 자동으로 실행하는 젠킨스 작업을 구성했다. 또한 이메일 알림 기능을 구성하는 방법과 빌드가 실패하면 이메일 알림을 보내도록 작업을 구성하는 방법을 배웠다. 또한 젠킨스 프리스타일 작업을 통해 빌드 프로세스를 자동화하는 방법도 다뤘다. 14장에서는 젠킨스 파이프라인을 알아보고 이를 사용해 빌드 프로세스를 보다 효과적으로 제어하는 방법을 설명한다.

Chapter 14

젠킨스 파이프라인의 이해

13장에서는 자동으로 실행되는 젠킨스 작업을 생성하는 방법을 배웠다. 프리스타일 작업을 사용해 자바 Calculator API 릴리스 프로세스를 자동화했다. 이 작업은 마스터 브랜치에서 최신 코드를 가져와서 컴파일과 단위 테스트, 패키징과 아티팩트 리포지터리 배포와 같은 다양한 빌드 수명 주기 단계를 수행한다. 14장에서는 젠킨스의 중요한 개념인 파이프라인에 대해 알아본다.

▶▶ 젠킨스 파이프라인

젠킨스 파이프라인은 젠킨스를 사용해 CD 파이프라인을 구현하고 통합할 때 사용하는 플러그인 스크립트 모음이다. 그리고 CD 파이프라인은 버전 제어 시스템에서 가져온 코드를 애플리케이션으로 만들어 고객과 사용자에게 전달할 때까지의 프로세스를 자동으로 실행할 수 있도록 코드로 작성한 표현식이다. 애플리케이션에서 수행하는 모든 변경 사항은 최종 릴리스가 되기까지 복잡한 빌드 프로세스를 거친다.

코드를 작성할 때는 API가 필요하다. 예를 들어, 자바로 엑셀 파일에서 데이터를 읽어오는 코드를 작성한다고 가정해보자. 자바 코드에서 엑셀 프로그램을 이용하려면 여러 가지 함수가 필요하다. 마찬가지로, 자바 코드와 젠킨스 플러그인 사이에도 스크립트가 필요하다. 이런 스크립트를 사용하면 젠킨스 플러그인에서 E-E 빌드 프로세스의 일부 단계의 태스크를 실행하도록 하는 젠킨스 파이프라인을 작성할 수 있다.

▶▶ 파이프라인의 장점

다음은 젠킨스 파이프라인으로 CI/CD 프로세스를 자동화할 때의 장점이다.

- **코드**: 파이프라인을 사용하면 애플리케이션의 CI/CD 프로세스를 코드 형식으로 작성할 수 있고, 애플리케이션의 소스 코드와 함께 코드 리포지터리에 저장할 수 있다. 빌드 프로세스를 기술하는 코드가 중앙 리포지터리에 저장되면 효과적으로 팀원들과 공유할 수 있다. 예를 들어, 개발자가 애플리케이션 코드를 구현하면서 빌드 프로세스도 변경해야 하는 경우가 생겼다고 가정해보자. 만약 빌드 프로세스가 파이프라인 코드 형식으로 공유되고 있다면 개발자가 직접 빌드 프로세스의 변경 사항을 구현할 수가 있게 된다.

- **내구성**: 파이프라인은 젠킨스 서비스가 의도적으로 또는 우발적으로 재시작되더라도 문제없이 유지된다.

- **일시 중지 가능**: 파이프라인을 실행하는 도중 사람의 승인이나 입력을 기다리기 위해 중단하거나 기다리는 것이 가능하다.

- **다양성**: 파이프라인은 분기나 반복, 병렬 처리와 같은 다양한 CI/CD 요구 사항을 지원한다.

- **확장성**: 파이프라인 플러그인은 다른 플러그인과의 통합에 필요한 여러 가지 기능을 지원하기 때문에 쉽게 확장할 수 있다.

▶▶ 파이프라인 용어 이해

- **파이프라인**: 파이프라인은 전체 빌드 프로세스를 정의하는 코드를 뜻한다. 빌드 프로세스는 애플리케이션의 빌드, 테스트, 배포와 관련된 여러 단계로 구성된다.

- **노드**: 노드는 파이프라인을 실행하는 시스템이다.

- **스테이지**: 소프트웨어는 빌드, 테스트, 배포 등과 같은 빌드 프로세스를 처리하는 다양한 단계를 거친다. 파이프라인의 스테이지 블록에서는 특정 단계에서 수행되는 작업들을 정의한다. 예를 들어, 빌드 단계 블록에는 소스 코드 컴파일, 라이브러리 패키징 같은 작업들이 있다.

- **스텝**: 스텝은 파이프라인의 특정 단계에서 수행되는 단일 작업을 의미한다. 스테이지 블록은 여러 개의 스텝으로 구성된 블록일 뿐이다. 예를 들어, 스텝에서는 특정 메이븐 골^{goal} 실행하기 같은 배치 명령을 실행할 수 있다.

▶▶ 파이프라인 구문

젠킨스는 선언형 파이프라인과 스크립트형 파이프라인의 두 가지 유형을 지원한다. 각 유형을 하나씩 살펴보자.

선언형 파이프라인 기초

선언형 파이프라인에서는 전체 블록 프로세스가 파이프라인 블록 안에서 정의된다.

```
pipeline
{
  agent any          ❶
  stages
  {
    stage('Build')   ❷
```

```
      {
        steps
        {
          //              ❸
        }
      }
      stage('Test')      ❹
      {
        steps
        {
          //              ❺
        }
      }
      stage('Deploy')  ❻
      {
        steps
        {
          //              ❼
        }
      }
    } // stages 블록 끝
  } // pipeline 블록 끝
```

앞의 파이프라인 코드를 하나씩 살펴보자.

❶ 이 파이프라인은 젠킨스의 모든 에이전트에서 실행할 수 있다는 의미다.

❷ 'Build' 스테이지 블록을 정의한다.

❸ 'Build' 스테이지와 관련된 특정 스텝(예, 태스크)을 정의한다.

❹ 'Test' 스테이지 블록을 정의한다.

❺ 'Test' 스테이지와 관련된 특정 스텝(예, 태스크)을 정의한다.

❻ 'Deploy' 스테이지 블록을 정의한다.

❼ 'Deploy' 스테이지와 관련된 특정 스텝(예, 태스크)을 정의한다.

스크립트형 파이프라인 기초

스크립트형 파이프라인에서는 전체 빌드 프로세스가 노드 블록 안에 정의된다. 노드 블록 안에 코드를 반드시 포함시킬 필요는 없으나, 코드가 포함된 경우에는 다음과 같은 작업이 수행된다.

1. 젠킨스 큐에 아이템을 추가해 노드 블록 안에 스텝이 실행될 수 있도록 예약한 다. 노드의 실행기를 사용할 수 있는 상태가 되면 즉시 스텝이 실행된다.

2. 소스 관리 시스템에서 파일을 체크아웃하고, 작업할 수 있는 워크스페이스용 디렉터리를 생성한다.

```
node
{                           ❶
  stage('Build')            ❷
  {
    //                      ❸
  }
  stage('Test')            ❹
  {
    //                      ❺
  }
  stage('Deploy')          ❻
  {
    //                      ❼
  }
}
```

앞의 파이프라인 코드를 하나씩 살펴보자.

❶ 이 파이프라인은 젠킨스에서 사용 가능한 모든 에이전트에서 실행할 수 있 다는 의미다.

❷ 빌드 스테이지 블록을 정의한다. 스테이지 블록은 선택 사항이지만, 이를 사용하면 젠킨스 UI에서 각 스테이지의 태스크와 스텝을 좀 더 시각적으로 명확하게 알 수 있다.

❸ 빌드 스테이지와 관련된 특정 스텝(예, 태스크)을 정의한다.

❹ 테스트 스테이지 블록을 정의한다.

❺ 테스트 스테이지와 관련된 특정 스텝(예, 태스크)을 정의한다.

❻ 배포 스테이지 블록을 정의한다.

❼ 배포 스테이지와 관련된 특정 스텝(예, 태스크)을 정의한다.

▶▶ 젠킨스에서 파이프라인 정의

이번 절에서는 젠킨스 UI에서 간단한 파이프라인을 만드는 법을 설명한다.

1. 젠킨스에 로그인한다.

2. 플러그인 설치: Pipeline 플러그인과 Pipeline:Job 플러그인을 설치한다. 플러그인 설치 방법에 대해서는 5장을 참조하자.

3. 젠킨스 대시보드로 이동한다.

4. 파이프라인 작업을 생성: 대시보드의 메뉴에서 **New Item** 링크를 클릭한다. 그러면 그림 14-1처럼 페이지가 나타난다.

5. 작업 이름(예, SamplePipelineJob)을 입력하고 **Pipeline** 항목을 선택한다(그림 14-1).

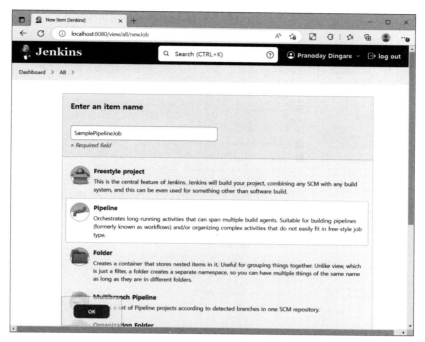

그림 14-1 파이프라인 작업의 이름 입력

6. OK 버튼을 클릭한다. 그러면 해당 작업의 Configure 페이지가 나타난다.

General 섹션의 항목 중 Do not allow the pipeline to resume if the controller restarts^{컨트롤러가 다시 시작될 때, 파이프라인을 재개하지 않음}는 파이프라인 작업을 선택했을 때만 나타나며, 이 항목을 선택하면 젠킨스 컨트롤러가 다시 시작된 후에 파이프라인 실행이 재개되지 않는다.

파이프라인 속도/내구성 오버라이드

기본적으로 파이프라인 작업을 실행할 때는 많은 데이터를 디스크에 기록하는데, 그 이유는 젠킨스의 문제로 재실행이 됐을 때 파이프라인도 재개될 수 있도록 대비하려는 것이다. 그러나 이 방식은 파이프라인의 실행 속도가 느려지는 문제가 있다. 이때 Pipeline speed/durability override^{파이프라인 속도/내구성 오버라이드} 설정을 사용하면 이런 문제에

대처할 수 있다. 이 항목을 클릭하면 그림 14-2처럼 옵션들이 나타난다.

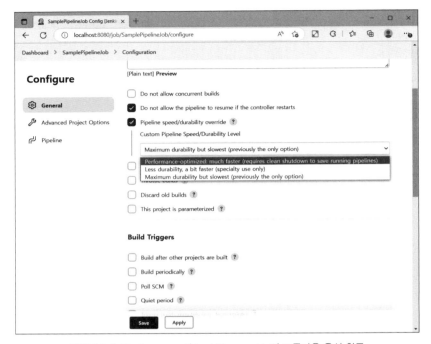

그림 14-2 Pipeline speed/durability override의 드롭다운 옵션 항목

- **Performance-optimized: much faster (requires clean shutdown to save running pipelines):** 성능에만 최적화된 가장 빠른 설정이다. 실행 중인 파이프라인을 저장하려면 클린 셧다운clean shutdown을 해야 한다. 이 옵션을 선택하면 젠킨스 파이프라인은 꼭 필요한 데이터만 기록한다.

- **Less durability, a bit faster (specialty use only):** 내구성은 낮고, 약간 빠른 설정이다. 특수한 용도에만 사용되며, 이 옵션을 선택하면 일부 데이터만 기록하기 때문에 내구성이 떨어진다.

- **Maximum durability but slowest:** 내구성은 최대이나, 가장 느린 설정이다. 기존부터 제공되던 옵션이다. 이 옵션을 선택하면 최대한 데이터를 기록하므로 젠킨스의 문제 발생 시 다른 옵션에 비해 우수한 내구성을 제공한다. 그러나 파이프라인 실행 속도가 매우 느려진다.

참고로, 이번 파이프라인 작업 예제에서는 Pipeline speed/durability override 항목을 선택하지 않는다.

이제 파이프라인 섹션까지 아래로 스크롤하면 파이프라인 코드를 작성할 수 있는 편집기가 나타난다. 예제는 간단한 선언형 파이프라인으로 'Hello World'를 출력하는 것으로, 편집기 우측의 **try sample Pipeline**샘플 파이프라인 시험 드롭다운을 클릭해 **Hello World** 항목을 선택하면 자동으로 삽입된다(그림 14-3).

Save 버튼을 클릭한다.

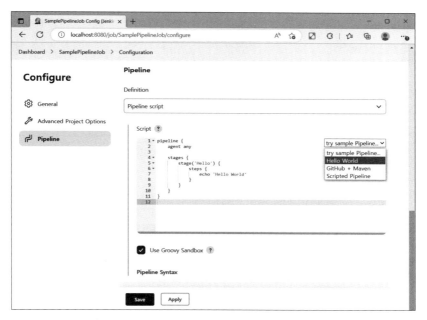

그림 14-3 코드 편집기에서 작성한 간단한 선언형 파이프라인

7. 다시 대시보드로 이동하고, SamplePipelineJob에서 실행 아이콘을 클릭한다. 그러면 파이프라인 작업이 시작된다.

작업 실행이 완료되면 **Console Output** 메뉴를 클릭해서 이 작업의 콘솔 출력을 살펴보자(그림 14-4).

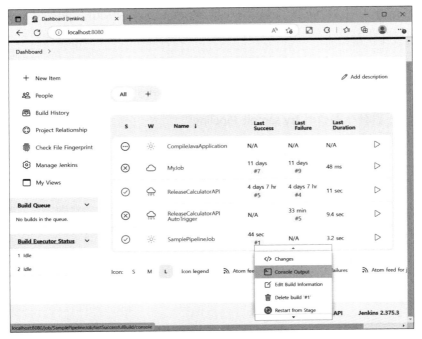

그림 14-4 콘솔 출력 메뉴 옵션

콘솔에 'Hello World'가 출력된 것을 볼 수 있다(그림 14-5).

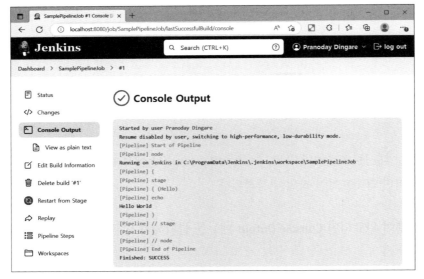

그림 14-5 파이프라인 작업을 실행한 후에 콘솔 출력

▶▶ java.lang.IllegalArgumentException: Unsupported Class File Major Version Error 해결

일반적으로 파이프라인 작업을 실행한 후에는 다음 오류가 발생할 때가 있다.

```
java.lang.IllegalArgumentException: Unsupported class file major version
```

- **원인**: 젠킨스에서 지원하지 않는 자바 버전(예, Java 1.11 또는 1.8)을 사용하는 경우 발생한다.
- **해법**: PATH 시스템 환경 변수가 자바 버전 1.11 또는 1.8을 가리키는지 확인한다.

예제의 JAVA_HOME 환경 변수는 JDK 11을 가리킨다. 환경 변수에서 필요한 자바 버전을 설정한 후에 젠킨스 서버를 반드시 재시작해야 한다.

그 외에도 젠킨스의 Global Tool Configuration^{전역 도구 구성}에서 JDK11 또는 JDK 1.8을 설정할 수 있다(그림 6-10 참고).

▶▶ 젠킨스 파이프라인의 문자열 보간 이해

문자열 보간은 변수의 값을 문자열에 있는 변수로 변경하는 방법이다. 다음 예를 보면 첫 줄에서 Username이라는 이름의 변수를 정의하고, Pranoday라는 값을 입력했다. 이때 변수의 값을 문자열 변수로 대체할 수 있는데, 이런 절차를 문자열 보간이라고 한다.

예를 들어, 다음 코드를 실행한다.

```
def Username = 'Pranoday'
echo 'Hello Mr. ${Username}'
echo "How are you ? Mr. ${Username}"
```

그러면 결과는 다음과 같다.

```
Hello Mr. $(Username)
How are you ? Mr. Pranoday
```

만약 문자열이 큰따옴표("")로 묶인 경우 ${변수_이름}이 문자열 보간을 처리하는 구문이다. 반면 문자열이 작은따옴표(' ')로 묶인 경우에는 $변수_이름처럼 문자열 보간을 처리한다.

예를 들어,

```
echo 'Hello Mr. $Username'
```

의 결과는 다음과 같다.

```
Hello Mr. Pranoday
```

문자열 보간 예제

젠킨스 파이프라인은 여러 가지 환경 변수를 전역 변수로 사용한다. 이러한 변수에는 BUILD_ID, BUILD_NUMBER, JENKINS_URL, JOB_NAME 등이 있다.

젠킨스 파이프라인에서 사용할 수 있는 환경 변수의 전체 목록을 보려면 브라우저에서 다음 주소를 입력한다.

```
${젠킨스가_설치된_URL}/pipeline-syntax/globals#env
```

여기서 ${젠킨스가_설치된_URL}은 '호스트의_IP주소:포트 번호'로 구성된다. 예제의 경우의 값은 localhost:8080이며, 환경 변수 전체 목록의 주소는 다음과 같다.

```
http://localhost:8080/pipeline-syntax/globals#env
```

젠킨스 파이프라인에서 echo 문을 사용해 `BUILD_ID`와 `JENKINS_URL` 변수를 콘솔에 출력한다고 가정해보자. 이때 문자열 보간을 사용해야 한다.

```
pipeline
{
  agent any
  stages
  {
    stage('Example')
    {
      steps
      {
        echo "Running ${env.BUILD_ID} on
        ${env.JENKINS_URL}"
      }
    }
  }
}
```

▶▶ 자바 API를 릴리스하는 파이프라인 작업 생성

앞에서는 넥서스 리포지터리에서 CalculatorAPI JAR를 릴리스할 목적으로 프리스타일 작업을 만들었다. 이번에는 새로운 버전의 CalculatorAPI.jar를 넥서스 리포지터리로 릴리스하기 위해 프리스타일 작업과 동일한 작업을 수행하는 파이프라인의 생성 방법을 알아보자.

1. 젠킨스 대시보드로 이동한다.

2. 파이프라인 작업을 생성하기 위해, 메뉴에서 **New Item** 링크를 클릭하고, 작업의 이름(예, PipelineJobToReleaseCalculatorAPI)을 입력하고, Pipeline 옵션을 선택한다.

3. **OK** 버튼을 클릭한다.

4. Configure 페이지에서 Pipeline 섹션이 나올 때까지 아래로 스크롤한다.

5. try sample Pipeline 드롭다운에서 **Scripted Pipeline** 옵션을 선택해 편집기에 기본 템플릿을 생성한다(그림 14-6).

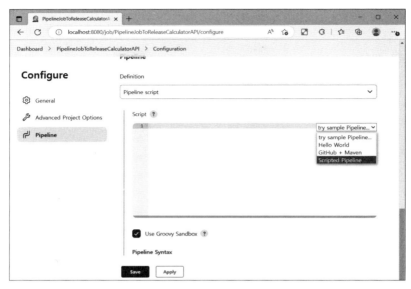

그림 14-6 try sample Pipeline 드롭다운에서 사용할 수 있는 옵션들

이 옵션을 클릭하면 그림 14-7처럼 스크립트형 파이프라인 기본 템플릿이 나타난다.

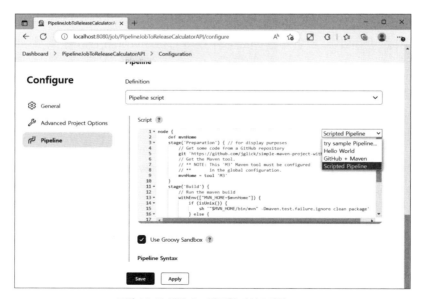

그림 14-7 샘플 스크립트형 파이프라인 코드

이 템플릿에서 코드를 삭제하고, 나만의 코드를 작성해보도록 하자.

각 코드 스텝을 수동으로 작성하는 대신, 젠킨스에서 제공하는 Pipeline Syntax: Snippet Generator를 사용할 수 있다. 그림 14-8처럼 코드 편집기 아래 **Pipeline Syntax** 링크를 클릭해 Pipeline Syntax: Snippet Generator를 연다.

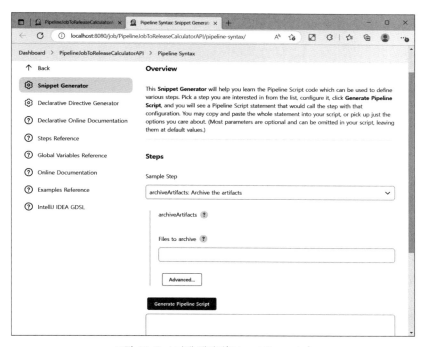

그림 14-8 스니펫 생성기(Snippet Generator)

Sample Step 드롭다운을 클릭하면 요구 사항에 따라 파이프라인에서 사용할 수 있는 파이프라인 스텝의 목록이 표시된다.

파이프라인의 첫 번째 작업은 깃랩 리포지터리에서 마스터 브랜치를 체크아웃하는 것이므로 목록에서 **git: Git** 스텝을 선택한다(그림 14-9).

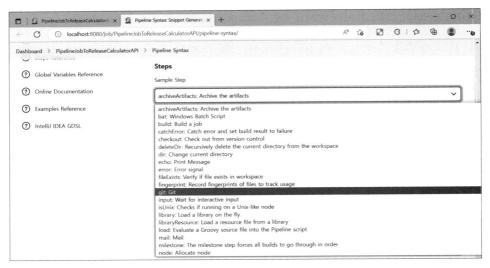

그림 14-9 Sample Step 드롭다운 및 기타 깃-관련 필드의 git:Git 옵션

Git 옵션을 선택하면 깃 리포지터리의 세부 정보, 체크아웃할 브랜치, 인증 정보를 포함한 자격 증명 항목 등을 입력하는 필드가 나타난다. 예제에서는 Repository URL 필드에는 깃 리포지터리의 SSH URL을, Branch 필드에는 마스터 브랜치를, Credentials 필드에는 SSH 자격 증명 항목을 입력했다(그림 14-10).

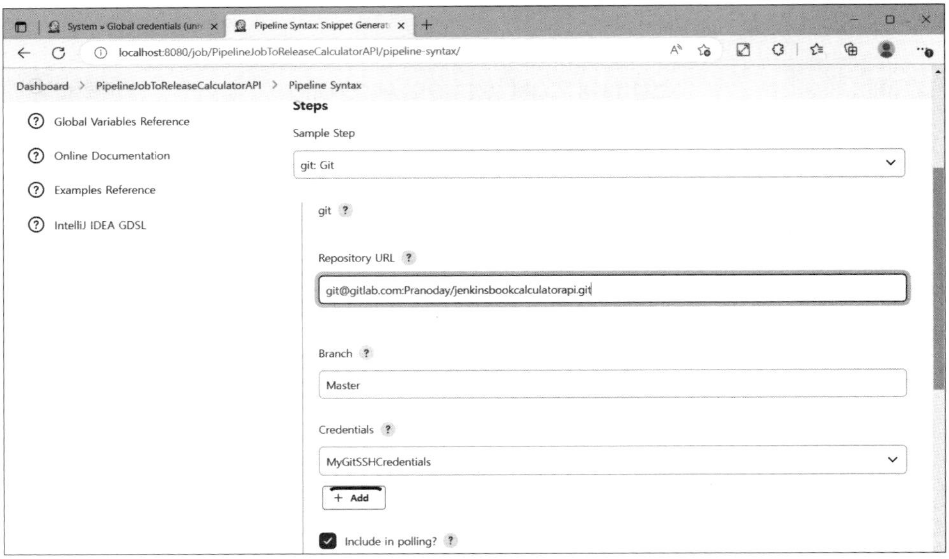

그림 14-10 스니펫 생성기에 모든 깃 리포지터리 설정값을 입력했다.

Generate Pipeline Script 버튼을 클릭한다. 그러면 입력 내용을 기반으로 파이프라인 스크립트문이 생성된다.

생성된 스크립트를 복사한 다음, 템플릿 파이프라인 스크립트를 변경하기 위해서 파이프라인 작업으로 돌아간다.

우선, 템플릿 코드에서 불필요한 부분을 삭제하고, 코드에 Stage:Checking out Code를 추가한다. 그리고 그 코드 안에 깃 스텝을 붙여 넣는다. 또한 이중 슬래시 (//)를 사용해 이 단계에 대한 주석도 추가한다. 만약 여러 줄에 걸친 주석을 달려면 /* */를 사용한다.

이 파이프라인에서 첫 번째 스테이지는 깃 스텝을 사용해 리포지터리의 마스터 브랜치에서 코드를 가져오는 것이다.

```
git branch: 'Master', credentialsId: 'MyGitSSHCredentials',
url:'git@gitlab.com:Pranoday/jenkinsbookcalculatorapi.git'
```

깃 스텝에는 branch: <브랜치_이름>, credentialsId:<자격_증명_항목의_ID>, url: <깃_리포지터리_URL>의 3개의 인자가 있다.

이제 다음 스테이지인 'Deploying the CalculatorAPI on Nexus Repository'를 추가해보자(그림 14-11).

그림 14-11 Checking out Code와 Deploying CalculatorAPI on Nexus Repository 스테이지를 코드에 추가한다.

이 스테이지에서는 메이븐의 `deploy` 골을 실행하는 배치 명령어가 필요하다. 이를 수행하는 스텝을 만들기 위해 Pipeline Syntax: Snippet Generator로 이동한다.

이번에는 목록에서 **bat: Windows Batch Script**를 선택한다. 예제에서는 Batch Script 편집 필드에 %MVN_HOME%\bin\mvn deploy를 입력했다. **Generate Pipeline Script** 버튼을 클릭하면 스크립트 스텝이 생성된다.

이 스텝을 복사한 후, 새로 추가된 스테이지 내에 붙여 넣는다. 예제에서는 파이프라인에 몇 줄을 더 추가했다. 자세한 내용은 리스트 14-1을 보자.

▼ **리스트 14-1** 파이프라인 코드

```
node
{
  def mvnHome
  stage('Checking out Code') { // for display purposes
    // Get code from a GitLab repository

    git branch: 'Master', credentialsId:
```

```
    'MyGitSSHCredentials', url: 'git@gitlab.com:Pranoday/
    jenkinsbookcalculatorapi.git'
  }

  stage('Deploying CalculatorAPI on Nexus Repository')
  {
    mvnHome = tool 'MyMaven'
    withEnv(["MVN_HOME=$mvnHome"])
    {
      bat '%MVN_HOME%\\bin\\mvn deploy'
    }
  }
}
```

- def mvnHome: 이 문장은 mvnHome이라는 변수를 정의한다.

- stage('Checking out Code'): 이 스테이지 내에 깃 스텝은 리포지터리에서 코드를 가져오는 작업을 수행한다.

- mvnHome = tool 'MyMaven': 이 문장은 mvnHome의 값으로 (Global Tools Configuration 에서 MyMaven이라는 이름으로 추가했던) 메이븐의 설치 경로를 지정한다(그림 14-12).

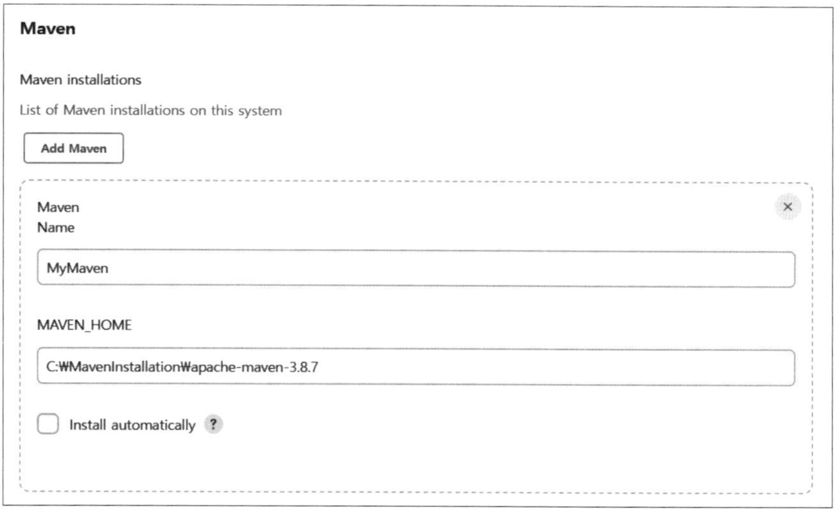

그림 14-12 Global Tools Configuration에서 생성한 메이븐 구성

따라서 mvnHome 변수에는 D:\MavenInstallation\apache-maven-3.8.7라는 값이 들어간다.

그다음 블록은 mvnHome의 값을 시스템 변수 MVN_HOME으로 설정하고 withEnv 블록 내에 bat 스텝은 이 환경 변수를 사용해서 메이븐 설치 폴더 bin에 있는 mvn deploy를 실행한다.

```
withEnv(["MVN_HOME=$mvnHome"])
  {
    bat '%MVN_HOME%\\bin\\mvn deploy'
  }
```

마지막으로, **Save** 버튼을 클릭한다.

▶▶ 파이프라인 작업 실행 및 Calculator API 릴리스

파이프라인 작업을 생성했다. 작업을 실행하고, 새로운 버전의 CalculatorAPI를 릴리스해보자. 예제에서는 새로운 코드를 추가하지 않고, TestAdditionWithPositiveNumbers() 테스트 케이스의 기대 값을 수정하는 방식으로 작업할 것이다. 앞에서는 작업 실패를 보여주기 위해 잘못된 결과 값으로 설정했었다. 오류를 고친 코드는 리스트 14-2과 같다.

▼ **리스트 14-2** 올바른 기대 값으로 수정한 TestAdditionWithPositiveNumbers() 테스트 케이스 메서드 코드

```
@Test(priority=1)
public void TestAdditionWithPositiveNumbers()
{
  System.out.println("I am in 1 st TestCase");
  Result=Obj.Addition(10,20);
  Assert.assertEquals(Result, 30,"Addition does not work with positive
numbers");
}
```

또한, 리스트 14-3처럼 pom.xml에서 API 버전 값을 7.0으로 변경했다.

▼ **리스트 14-3** 버전 값이 7.0로 변경된 pom.xml

```
<groupId>Pranodayd</groupId>
<artifactId>CalculatorAPI</artifactId>
<version>7.0</version>
```

새 로컬 브랜치에서 변경 사항을 커밋하고, 이 브랜치를 마스터 브랜치와 병합하기 위해 원격 리포지터리로 푸시한다.

이제 실행 아이콘을 클릭해 수동으로 `PipelineJobToReleaseCalculatorAPI`를 실행한다. 빌드 진행률은 페이지 왼쪽에 Build Execution Status 섹션에 표시된다.

이제 콘솔 출력을 확인해보자. 아래로 스크롤해 CalculatorAPI 7.0.jar가 성공적으로 릴리스됐는지 확인한다. 그리고 넥서스 리포지터리로 이동해 릴리스 파일이 등록됐는지도 확인한다(그림 14-13).

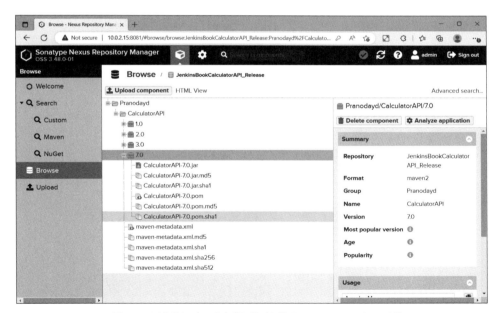

그림 14-13 넥서스 리포지터리로 릴리스된 CalculatorAPI 7.0.jar 파일

▶▶ 요약

14장에서는 젠킨스 파이프라인이 무엇이고 젠킨스 프리스타일 작업에 비해 좋은 점이 무엇인지를 설명했다. 선언형 파이프라인과 스크립트형 파이프라인에 대해서도 알아봤다. 스니펫 생성기를 사용해 파이프라인 스텝을 생성하는 방법을 배웠다. 후반부에서는 파이프라인을 생성해서 자바 API의 빌드 수명 주기 단계를 실행하고 새로운 버전을 생성해서 넥서스 리포지터리로 릴리스해봤다. 15장에서는 API 프로젝트의 E-E 빌드 수명 주기를 자동화하는 방법을 알아본다.

Chapter 15

웹 애플리케이션 프로젝트를 관리하는
젠킨스 작업 생성

14장에서는 젠킨스 작업을 사용해 자바로 개발한 API 프로젝트를 관리하는 방법을 배웠다. 프리스타일 작업과 파이프라인 작업을 생성해 원격 깃랩 리포지터리에서 최신 코드를 가져오고, 여러 단계의 빌드 수명 주기를 실행하고, TestNG로 단위 테스트를 하고, 그 결과를 .jar 파일로 패키징하고, 최종적으로 넥서스 리포지터리로 배포했다.

15장에서는 젠킨스 작업을 사용해 간단한 계산기 웹 애플리케이션(또는 애플리케이션)의 릴리스 수명 주기를 관리하는 방법을 배운다. 이 웹 애플리케이션은 메이븐으로 개발됐고, 1개의 .html 파일로 구성된다. E-E 빌드 프로세스를 구현해서 리포지터리에서 소스 가져오기, 인터넷 정보 서비스IIS, Internet Information Service 웹 서버에 배포하기, 파이썬에서 개발된 자동 E-E 테스트 수행, 셀레늄 웹드라이버Selenium WebDriver라는 UI 자동화 라이브러리를 사용하기 등을 구성한다.

계산기 웹 애플리케이션의 소스 코드

이 애플리케이션을 브라우저에 띄운 결과는 그림 15-1과 같다.

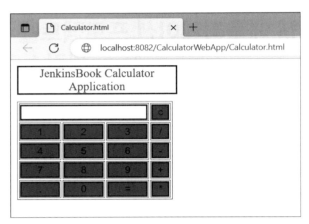

그림 15-1 브라우저에서 실행한 계산기 웹 애플리케이션

계산기 애플리케이션은 덧셈, 뺄셈, 곱셈, 나눗셈처럼 간단한 산술 연산을 수행한다. 사용자는 버튼을 사용해 애플리케이션을 조작하고, 작업 결과는 입력 컨트롤에 표시된다.

애플리케이션의 UI 인터페이스는 간단한 html 및 css로 작성하고, 로직은 자바스크립트로 작성한다. 소스 코드의 디렉터리 구조는 그림 15-2와 같다.

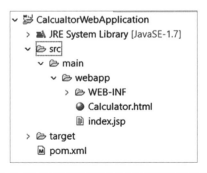

그림 15-2 계산기 웹 애플리케이션 프로젝트의 디렉터리 구조

Calculator.html 파일에는 리스트 15-1에 표시된 코드가 포함돼 있다.

▼ **리스트 15-1** 계산기 웹 애플리케이션의 Calculator.html 소스 코드 파일

```html
<html>
  <head>
    <script>
      // 결과 값 출력 함수
      function dis(val)
      {
        document.getElementById("result").value+=val
      }


      // 숫자 여부를 확인하고 반환하는 함수
      function solve()
      {
        let x = document.getElementById("result").value
        let z = eval(x)
        document.getElementById("result").value = z
      }


      // 출력 결과 값을 지우는 함수
      function clr()
      {
        document.getElementById("result").value = ""
      }
    </script>
    <!-- for styling -->
    <style>
      .title{
      margin-bottom: 10px;
      text-align:center;
      width: 210px;
      color:green;
      border: solid black 2px;
      }

      input[type="button"]
      {
```

```
        background-color:green;
        color: black;
        border: solid black 2px;
        width:100%
        }

        input[type="text"]
        {
        background-color:white;
        border: solid black 2px;
        width:100%
        }
    </style>
</head>
<!-- create table -->
<body>
    <div class = title >JenkinsBook Calculator Application</div>
    <table border="1">
      <tr>
        <td colspan="3"><input type="text" id="result"/></td>
        <!-- clr() function will call clr to clear all value -->
        <td><input type="button" value="c" onclick="clr()"/> </td>
      </tr>
      <tr>
        <!-- create button and assign value to each button -->
        <!-- dis("1") will call function dis to display value -->
        <td><input type="button" value="1" onclick="dis('1')"/> </td>
        <td><input type="button" value="2" onclick="dis('2')"/> </td>
        <td><input type="button" value="3" onclick="dis('3')"/> </td>
        <td><input type="button" value="/" onclick="dis('/')"/> </td>
      </tr>
      <tr>
        <td><input type="button" value="4" onclick="dis('4')"/> </td>
        <td><input type="button" value="5" onclick="dis('5')"/> </td>
        <td><input type="button" value="6" onclick="dis('6')"/> </td>
        <td><input type="button" value="-" onclick="dis('-')"/> </td>
      </tr>
      <tr>
        <td><input type="button" value="7" onclick="dis('7')"/> </td>
```

```
      <td><input type="button" value="8" onclick="dis('8')"/> </td>
      <td><input type="button" value="9" onclick="dis('9')"/> </td>
      <td><input type="button" value="+" onclick="dis('+')"/> </td>
    </tr>
    <tr>
      <td><input type="button" value="." onclick="dis('.')"/> </td>
      <td><input type="button" value="0" onclick="dis('0')"/> </td>
      <!-- solve function call function solve to evaluate value -->
      <td><input type="button" value="=" onclick="solve()"/> </td>
      <td><input type="button" value="*" onclick="dis('*')"/> </td>
    </tr>
  </table>
 </body>
</html>
```

▶▶ 계산기 웹 애플리케이션 구현

예제로 사용하는 계산기 웹 애플리케이션은 1개의 .HTML 파일로만 구성돼 일반적인 다른 애플리케이션처럼 컴파일이나 패키징 단계를 거칠 필요가 없다. 이는 최대한 애플리케이션을 단순하게 구현해서 젠킨스 구성을 배우는 데 집중할 수 있도록하려는 것이 목적이기 때문이다.

▶▶ 계산기 웹 애플리케이션 배포

이 애플리케이션을 배포하려면 Calculator.html 파일을 IIS 웹 서버에서 지정한 디렉터리에 복사하면 된다.

예제에서는 IIS 웹 서버에 CalculatorWebApp이라는 이름의 별칭alias를 만들어서, D:\JenkinsBookExamples\DeployedCalculatorWebApp 디렉터리를 가리키도록 설정했다.

그림 15-3처럼 가상 디렉터리 추가 창에서 별칭 구성을 추가할 수 있다.

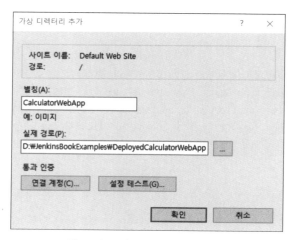

그림 15-3 IIS의 Edit Virtual Directory 창

별칭을 사용해 웹 페이지에 접속할 수 있도록, 배포 프로세스에는 웹 애플리케이션 디렉터리의 Calculator.html을 D:\JenkinsBookExamples\Deployed CalculatorWebApp으로 복사하는 스텝이 포함돼 있다.

계산기 웹 애플리케이션 접속

예제에서는 IIS 웹 서버의 8082포트에서 동작하는 기본 웹 사이트를 사용한다. 그러므로 다음 URL(http://localhost:8082/CalculatorWebApp/Calculator.html)을 사용해서 계산기 웹 애플리케이션에 접속할 수 있다.

셀레늄을 이용한 E-E 테스트 이해

E-E 테스트는 애플리케이션의 업무 절차에 따라 테스트할 수 있도록 구성한다. 정상적인 절차뿐 아니라 비정상적인 절차까지, 사용자 관점에서 모두 실행해 보면서 애

플리케이션이 올바르게 동작하는지 확인한다. 이들 절차를 통해 컴포넌트 간 기능 외에 데이터베이스, 웹 서버, 애플리케이션 서버와 같은 서드파티 소프트웨어의 기능도 테스트한다.

UI 자동화 테스트

UI 자동화 테스트는 다양한 비즈니스 시나리오에서 UI 요소 및 테스트 케이스를 사용해 자동으로 최종 사용자의 동작을 모방하는 테스트의 한 종류다. 이런 종류의 E-E 테스트를 자동으로 수행하는 제품에는 UFT, TestComplete, Ranorex 등이 있고, 셀레늄, Protractor, WebDriver IO 등 오픈 소스 기반 UI 자동화 도구도 사용할 수 있다. 15장에서는 셀레늄을 사용해서 UI 자동화 테스트를 수행한다.

UI 자동화 도구의 동작 방식

이러한 도구는 UI 상호 작용에 필요한 키 입력, 마우스 클릭, 드롭다운 메뉴를 이용한 옵션 선택 등이 포함된 라이브러리가 함께 제공된다. 또한 스크립트 언어를 사용해 UI 자동화 도구의 동작을 지시할 수도 있다. 이를 사용해 애플리케이션의 UI 컨트롤/요소와 상호 작용하려면 다음 두 가지 지침이 필요하다.

- **UI 요소 식별**: 자동화 도구가 UI 컨트롤/요소와 상호 작용을 하려면 먼저 이들 요소를 식별해야 한다. 식별 방법은 ID, 이름, 클래스 등 UI 컨트롤에 부여된 고유 속성 값을 사용한다. UI 자동화 라이브러리는 속성 값을 기반으로 UI 컨트롤을 식별하는 API 집합을 지원한다.

- **UI 요소와 상호 작용 수행**: 요소가 식별되면 자동화 도구 라이브러리에서 제공하는 API들을 사용해 키 입력, 마우스 클릭 등과 같은 동작을 수행할 수 있다.

셀레늄 웹드라이버

셀레늄 웹드라이버는 자바, C#, 자바스크립트, 파이썬 등 다양한 프로그래밍 언어로 사용할 수 있는 라이브러리를 제공하는 UI 자동화 도구다.

예제에서는 셀레늄 웹드라이버의 파이썬 라이브러리를 사용해 `CalculatorWeb Application`의 UI 테스트를 작성했다.

파이썬으로 작성된 셀레늄 테스트 이해

`TestCalculatorWebApplicationUsingSeleniumPython`은 본 예제에서 D:\Jenkins BookExamples 디렉터리에 생성한 UI 테스트다. 이 테스트 프로젝트의 주요 파일은 다음과 같다.

EnvVars.csv

이 파일은 자동화 테스트 프로젝트 디렉터리 내에 있으며, 경로 정보 및 애플리케이션 URL 같은 환경 변수 설정값이 들어 있다. 또한 셀레늄 도구들이 크롬 브라우저를 실행하는 데 사용하는 chromedriver.exe의 경로도 들어 있다. chromedriver.exe는 프로젝트 디렉터리의 Drivers 폴더에 있다. EnvVars.cvs에는 웹 애플리케이션 URL 외에도 ObjectRepositories 폴더의 경로도 들어 있다. 이 값은 사용자의 환경에 맞도록 수정해서 사용한다.

CalculatorPage.csv

이 파일은 프로젝트 디렉터리의 ObjectRepositories 폴더에 있다. 이 파일에는 UI 테스트에서 상호 작용하는 요소들을 식별하는 데이터가 모두 포함돼 있다.

AutomationFramework 패키지

이 패키지에는 EnvVars.csv에서 환경 변수를 읽고, CalculatorPage.csv에서 식별 데이터를 읽으며, 애플리케이션의 브라우저 및 UI 요소와 상호 작용하는 등의 기능을 수행하는 자동화 프레임워크 코드가 포함돼 있다.

Utils.py에는 EnvVars.csv를 읽는 InitializeEnvVars()라는 함수가 있다(리스트 15-2). 만약 사용자의 프로젝트 위치가 D:\JenkinsBookExamples 폴더가 아니라면 다음과 같이 설정된 경로를 상황에 맞게 수정해야 한다.

D:\\JenkinsBookExamples\\TestCalculatorWebApplicationUsingSeleniumPython\\EnvVars.csv

▼ 리스트 15-2 Utils.py 파일의 InitializeEnvVars 함수

```
@classmethod
def InitialiseEnvVars(cls):
  #Opening a csv file in Readmode using open function
  with open('D:\\JenkinsBookExamples\\TestCalculator
  WebApplicationUsingSeleniumPython\\EnvVars.csv') as
  csv_file:
    csv_reader=csv.reader(csv_file,delimiter=',')
    #Using this for loop we are reading the contents
    of EnvVars file row by row
    for row in csv_reader:
      #for the 1st iteraation of loop:row=Chrome
      DriverPath,D:\\XoriantPythonSeleniumPostman
      Training\\Drivers\\chromedriver.exe
      #row(ChromeDriverPath,D:\\XoriantPythonSelenium
      PostmanTraining\\Drivers\\chromedriver.exe)
      Utils.EnvVars[row[0]]=row[1]
```

CalculatorWebApp_Pages 패키지

이 패키지에는 BasePage 클래스를 구현한 BasePage.py 파일과 CalculatorPage 클래스를 구현한 CalculatorPage.py 파일이 들어 있다.

CalculatorPage 클래스에는 계산기 웹 애플리케이션의 다양한 기능을 구현하고 자동화하는 DoAddition()과 DoSubtraction() 같은 기능이 들어 있다.

CalculatorWebApp_TestCases 패키지

이 패키지에는 계산기 웹 애플리케이션의 여러 테스트 케이스를 구현한 파이썬 파일이 들어 있다. 테스트할 기능은 별도의 테스트 케이스 파일로 구현된다. test_AdditionFunctionality.py 파일에는 웹 애플리케이션의 추가 기능을 시험하기 위한 테스트 케이스가 있다.

테스트 케이스들은 테스트 범위에 따라 RegressionTest, SmokeTest처럼 그룹별로 구분된다.

> **NOTE**
>
> 스모크 테스트(smoke test)는 테스터가 개발자로부터 받은 새 빌드가 정식 테스트를 수행하기에 적합한 상태인지 확인하고자 수행하는 최소한의 테스트다.
> 회귀 테스트(regression test)는 애플리케이션의 기존 기능이 새롭게 구현된 기능으로 인한 부정적인 영향(문제)을 받았는지 확인하기 위한 테스트다.

테스트 케이스 실행에 필요한 소프트웨어 설정

- **파이썬**: 파이썬 실행 환경이 설치돼야 하고, 파이썬을 실행하는 데 필요한 PATH 환경 변수도 추가돼야 한다.

- **pip**: pip는 파이썬 패키지 관리자이며, pip 레지스트리에서 파이썬 패키지를 가져와 설치한다. pip 레지스트리는 파이썬 패키지를 제공하는 패키지 레지스트리다. 자바의 mvnrepository.com과 같은 기능을 한다. 파이썬 셀레늄 라이브러리를 설치하려면 pip도 필요하다. pip도 PATH 환경 변수에 등록돼 있어야 한다. pip는 파이썬 설치 디렉터리 내에 Scripts 폴더에 설치된다.

그림 15-4를 보면 파이썬과 pip 모두 PATH 환경 변수에 추가된 것을 알 수 있다.

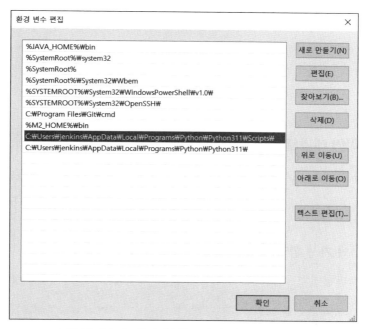

그림 15-4 PATH 환경 변수를 보여주는 환경 변수 편집 창

- **크롬 브라우저**: PC에 크롬 브라우저가 설치돼 있어야 한다.

- **크롬 드라이버**: 크롬 드라이버는 크롬 브라우저용 셀레늄 웹드라이버로서, 셀레늄의 API 호출을 크롬의 네이티브 UI 자동화 API로 변환하고, 크롬에서 실행되는 애플리케이션이 수행하는 UI 동작을 가져오는 역할을 한다. 다음 링크(https://chromedriver.chromium.org/downloads)에서 크롬과 호환되는 버전의 크롬 드라이버를 다운로드할 수 있다.

- **셀레늄 웹드라이버 파이썬 라이브러리**: 터미널에서 다음 명령을 실행해 셀레늄 파이썬 라이브러리를 설치할 수 있다.

```
pip install selenium
```

- **파이테스트(단위 테스트 프레임워크)**: 파이테스트[Pytest]는 셀레늄 테스트 케이스를 실행하고, 실행 결과를 HTML 형태의 보고서로 생성한다.

파이테스트는 터미널에서 다음 명령을 실행해서 설치할 수 있다.

```
pip install pytest
```

셀레늄 파이썬 테스트 실행

1단계: TestCalculatorWebApplicationUsingSeleniumPython 디렉터리로 이동

명령 프롬프트를 열고 cd 명령을 사용해 자동화 프로젝트 디렉터리로 이동한다.

2단계: 파이썬 가상 환경 생성과 활성화

다음 명령으로 파이썬 가상 환경을 만드는 virtualenv 파이썬 패키지를 설치한다.

```
pip install virtualenv
```

파이썬 가상 환경은 시스템 전체가 아니라 프로젝트에 한정된 환경을 생성할 수 있도록 한다.

가상 환경을 사용하면 시스템 전체를 대상으로 하는 파이썬 라이브러리를 이용하는 다른 프로젝트에 영향을 받지 않으면서도 셀레늄 라이브러리와 파이테스트, 기타 필수 라이브러리를 설치할 수 있다.

또한, 다른 시스템에서 자동화 테스트를 수행할 때 파이썬 라이브러리를 옮길 필요도 없다. 리포지터리에서 자동화 코드를 가져오면 젠킨스 작업에서 가상 환경 생성 명령을 실행한 후, 수동 개입 없이 필요한 라이브러리의 설치와 테스트 호출을 할 수 있다.

가상 환경을 생성하는 명령은 다음과 같다.

```
virtualenv <가상_환경의_이름>
```

예제에서는 'TestCalculatorWebApplication'이라는 이름의 가상 환경을 생성하고자 다음 명령을 실행했다.

```
virtualenv TestCalculatorWebApplication
```

그러면 TestCalculatorWebApplication이라는 디렉터리가 생성되며, 다음 명령으로 생성된 가상 환경을 활성화할 수 있다.

```
TestCalculatorWebApplication\Scripts\activate
```

3단계: 필수 파이썬 패키지 설치하기

pip 명령을 사용해 이 가상 환경에 파이테스트와 파이썬 셀레늄 라이브러리, pytest-html(HTML 보고서 생성기)을 설치해보자.

```
pip install pytest
```

이 pip 명령을 실행하려면 다음 디렉터리에 있어야 한다.

```
TestCalculatorWebApplicationUsingSeleniumPython
```

다음 명령을 사용해 동일한 디렉터리에서 파이썬 셀레늄 라이브러리를 설치한다.

```
pip install selenium
```

다음 명령을 사용해 동일한 디렉터리에서 pytest-html 보고서를 설치한다.

```
pip install pytest-html
```

설치가 끝나면 다음 명령으로 테스트를 실행한다.

```
pytest --html=TestsResult.html
```

이 명령은 "test_"로 시작하는 모든 파이썬 파일에서 "test"로 시작하는 함수들을 실행한다. 그리고 현재 디렉터리 내에 TestsResult.html에 실행 보고서를 생성한다.

테스트가 실행되면 먼저 브라우저의 캐시를 삭제한다. 그런 다음 그림 15-1처럼 브라우저를 열고 계산기 웹 애플리케이션과 상호 작용하며 테스트를 수행한다. TestsResult.html 파일을 열어서 결과를 살펴보자.

▶▶ 웹 애플리케이션 및 자동화 테스트 프로젝트를 깃허브 리포지터리로 푸시

앞에서 깃랩 리포지터리로 작업하는 방법을 배웠다. 이번에는 깃허브 리포지터리로 작업하는 방법을 알아보자. 깃랩 리포지터리로 작업하는 동안 배운 명령과 개념은 깃허브에서도 동일하다.

깃허브(github.com) 서비스는 깃랩(gitlab.com)처럼 웹 기반 원격 리포지터리를 제공한다.

1단계: 깃허브 가입

깃허브 계정이 없다면 서비스에 가입해 계정을 생성해야 한다.

다음 링크(https://github.com/)로 이동해 가입한다. 사용자 이름, 비밀번호, 기타 정보를 입력하면 간단하게 가입을 할 수 있다.

2단계: 새 리포지터리 생성

자격 증명을 사용해 깃허브 계정에 로그인하고, 대시보드 페이지로 이동한다. 왼쪽 위에 있는 + 기호를 클릭하고, 그림 15-5처럼 **New repository** 메뉴를 선택한다.

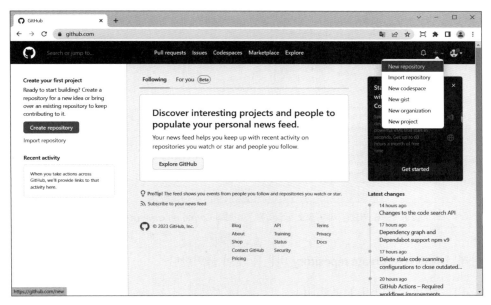

그림 15-5 깃허브 대시보드의 New repository 메뉴 옵션

Create a new repository^{새 리포지터리 생성} 페이지가 나타난다. Repository name 필드에 리포지터리 이름을 입력한다. 그림 15-6처럼 **Private** 항목을 선택해 깃허브 리포지터리를 비공개로 설정한다.

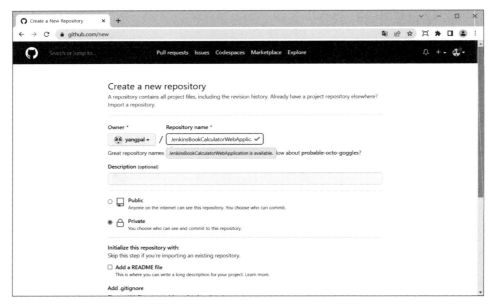

그림 15-6 필요한 세부 정보가 입력된 깃허브의 Create a new repository 페이지

아래로 내려가서 **Create repository** 버튼을 찾아 클릭한다.

그러면 빈 리포지터리가 생성된다.

3단계: 깃허브 리포지터리용 SSH 키 쌍 생성

ssh-keygen 명령으로 SSH 키 쌍^{key pair}을 생성한다. SSH 키 쌍을 만드는 자세한 방법은 13장을 참고한다.

4단계: $(user.name)\.ssh\config 파일에 SSH 개인 키 파일 경로 넣기

이전에 깃랩 개인 키 경로를 포함시켰던 $(user.name)\.ssh\ 내의 config 파일에 개인 키 파일 경로를 포함시켜야 한다. 그림 15-7에 강조된 부분을 참고한다.

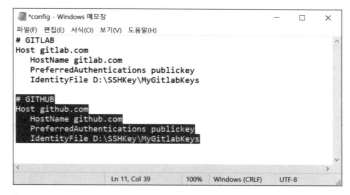

그림 15-7 깃허브 개인 키 파일 경로를 추가한 후의 $(user.name)/.ssh/config 파일

5단계: 깃허브 리포지터리에 SSH 공개 키 추가

github.com의 오른쪽 위의 아이콘 아이콘을 클릭하고, 그림 15-8처럼 **Settings**^{설정}
메뉴를 선택한다.

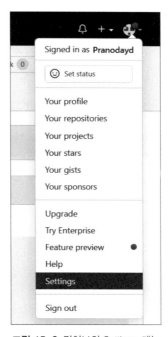

그림 15-8 깃허브의 Settings 메뉴

설정 페이지의 왼쪽 메뉴에서 **SSH and GPG keys** 메뉴를 클릭한다(그림 15-9).

그림 15-9 깃허브의 설정 페이지

그러면 SSH 키와 GPG 키 페이지가 나타난다. SSH keys 섹션에서 **New SSH key** 버튼을 클릭하면 그림 15-10과 같은 페이지가 나타난다.

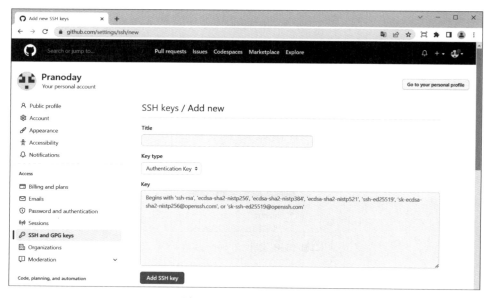

그림 15-10 공개 키 추가 페이지

Key 필드에 공개 키를 붙여넣고, **Add SSH key** 버튼을 클릭한다.

6단계: 계산기 웹 애플리케이션을 로컬 리포지터리의 마스터 브랜치에 커밋

명령 프롬프트에서 cd 명령으로 프로젝트 디렉터리로 이동하고, `git init` 명령을 사용해 깃 리포지터리를 생성한다.

이어서 `git add` 명령을 사용해 현재 디렉터리 전체를 스테이징 영역에 추가한다.

다음 명령을 사용해 프로젝트를 로컬 리포지터리의 마스터 브랜치로 커밋한다.

```
git commit --m "<커밋_메시지>"
```

예제에서는 다음과 같이 메시지를 작성하고, 커밋을 수행했다.

```
git commit --m "Committing CalculatorWebApp project"
```

브랜치를 지정하지 않으면 기본적으로 마스터 브랜치에 커밋된다.

7단계: 마스터 브랜치를 원격 리포지터리로 푸시

git push <리포지터리의_SSH_URL> 명령을 실행한다. 여기서 리포지터리의 SSH URL을 모른다면 github.com의 리포지터리 페이지로 이동해 **Code** 메뉴에서 해당 리포지터리의 SSH URL을 찾아 복사한다.

이제 명령 프롬프트로 돌아가서 git push <리포지터리의_SSH_URL> 명령을 실행하자. 예제의 경우 주소는 다음과 같다.

```
git push git@github.com:dpranoday/JenkinsBookCalculatorWebApplication.git master
```

키에 해당하는 암호문이 있다면 입력한다. 문제가 없다면 코드 푸시가 진행된다.

이제 깃허브의 리포지터리로 이동해 페이지를 새로 고침하고, 코드가 성공적으로 푸시됐는지 확인한다.

> **NOTE**
>
> 만약 (user.name)\.ssh\config 파일에 깃허브 개인 키 파일 경로를 입력한 이후, SSH로 git push 를 할 때 오류(권한 거부 등)가 발생한다면 (user.name)\.gitconfig로 이동해서 [core] sshCommand = ssh -i $HOME/.config/ssh/id_rsa -F /dev/null 문이 있는지 확인하고, 있다면 삭제한다. 이때 -i 이후의 경로는 사용자마다 다를 수도 있다.

▶▶ 셀레늄 파이썬 자동 프로젝트를 깃허브로 푸시

WebApplication 프로젝트와 동일한 프로세스에 따라 새로운 비공개 리포지터리를 생성하고 자동화 프로젝트를 푸시해보자.

예제에서는 `TestWebApplicationWithSeleniumPythonTests`라는 리포지터리를 생성하고 자동화 프로젝트를 푸시했다.

▶▶ 매개변수형 자동 실행 프리스타일 젠킨스 작업 생성

이번 절에서는 다음 두 가지 매개변수형 프리스타일 작업을 생성한다.

- `BuildAndDeployCalculatorWebApplication`(업스트림 작업)

  - 이 작업은 변경 사항이 `JenkinsBookCalculatorWebApplication` 리포지터리의 마스터 브랜치로 푸시될 때 실행된다.

  - 최신 변경 사항을 가져와서 웹 애플리케이션을 배포하기 위해 Calculator. html을 IIS 웹 서버로 복사한다. 이어서 어떤 UI 테스트를 실행할지를 정의하는 매개변수를 사용해서 `TestCalculatorWebApplication` 작업을 호출한다.

- TestCalculatorWebApplication(다운스트림 작업)
    - 이 작업은 BuildAndDeployCalculatorWebApplication이라는 첫 번째 작업에서 호출된다.
    - 그러면 TestWebApplicationWithSeleniumTests라는 깃허브 리포지터리의 마스터 브랜치에서 최신 자동화 코드를 가져오고, 업스트림 작업에서 받은 값을 기반으로 셀레늄 테스트의 해당 그룹을 실행하고, 테스트 실행 보고서 .HTML 파일을 이메일로 보낸다.

1단계: Parameterized Trigger 플러그인 설치

매개변수 값을 한 작업에서 다른 작업으로 보내는 기능이 필요하다면 Parameterized Trigger 플러그인을 설치해야 한다. 참고로 이 플러그인을 설치하기 전에는 종속성이 있는 Maven Integration 플러그인을 먼저 설치해야 한다.

2단계: BuildAndDeployCalculatorWebApplication 작업 생성

예제에서는 첫 번째 프리스타일 작업의 이름(예, BuildAndDeployCalculatorWebApplication)을 입력하고 OK 버튼을 클릭한다.

이 작업은 매개변수형 작업이므로 This project is parameterized 체크박스를 선택한다.

이 작업은 Calculator.html 파일을 IIS 웹 서버에서 CalculatorWebApp이란 별칭으로 설정된 폴더에 복사한다. 폴더 경로를 하드코딩하지 않고 이렇게 별칭을 사용하면, 나중에 경로를 변경하는 경우가 생겨도 빌드 스텝을 수정할 필요가 없다.

매개변수를 생성하려면 Add Parameter 버튼을 클릭한다.

디렉터리 경로를 저장하려면 String Parameter^{문자열 매개변수}가 필요하다.

String Parameter 옵션을 클릭하고, 상세 내용을 입력한다.

예제에서는 Name 필드에는 `CalculatorWebApplicationDeploymentDirectory`를, Default Value^{기본값} 필드에는 D:\JenkinsBookExamples\DeployedCalculator WebApp를 입력했다.

만약 디렉터리를 변경하고 싶다면 Default Value 필드에 변경된 값을 입력해야 한다.

그리고 이번 작업에는 RegressionTest^{회귀 테스트}, SmokeTest^{스모크 테스트}, AllTests^{전체 테스트} 라는 3개의 값을 갖는 `TypeOfTestsToRun`라는 매개변수가 필요하다. 이 변수에서 선택한 값에 따라, 정해진 테스트 집합을 실행하라고 다운스트림 작업에 요청할 것이다. 이 값들 중 기본값은 AllTests다. RegressionTest 또는 SmokeTest만 실행하려면 해당 값을 선택하도록 한다.

이제 String parameter를 만드는 것과 같은 방식으로 Choice parameter를 만들어 보자.

이번에는 **Add Parameter** 드롭다운에서 **Choice Parameter**를 선택해야 한다.

그리고 Name 필드에는 TypeOfTestsToRun을, Choices 필드에는 그림 15-11에 보듯 3개의 옵션을 입력했다. 이때 AllTests 옵션이 기본값이므로 첫 번째 줄에 입력한다.

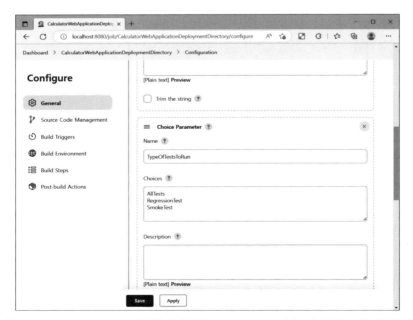

그림 15-11 TypeOfTestsToRun 선택형 매개변수(Choice Parameter)에 3개의 변수 값을 설정한 화면

아래로 스크롤해 깃 라디오 버튼을 선택하고, JenkinsBookCalculatorWebApplica
tion 깃허브 레지스트리의 SSH URL을 입력한다. 그리고 Credentials 드롭다운에서
깃허브용으로 생성한 SSH 자격 증명 항목을 선택한다. Branch 필드는 master 값을
유지한다.

이제 아래로 스크롤해 **Poll SCM** 체크박스를 선택하고, Schedule 필드의 값으로 H/5
* * * * 를 입력한다.

다시 아래로 스크롤해 빌드 스텝을 추가한다. **Add build step** 버튼을 클릭하고
Execute Windows batch command 옵션을 선택한다.

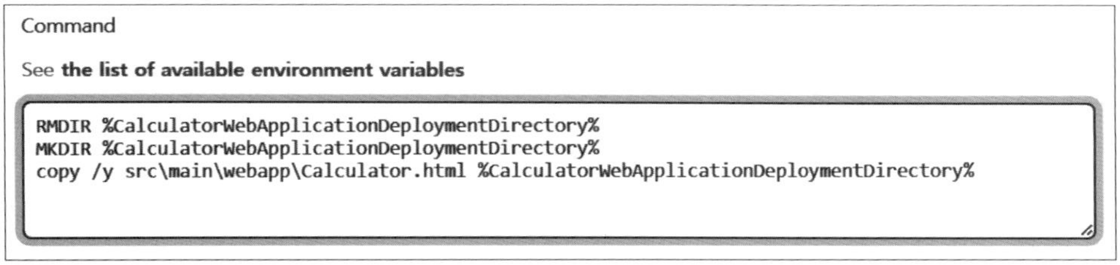

```
Command
See the list of available environment variables

RMDIR %CalculatorWebApplicationDeploymentDirectory%
MKDIR %CalculatorWebApplicationDeploymentDirectory%
copy /y src\main\webapp\Calculator.html %CalculatorWebApplicationDeploymentDirectory%
```

그림 15-12 계산기 웹 애플리케이션을 배포하는 배치 명령

예제에서는 그림 15-12처럼 Command 필드에 3개의 윈도우 배치 명령을 입력했다.

- 첫 번째 명령은 기존 디렉터리를 제거한다.

- 두 번째 명령은 새 디렉터리를 생성한다.

- 세 번째 명령은 src\main\webapp에서 Calculator.html 파일을 새로 만든 디
  렉터리로 복사한다.

14장에서 살펴본 바와 같이 SCM 설정을 해둔 젠킨스 작업을 실행하면 원격 리포지
터리가 워크스페이스 디렉터리로 복제되고, 작업 디렉터리로 설정된다. 그러므로 세
번째 명령에서는 상대 경로를 사용해 Calculator.html에 접속해야 한다.

참고로, `CalculatorWebApplicationDeploymentDirectory` 매개변수의 값을 얻으려면
변수명을 모두 **%%** 기호로 둘러싸야 한다.

이어서 다운스트림 작업을 호출하는 포스트-빌드 스텝을 추가해보자. **Add post-build action** 버튼을 클릭하고, **Trigger parameterized build on other projects**^{다른 프로젝트의 매개변수}^{형 빌드 실행} 옵션을 선택한다.

Projects to build 필드에 다운스트림 작업의 이름을 추가한다. 아직 다운스트림 프로젝트를 생성하지 않았기 때문에 이 필드에서 오류가 발생하겠지만, 일단은 무시하도록 한다.

빌드의 안정성과 관계없이 빌드가 성공한 경우라면 테스트를 실행하기 위해 Trigger when build is 필드에서 **Stable or unstable but not failed** 값을 선택한다.

이제 Parameterized job에서 값으로 사용할 매개변수를 추가한다.

Add Parameters 버튼을 클릭하고, **Predefined parameters** 옵션을 선택한다. 그러면 Predefined parameters 섹션이 나타난다.

예제에서는 Choice parameter에서 선택 시 사용될 값으로 `TestType=$(TypeOfTests ToRun)`이라는 변수를 생성해 다운스트림 작업에 전달한다.

3단계: TestCalculatorWebApplication 작업 생성

대시보드에서 두 번째 프리스타일 작업의 이름(예, TestCalculatorWebApplication)을 입력하고 **OK** 버튼을 클릭한다. 이 작업도 역시 매개변수형 작업이므로 **This project is Parameterized** 체크박스를 선택한다.

Add Parameter 버튼을 클릭하고, **String Parameter** 옵션을 선택한다.

매개변수 이름에 TestType을 입력한다. 이 값은 업스트림 작업으로 전송할 때 설정할 매개변수와 같은 이름이어야 한다. Default Value 필드에는 **AllTests**를 입력한다.

아래로 스크롤해 **Git 라디오** 버튼을 선택하고, TestWebApplicationWIthSeleniumPythonTest 깃허브 레지스트리의 **SSH URL**을 입력한다. 그리고 **Credentials** 드롭다운에서 깃허브용으로 생성한 SSH 자격 증명 항목을 선택한다. Branch 필드는 master 값을 유지한다.

SCM 리포지터리를 사용하지만, 이번에는 마스터 브랜치로 병합이 발생해도 작업을 시작하지 않을 것이므로 Poll SCM 체크박스는 선택하지 않는다. 이 작업은 업스트림 작업에서 호출될 것이다.

다시 아래로 스크롤해 빌드 스텝을 추가한다. **Add build step** 버튼을 클릭하고 **Execute Windows batch command** 옵션을 선택한다.

예제에서는 위 과정을 7번 반복한다.

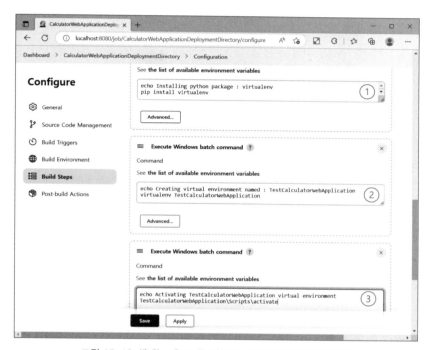

그림 15-13 셀레늄 테스트를 실행하는 데 필요한 3개의 명령문

그림 15-13에 ①로 표시된 첫 번째 배치 명령은 virtualenv 파이썬 패키지를 설치한다.

②로 표시된 두 번째 배치 명령은 TestCalculatorWebApplication이라는 이름의 가상 환경을 생성한다.

③으로 표시된 세 번째 배치 명령은 앞에서 생성한 가상 환경을 활성화한다.

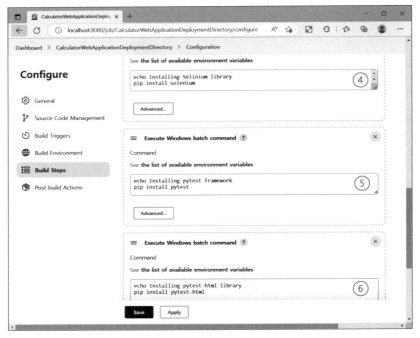

그림 15-14 셀레늄 테스트를 실행하는 데 필요한 그다음 3개의 명령문

그림 15-14에 ④로 표시된 네 번째 배치 명령은 selenium 파이썬 라이브러리를 설치한다.

⑤로 표시된 다섯 번째 배치 명령은 pytest 프레임워크 라이브러리를 설치한다.

⑥으로 표시된 여섯 번째 배치 명령은 pytest-html 라이브러리를 설치한다.

그림 15-15에 표시된 일곱 번째 배치 명령은 TestType 변수의 값을 확인한다. 값이 AllTests이면 모든 테스트를 수행하고 결과를 AllTests.html 파일에 저장한다. 값이 AllTests가 아니면 pytest -m 명령을 사용해 테스트를 실행하고, 결과를 해당 이름의 파일에 저장한다.

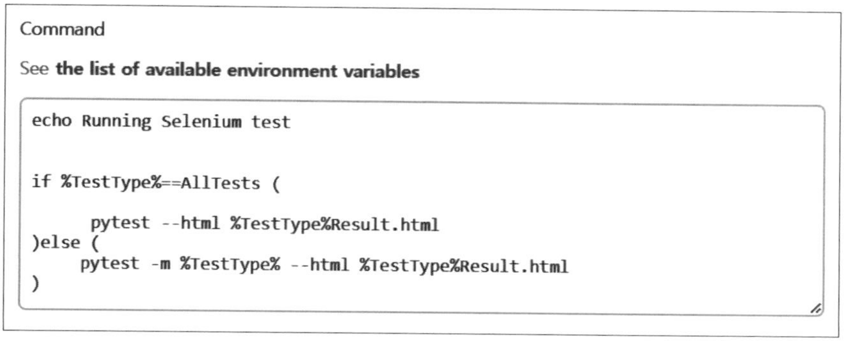

```
Command

See the list of available environment variables

echo Running Selenium test

if %TestType%==AllTests (

      pytest --html %TestType%Result.html
)else (
      pytest -m %TestType% --html %TestType%Result.html
)
```

그림 15-15 다양한 셀레늄 테스트 모음을 실행하는 배치 코드

NOTE

if 문과 else 문 뒤에 있는 괄호 시작 부호인 (는 if나 else 문과 같은 줄에 있어야 한다. 또한 조건문과
(사이에는 반드시 빈칸이 1개 있어야 한다. 그러나 if 블록의)와 else 단어 사이에는 빈칸이 없어야
한다.

마지막으로, **Save** 버튼을 클릭한다.

▶▶ 확장 이메일 알림 기능 구성

이번 절에서는 이메일로 셀레늄 E-E 테스트의 실행 결과를 보내는 방법을 알아본다.
13장에서는 Mailer 플러그인에서 제공하는 기본 이메일을 설정해 이메일 알림을 보
내도록 젠킨스를 구성하는 방법을 배웠다. 그러나 Mailer 플러그인에서는 사용자 지
정 이메일 메시지를 보내거나 첨부 파일을 보낼 수는 없다. 파일 첨부 이메일이나 사
용자 지정 이메일 메시지를 보내려면 Email Extension 플러그인을 설치하고, 확장
이메일 알림 설정을 해야 한다.

1단계: 이메일 확장 플러그인 설치

젠킨스에 Email Extension 플러그인을 설치해야 한다. 플러그인 설치 방법에 대해
서는 5장을 참고한다.

2단계: 확장 이메일 설정

Manage Jenkins > Configure System 메뉴를 클릭한다. Extended E-mail Notification 섹션이 나올 때까지 아래로 스크롤한다. 참고로, 이 옵션은 Email Extension 플러그인이 설치된 경우에만 나타난다.

13장에서 기본 이메일 알림을 구성한 것과 같은 방법으로 지메일(또는 메일호그 또는 자체 메일 서버 등)을 설정한다(그림 15-16).

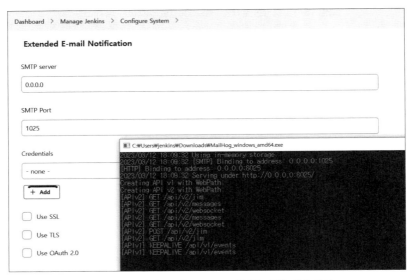

그림 15-16 메일호그를 SMTP로 사용하는 경우 설정 예시

이 섹션에서 자주 사용하는 설정을 살펴보자. Default Recipients 필드에는 이메일 알림을 받아야 하는 기본 이메일 ID 목록을 구성한다. 예제에서는 내 이메일 ID를 2개 추가했다. Default Recipients기본 수신자 목록에 포함된 이메일 ID 중에서 제외하고 싶은 수신자가 있다면 Excluded Recipients제외 수신자 목록에 이메일 ID를 추가하면 된다.

Default Subject^{기본 제목} 필드에는 젠킨스의 환경 변수를 입력할 수 있다. 예를 들어, `$PROJECT_NAME`(작업명), `$BUILD_NUMBER`(현재 실행되는 작업의 빌드 번호), `$BUILD_STATUS`(빌드 성공 또는 실패) 등이 있다.

Default Content^{기본 내용} 필드에는 이메일의 기본 메시지를 작성한다.

Save 버튼을 클릭한다.

> NOTE
>
> 이 섹션에서 구성하는 설정은 전역 설정이므로 이메일 알림이 있는 모든 작업에 적용된다. 따라서 개별 젠킨스 작업에서 애플리케이션 작업별 세부 설정을 구성하지 않아야 한다.

3단계: TestCalculatorWebApplication 작업의 Post-Build 섹션에서 Email Notification 스텝 추가

TestCalculatorWebApplication 작업에서 **Configure** 메뉴를 클릭해 작업 설정 페이지로 이동한다.

Post-build Actions 섹션이 나올 때까지 아래로 스크롤한다(그림 15-17). **Add post-build action** 버튼을 클릭하고, **Editable Email Notification**^{편집 가능 이메일 알림}을 선택한다.

여기에서는 작업의 어떤 세부 정보를 이메일로 송신할 것인지를 구성할 수 있다.

예제에서는 Project Recipient List 필드에 내 이메일 ID를 입력해서 이 작업으로부터의 알림을 받도록 구성했다. 참고로, 이곳에 입력한 이메일 ID 목록은 앞에서 구성한 전역 Default Recipient 값을 덮어쓰게 된다.

Default Subject^{기본 제목} 필드에는 기본 제목 설정(`$DEFAULT_SUBJECT`) 앞에 **Calculator Web Application**을 입력한다.

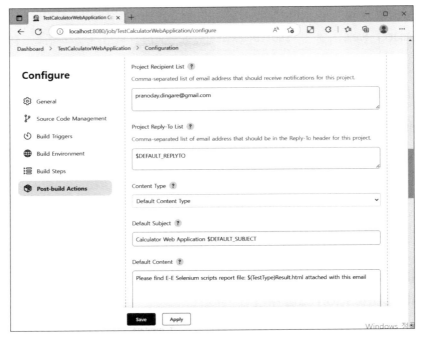

그림 15-17 사용자 정의된 값이 입력된 Project Recipient List와 Default Subject, Default Content 필드

Default Content 필드도 사용해 이메일 본문에 메시지가 표시되도록 설정했다. Default Content 필드에는 **Please find E-E Selenium scripts report file: $(TestType) Result.html attached with this email**이라는 내용을 입력한다.

참고로, 이메일 본문에 표시되는 메시지를 가져오기 위한 매개변수로는 **${TestType}** 를 사용한다.

Attachments 필드에는 이메일 첨부로 보낼 파일의 경로를 지정해야 한다. 이 경로는 워크스페이스 디렉터리를 기준으로 상대 경로여야 한다. 예제에서는 Attachments 필드에 ****/$(TestType)Result.html**을 입력했다.

그리고 다음 패턴을 사용해 셀레늄의 테스트 실행 결과 보고서 HTML 파일을 추가 했다.

패턴 중 **/는 현재 디렉터리(워크스페이스 디렉터리)와 하위 디렉터리에서 파일을 찾겠다는 의미다. 결과 파일의 이름에는 하드코딩한 이름 대신 **TestType** 매개변수가 들어간다.

마지막으로, **Advanced Settings** 버튼을 클릭하면 나타나는 Triggers 섹션에서 **Add Trigger** 버튼을 클릭해 이메일 알림 트리거를 구성한다. 작업 성공이나 실패에 관계없이 이메일 알림을 보내려면 **Always**^{항상} 옵션을 선택한다.

그런 다음, **Save** 버튼을 클릭한다.

▶▶ 매개변수형 프리스타일 작업 수동 실행

대시보드로 이동해 BuildAndDeployCalculatorWebApplication에서 실행 아이콘을 클릭해서 실행한다.

그러면 드롭다운에서 매개변수 값을 선택하는 작업 페이지로 이동하게 된다.

작업은 사용자가 매개변수 값을 입력할 때까지 대기한다. TypeOffTestsToRun 드롭다운에서 **RegressionTest**를 선택한다. **Build** 버튼을 클릭하면 작업이 실행된다.

작업이 완료되면 다운스트림 작업을 시작한다. 이제 UI 자동 테스트를 실행한다. 다운스트림 작업이 완료되면 이메일 알림을 보낸다.

이메일을 클릭해 열어보면 첨부된 RegressionTestResult.html이 표시된다.

▶▶ 매개변수형 프리스타일 작업 자동 실행

Calculator.html의 코드를 일부 변경하고 깃허브 마스터 브랜치로 푸시하면 업스트림 작업 및 다운스트림 작업이 자동으로 시작되는지를 확인해보자.

예제에서는 제목 색상을 기존의 녹색에서 빨간색으로 변경해봤다. 수정된 부분은 그림 15-18에서 확인할 수 있다.

그림 15-18 Calculator.html에서 제목 색상을 변경하는 부분

버튼 배경색도 기존의 녹색에서 빨간색으로 변경했다. 그림 15-19의 반전된 부분이 이에 해당한다.

그림 15-19 Calculator.html에서 버튼 배경색을 변경하는 부분

로컬 리포지터리의 마스터 브랜치에 변경 사항을 커밋하고, 원격 깃허브 리포지터리의 마스터 브랜치로 푸시한다.

원격 리포지터리로 코드가 푸시되면 기본값으로 업스트림 작업이 시작된다.

그리고 업스트림 작업이 끝나면 다운스트림 작업이 시작된다.

이어서 업데이트된 애플리케이션에 대한 UITests가 실행된다. 제목의 전경색과 버튼의 배경색이 그림 15-20처럼 빨간색으로 변경된 것을 볼 수 있다.

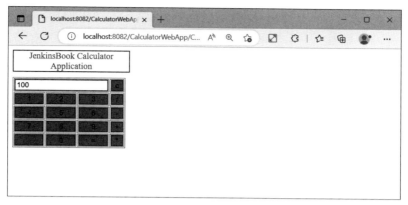

그림 15-20 셀레늄 테스트가 실행한 계산기 웹 애플리케이션의 업데이트 버전

다운스트림 작업이 완료되면 AllTestsResult.html 파일이 첨부된 이메일을 받게 된다.

▶▶ 매개변수형 파이프라인 작업 생성

이번 절에서는 매개변수형 파이프라인 작업을 빌드하는 방법을 설명한다. 여기서는 다음 두 가지 매개변수형 파이프라인 작업을 생성한다.

- BuildAndDeployCalculatorWebApplicationPipeline(업스트림 작업): 이 파이프라인 작업은 JenkinsBookCalculatorWebApplication 리포지터리의 마스터 브랜치에서 변경 사항을 푸시할 때 시작된다.

  최신 변경 사항을 가져오고 IIS 웹 서버에서 Calculator.html을 복사해 최신 웹 애플리케이션으로 배포한 후, 다른 매개변수형 파이프라인 작업인 TestCalculatorWebApplicationPipeline를 호출하고 인수를 받아 실행하게 될 테스트 단으로 보낸다.

- TestCalculatorWebApplicationPipeline(다운스트림 작업): 이 파이프라인 작업은 앞의 BuildAndDeployCalculatorWebApplicationPipeline 작업에 의해 호출된다. TestWebApplicationWithSeleniumTests라는 이름의 깃허브 리포지터리의 마스

터 브랜치에서 최신 자동 코드를 가져오고, 업스트림 작업에서 전달받은 값으로 셀레늄 테스트를 수행하고, 테스트 실행 결과 보고서 .HTML 파일을 수신자들에게 보낸다.

▶▶ 계산기 웹 애플리케이션 매개변수형 파이프라인 작업의 빌드 생성과 배포

젠킨스에서 대시보드로 이동하고, **New Item** 메뉴를 클릭한다.

작업 이름에 `BuildAndDeployCalculatorWebApplicationPipeline`를 입력하고, **Pipeline** 옵션을 선택한다. **OK** 버튼을 클릭한다.

This project is parameterized 체크박스를 선택하고, 2개의 매개변수를 생성한다. 하나는 Calculator.html 파일이 복사될 디렉터리 경로를 갖는 String parameter이고, 다른 하나는 애플리케이션이 배포된 후 실행돼야 할 셀레늄 테스트 그룹을 정의하는 Choice parameter다.

Poll SCM 체크박스를 선택하고, 14장에서처럼 프리스타일 작업의 일정을 구성한다. 파이프라인 편집기에서 스니펫 생성기를 활용해 파이프라인 스크립트를 작성한다.

생성된 스크립트를 Checking out Calculator Web Application repository 스테이지 내의 파이프라인 스크립트 편집기에 붙여 넣는다. 완성된 파이프라인 스크립트는 리스트 15-3을 참고한다.

▼ **리스트 15-3** Checking out Calculator Web Application repository 스테이지의 스크립트

```
node{
  def mvnHome
  stage('Checking out Calculator Web Application
  repository.')
  {
    git credentialsId: 'MyGithubCredentials', url:
    'git@github.com:dpranoday/JenkinsBookCapculatorWeb
```

```
      Application.git'
    }
}
```

일단 애플리케이션 코드를 가져온 후에는 $(Workspace)\src\main\webapp\ 내에 Caluclator.html을 `PathOfCalcualtorAppDeploymentDirectory` 매개변수에서 지정한 경로로 복사해야 한다.

이제 스니펫 생성기를 사용해 윈도우 배치 스텝을 생성한다. 생성된 스크립트 코드를 복사해서 Deploying Web Application 스테이지 블록 내의 파이프라인 스크립트 편집기에 붙여 넣는다(리스트 15-4).

▼ **리스트 15-4** Deploying Web Application 스테이지의 파이프라인 스크립트

```
stage('Deploying Web Application')
{
  bat
  '''
    RMDIR %PathOfCalculatorAppDeploymentDirectory%
    MKDIR %PathOfCalculatorAppDeploymentDirectory%
    copy /y src\\webapp\\Calculator.html
    %PathOfCalculatorAppDeploymentDirectory%
  '''
}
```

참고로, 예제에서는 하드코딩된 디렉터리 경로를 `%PathOfCalcualtorAppDeployment Directory%`로 바꿨다.

Calculator.html을 복사해 애플리케이션을 배포하면, `TestCalculatorWebApplication Pipeline`이라는 두 번째 파이프라인 작업을 호출한다.

이제 스니펫 생성기로 작업 스텝을 빌드해보자. 아직 두 번째 작업을 생성하지 않았기 때문에 Projects to build 필드 아래 오류 메시지가 표시된다.

세 번째 스테이지 블록인 Testing Calculator Web Application 스테이지를 생성하고, 생성된 스텝을 붙여 넣는다. 이 빌드 스텝에 매개변수 인수를 추가한다.

이 스테이지에는 다음 빌드 스텝이 포함된다.

```
build job:'TestCalculatorWebApplicationPipeline', parameters:
[$class: 'StringParameterValue', name: 'TestType', value: params.TypeOfTests]
```

TestCalculatorWebApplicationPipeline 작업을 호출하고 class 매개변수에는 StringParameterValue를 전달하고, name 매개변수에는 TestType을 전달한다. 이 매개변수 값은 선택형 매개변수choice parameter에서 선택한 값이다. 리스트 15-5에서 이 build job 스텝 스크립트를 보면 작업 매개변수를 평가하고 평가된 값을 매개변수를 통해 전송하기 위해 params.TypeOfTests를 사용한 것을 확인할 수 있다.

▼ **리스트 15-5** Testing Calculator Web Application 스테이지가 포함된 파이프라인 스크립트

```
stage('Testing Calculator Web Application')
{
  build job: 'TestCalculatorWebApplicationPipeline', parameters:
  [$class: 'StringParameterValue', name: 'TestType', value:
  params.TypeOfTests]
}
```

Save 버튼을 클릭한다.

▶▶ TestCalculatorWebApplication 파이프라인 작업 생성

대시보드로 이동해 **New Item** 메뉴를 클릭한다. 작업 이름에 TestCalculatorWebApplicationPipeline을 입력하고, 파이프라인 옵션을 선택한다. **OK** 버튼을 클릭한다.

This project is parameterized 체크박스를 선택한다.

업스트림 작업에 값을 보낼 때 사용된 이름과 동일한 이름으로 String parameter를 생성해야 한다. 업스트림 작업에서는 빌드 스텝에 TestType이라는 매개변수를 생성한다.

다음과 같은 스텝을 사용해 이 작업을 업스트림 작업에서 호출할 수 있다.

```
build job:'TestCalculatorWebApplicationPipeline',parameters:
[$class: 'StringParameterValue', name: 'TestType', value: params.TypeOfTests]
```

매개변수 이름이 TestType이기 때문에 다운스트림 작업에서도 TestType이라는 매개변수를 생성해야 한다.

이 작업에서 파이프라인 스트립트를 작성해보자. 리스트 15-6은 파이프라인 편집기에 추가된 스크립트다.

▼ **리스트 15-6** Pipeline Testing Calculator Web Application

```
try
{
  stage('Pulling Test automation code')
  {
    gitcredentialsId: 'MyGithubCredentials',
    url: 'git@github.com:dpranoday/TestWebApplicationWith
    SeleniumPythonTests.git '
  }

  stage('Running tests')
  {
    if (params.TestType.equals("AllTests"))
    {
      bat "pytest --html ${params.TestType}
      Result.html "
    }
    else
    {
      bat "pytest -m ${params.TestType} --html
```

```
      ${params.TestType}Result.html "
    }
  }
}
finally
{
  emailextattachmentsPattern: '**/' + params.TestType + 'Result.
  html ', body: 'Please find E - E Selenium scripts report
  file: '+params.TestType+'Result.html attached with this email ',
  subject: 'Calculator Web Application details:$DEFAULT_SUBJECT',
  to: 'pranoday.dingare@gmail.com'
}
```

이 스크립트 코드를 하나씩 살펴보자.

앞 코드의 모든 스테이지는 try 블록 사이에 위치해 있으므로 스테이지에서 실패가
발생하면 이메일 알림을 보내는 기능이 수행될 것이다.

- stage('Pulling Test automation code'): 깃허브 리포지터리에서 마스터 브랜
  치를 체크아웃한다.

- stage('Running Tests'): 파이프라인의 매개변수 값을 확인한다. 만약 AllTests
  이면 모든 pytesttests를 실행하는 bat step을 호출한다. 그렇지 않으면 -m 옵션
  을 사용해 RegressionTest나 SmokeTest 같은 특정 테스트 그룹을 실행한다.

  스크립트 코드에서 매개변수를 어떻게 참조했는지 살펴보자. 만약 블록 참조가
  params.TestType이면 params를 사용해 파이프라인 스크립트 매개변수를 참
  조해야 한다.

  bat step에서 전체 batch 명령은 큰따옴표(")로 둘러싸이고, 스크립트 매개변수
  는 ${params.TestType}를 사용해 보간된다.

- finally 블록: email text 스텝을 사용해 이메일 알림을 보낸다.

```
emailextattachmentsPattern: '**/' + params.TestType + 'Result.
html ', body: 'Please find E - E Selenium scripts report
file: '+params.TestType+'Result.html attached with this email ',
subject: 'Calculator Web Application details:$DEFAULT_SUBJECT',
to: 'pranoday.dingare@gmail.com'
```

이 스텝의 첫 번째 인수에는 .HTML 파일의 상대 경로가 포함돼 있다. 또한 params를 사용하는 스크립트 매개변수도 포함된다. 그러나 이 참조에는 중괄호인 {가 없다. 즉 여기에서는 보간이 아니라 +를 사용해서 변수 값을 연결한다. 즉 '**/'+params.TestType+'Result.html'은 매개변수 값의 앞뒤로 **/와 Result.html을 덧붙인다.

두 번째 인수는 이메일 본문[body] 메시지를 전달한다. 여기서도 파이프라인 매개변수의 값을 + 기호로 연결한다.

세 번째 인수는 메일 제목[subject]을 전달한다.

참고로, DEFAULT_SUBJECT 변수의 참조에 유의한다. $ 기호를 사용하면 보간이 되지만, 중괄호는 사용되지 않는다. 만약 작은따옴표(')로 둘러싸인 문자열에서 환경 변수 또는 파이프라인 매개변수를 보간하려면 중괄호 없이 $를 사용해야 한다. 마지막으로, **Save** 버튼을 클릭해 파이프라인 작업 구성을 저장한다.

▶▶ 매개변수형 파이프라인 작업 수동 실행

BuildAndDeployCalculatorWebApplicationPipeline 작업에서 실행 아이콘을 클릭한다.

그런 다음, 드롭다운에서 **SmokeTest** 옵션을 선택하고 **Build** 버튼을 클릭한다.

그러면 업스트림 파이프라인이 시작돼 애플리케이션을 배포하며, 테스트 실행 및 결과 보고서를 이메일로 전송하는 다운스트림 파이프라인이 호출된다.

▶▶ 매개변수형 파이프라인 작업 자동 시작

계산기 웹 애플리케이션의 소스를 일부 변경하고 중앙 깃허브 리포지터리로 푸시해 보자. 앞의 예제에서는 Calculator.html에서 제목 색상과 버튼 배경색을 녹색으로 변경했다.

로컬 리포지터리의 마스터 브랜치에서 커밋하고, 원격 깃허브 브랜치로 푸시하고, 깃허브 리포지터리에 병합한다.

코드를 원격 리포지터리로 푸시하면, 기본 설정에 따라 업스트림 파이프라인이 시작된다. 이어서 다운스트림 작업이 호출되고 테스트도 실행된다.

그러면 녹색으로의 색상 변경이 적용된 버전의 애플리케이션에 대한 테스트가 실행되고, 이메일로 테스트 결과가 역시 전송된다.

▶▶ 요약

15장에서는 파이썬 라이브러리를 사용해 셀레늄이라는 UI 자동화 도구를 설정하는 방법을 설명했다. 업스트림과 다운스트림 프리스타일 작업을 사용해 계산기 웹 애플리케이션의 E-E 빌드 수명 주기를 자동화했다. 또한 업스트림 작업에서 다운스트림 작업으로 매개변수를 전달하고 매개변수형 작업을 수동/자동으로 실행하는 방법을 배웠다. 또한 작업 설정에서 사용자 정의 이메일 알림도 구성했다. 16장에서는 코드형 파이프라인을 다룬다.

Chapter 16

코드형 파이프라인 이해

15장에서는 깃허브의 기능 및 젠킨스와의 통합 방법에 대해 배웠다. 또한 매개변수형 프리스타일 작업과 파이프라인 작업도 배웠다. 셀레늄이라는 UI 자동화 도구를 사용해 E-E 테스트를 수행했고, 업스트림 및 다운스트림 작업을 사용해 웹 애플리케이션의 릴리스를 관리했다. 또한 사용자 지정 이메일 알림을 설정해 테스트 보고서를 전송하는 방법도 다뤘다.

16장에서는 API 인증의 개념 및 깃허브 리포지터리에서의 설정 방법, API 인증이 설정된 젠킨스와의 통합 방법에 대해 알아본다. 또한, 코드형 파이프라인의 개념과 깃허브에 이벤트(병합, 푸시 등)가 발생할 때 웹훅을 사용해 깃허브에서 파이프라인을 시작하는 방법을 알아본다.

▶▶ API 인증

앞에서는 깃랩/깃허브 리포지터리에서 기본 인증(사용자 이름/비밀번호)과 SSH 인증(공개 키-개인 키 쌍)을 설정하는 법과 인증 자격 증명을 사용해 이러한 리포지터리를 이용하는 방법을 배웠다.

이러한 기본 및 SSH 인증 외에도 API 인증이라는 또 다른 인기 있는 인증 기술이 있다. 이 기술을 사용해 깃 원격 리포지터리에 접속하려면 비밀번호 대신 사용할 수 있는 API 액세스 토큰이라는 보안 텍스트를 생성해야 한다. 이 인증 기술은 주로 API 엔드포인트나 명령행 인터페이스로 깃 원격 리포지터리에 접속할 때 사용된다.

▶ 깃허브 리포지터리에 API 인증 적용

깃허브 리포지터리에서 API 인증 기술을 적용하려면 깃허브에서 API 토큰을 생성해야 한다. 깃허브에서 API 액세스 토큰을 생성하는 과정은 다음과 같다.

1단계: 깃허브에 로그인: 깃허브 사용자 이름과 비밀번호를 사용해 로그인하고, 대시보드로 이동한다.

2단계: API 액세스 토큰 생성: 대시보드 오른쪽 상단에 사용자 아이콘를 클릭하고, **Settings** 메뉴를 선택한다.

그러면 설정 페이지가 나타난다. 페이지 왼쪽 메뉴에서 **Developer Settings** 링크를 클릭한다.

GitHub Apps 페이지가 나타나면 **Personal access tokens > Tokens(classic)** 링크를 클릭한다.

Personal access token 페이지가 나타나면 **Generate new token > Generate new token(classic)** 버튼을 클릭한다.

그러면 New personal access token(classic) 페이지가 나타난다. 액세스 토큰 발급 목적을 Note 필드에 입력하고, Select Scopes 섹션 내에 **repo** 체크박스를 선택해, 비공개 리포지터리에 대한 모든 권한을 갖는다(그림 16-1).

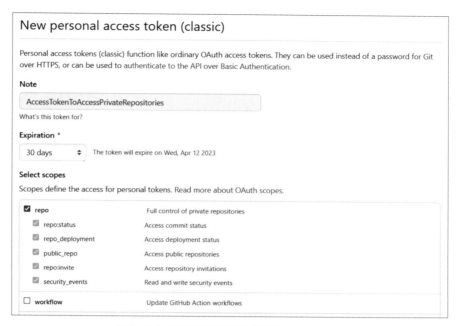

그림 16-1 모든 권한을 갖도록 선택한 repo 체크박스

페이지의 아래로 스크롤해 **Generate token**^{토큰 생성} 버튼을 클릭하면 새로 생성된 토큰이 나타난다.

그림 16-2처럼 토큰 옆의 아이콘을 클릭해 토큰을 복사하고, 나중에 사용할 수 있도록 파일에 저장해둔다.

그림 16-2 새롭게 생성된 토큰 옆에 위치한 복사 버튼

API 토큰 출력 페이지는 한 번 벗어나면 보안상의 문제로 다시 표시되지 않는다. 따라서 이 페이지를 떠나기 전에 토큰을 파일에 보관해야 한다.

▶▶ API 토큰으로 비공개 깃허브 리포지터리에 접속

이제 API 토큰을 생성했으니 JenkinsBookCalculatorWebApplication 리포지터리에 접속할 수 있다. 리포지터리를 복제하고, 코드를 변경하고, 변경 사항을 원격 리포지터리로 푸시할 때 앞에서 생성한 API 토큰을 사용해보자.

1단계: JenkinsBookCalcualtorWebApplication 리포지터리 복제: 리포지터리를 복제할 빈 폴더를 만든다.

예제에서는 D:\CloningRepoUsingAPIToken라는 폴더를 생성했다.

명령 프롬프트를 열고 cd 명령을 사용해 새로 생성한 디렉터리로 이동한다. 리포지터리의 HTTP URL을 인수로 하는 git clone 명령을 입력한다. 예제에서는 다음과 같이 입력했다.

```
git clone
https://github.com/dpranoday/JenkinsBookCalculatorWebApplication.git
```

엔터 키를 누르면 깃허브 로그인 창이 나타난다. Personal access token 필드에 액세스 토큰을 입력한다.

Sign 버튼을 클릭한다. 그러면 리포지터리가 복제된다.

> **NOTE**
>
> 사용자 이름과 비밀번호/액세스 토큰을 사용해 리포지터리에 일단 접속하면, 이들 자격 증명이 시스템의 Windows 자격 증명 섹션에 저장된다.

제어판의 Windows 자격 증명 섹션으로 이동해보자.

시작 메뉴에서 **자격 증명 관리자**라고 입력하고, 검색 결과에서 **자격 증명 관리자**를 선택하면, 자격 증명 관리 창이 나타난다. 그림 16-3을 보면 Windows 자격 증명의 **일반 자격 증명** 섹션 아래 자격 증명이 저장돼 있는 것을 볼 수 있다.

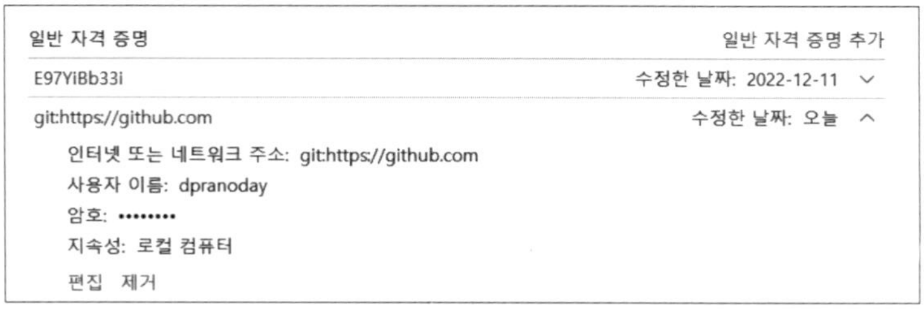

그림 16-3 github.com의 사용자 이름과 액세스 토큰이 저장된 자격 증명 항목

이후에 깃허브 비공개 리포지터리에 접속을 하는 경우에는 여기에 저장된 자격 증명
이 사용되며, 깃허브 로그인 창이 나타나지 않는다.

2단계: 코드 변경 및 깃허브 원격 리포지터리로 푸시: 복제된 리포지터리의 src/
main/webapp 디렉터리의 Calculator.html 파일을 연다.

제목과 버튼 배경의 색을 녹색에서 빨간색으로 변경한다. 변경이 필요한 부분은 리
스트 16-1에서 굵게 표시했다.

▼ **리스트 16-1** 계산기 웹 애플리케이션 Calculator.html 내에 CSS 코드 부분

```
<style>
  .title {
    margin - bottom: 10 px;
    text - align: center;
    width: 210 px;
    color: green;
    border: solid black 2 px;
  }

  input[type = "button"]
  {
    background - color: green;
    color: black;
    border: solid black 2 px;
    width: 100 %
  }
```

이제 변경 사항을 저장하고, 다음 2개의 명령을 사용해 로컬 리포지터리로 커밋한다.

```
git add .
git commit -m "Changing title color and button control background color to red"
```

변경 사항은 기본 브랜치인 마스터 브랜치에 커밋된다.

git push 명령을 사용해 변경 사항을 원격 리포지터리로 푸시한다.

```
git push
https://github.com/dpranoday/JenkinsBookCalculatorWeb
Application.git  master
```

앞에서 언급했듯이 이제 액세스 토큰을 입력하라는 메시지 표시 없이 변경 사항이 깃허브 리포지터리로 푸시될 것이다.

깃허브 리포지터리 페이지를 새로 고침하면 원격 리포지터리가 변경된 것을 확인할 수 있다.

▶▶ 깃랩에서 API 액세스 토큰 생성

이번 절에서는 깃랩 리포지터리에서 API 액세스 토큰을 생성하는 방법을 알아보자.

1단계: 깃랩에 로그인: 깃랩 사용자 이름과 비밀번호를 사용해 깃랩에 로그인하고, 대시보드로 이동한다.

2단계: API 액세스 토큰 생성: 대시보드의 오른쪽 상단에 표시된 사용자 아이콘을 클릭하고 **Preferences** 메뉴를 선택한다.

Preferences 페이지가 나타나면 페이지 왼쪽 메뉴에서 **Access Tokens** 링크를 클릭한다.

그러면 Personal Access Tokens 페이지가 나타난다. 액세스 토큰 발급 목적을 Token name 필드에 입력하고, Select scopes 섹션에서 **write_Repository** 체크박스

를 선택해 비공개 리포지터리에 대한 모든 권한을 갖도록 한다.

페이지의 아래로 스크롤해 **Create personal access token** 버튼을 클릭하면, Your new personal access token 항목이 나타난다.

Copy personal access token 아이콘을 클릭해 토큰을 복사하고, 나중에 필요할 때 사용할 수 있도록 다른 파일에 저장해둔다.

이 페이지에서 벗어나면 보안상의 문제로 API 토큰이 다시 표시되지 않는다. 따라서 이 페이지를 떠나기 전에 토큰을 복사해 파일에 보관하도록 한다.

▶▶ API 토큰으로 비공개 깃랩 리포지터리에 접속

이제 API 토큰을 생성했으니 `JenkinsBookCalculatorAPI` 리포지터리에 접속할 수 있다. 리포지터리를 복제하고, 코드를 변경하고, 변경 사항을 원격 리포지터리로 푸시할 때 앞에서 생성한 API 토큰을 사용한다.

1단계: `JenkinsBookCalculatorAPI` 리포지터리 복제: 리포지터리를 복제할 빈 폴더를 만든다.

예제에서는 D:\CloningCalculatorAPIRepoUsingAPIToken라는 폴더를 생성했다.

명령 프롬프트를 열고 cd 명령을 사용해 새로 생성한 디렉터리로 이동한다. 만약 윈도우의 자격 증명 관리자에 저장된 자격 증명이 있다면 리포지터리를 복제하기 전에 삭제해야 한다.

이를 위해 자격 증명 관리 창으로 이동해 **Windows 자격 증명**을 선택하면 깃랩 자격 증명(사용자 이름–비밀번호.API 액세스 토큰)을 볼 수 있다. 여기서 해당 항목에 대해 **Remove**제거 버튼을 클릭한다.

일반 자격 증명 삭제 확인 창이 나타나면 **Yes**예를 클릭한다.

깃랩 리포지터리의 HTTP URL을 인수로 하는 `git clone` 명령을 입력한다. 예제에서는 다음과 같이 입력했다.

```
git clone
https://gitlab.com/Pranoday/Jenkinsbookcalculatorapi.git
```

엔터 키를 누르면 Git Credential Manager 대화상자가 나타난다.

User Name 필드에는 깃랩 계정의 사용자 이름을, Password 필드에는 깃랩 액세스 토큰을 입력하고, **OK** 버튼을 클릭한다. 그러면 리포지터리가 복제된다.

2단계: 코드 변경 및 깃랩 원격 리포지터리로 푸시: 복제된 리포지터리의 src/main/ java/Pranodayd/CalculatorAPI의 Calculator.java 파일을 연다.

Addition 함수에서 변수 이름 Res를 R로 변경한다(리스트 16-2).

▼ **리스트 16-2** Calculator.java의 Addition 함수에서 변수 이름 Res를 R로 변경

```
public int Addition(int num1, int num2)
{
  int R=num1+num2;
  return R;
  /// return 0;
}
```

이제 변경 사항을 저장하고, 로컬 리포지터리로 커밋한다. 변경 사항은 기본 브랜치 인 마스터 브랜치에 커밋된다.

예제에서는 다음 2개의 명령으로 커밋 작업을 수행했다.

```
git add .
git commit -m "Changed variable name in Addition function"
```

git push 명령을 사용해 변경 사항을 원격 리포지터리로 푸시한다.

```
git push
https://gitlab.com/Pranoday/Jenkinsbookcalculatorapi.git master
```

앞에서 언급했듯이 이제 액세스 토큰을 입력하라는 메시지 표시 없이 변경 사항이 깃랩 리포지터리로 푸시된다.

깃랩 리포지터리 페이지를 새로 고침하면 원격 리포지터리가 변경된 것을 볼 수 있다.

▶▶ 젠킨스에서 API 토큰으로 깃허브/깃랩 리포지터리에 접속

이번 절에서는 깃랩에서 `JenkinsBookCalculatorAPI` 리포지터리에 접속해 CalculatorAPI.jar 파일을 릴리스하는 젠킨스 프리스타일 작업을 만든다.

먼저 젠킨스를 설정하고 새로운 버전의 CalculatorAPI를 넥서스 리포지터리로 릴리스하는 프리스타일 작업을 만들어본다.

1단계: 젠킨스에서 메이븐 설정

6장의 '전역 도구 구성의 이해' 절을 참고한다. 젠킨스에서 이미 메이븐 구성을 완료했다면 1단계를 건너뛰어도 된다.

2단계: 젠킨스 대시보드에서 프리스타일 작업 생성

젠킨스 대시보드에서 **New Item** 링크를 클릭한다. Enter an Item Name 필드에 작업 이름(예, `ReleaseCalculatorAPI_APIToken`)을 입력하고, **Freestyle project** 옵션을 선택한 후, **OK** 버튼을 클릭한다.

작업 구성 화면이 나타나면 Source Code Management 섹션에서 **Git 라디오** 버튼을 선택하고, Repository URL 필드에 깃 코드 리포지터리 HTTP URL을 입력한다. 이 항목에 대해 자세히 알고 싶다면 12장 '깃 프로세스 이해' 중 '4단계: 로컬 리포지터리의 코드를 깃랩으로 푸시' 절을 참고한다.

Credentials 필드에 표시된 **Add** 버튼을 클릭하고, **Jenkins** 옵션을 클릭한다. 그러면 Jenkins Credentials Provider: Jenkins 창이 나타난다. Kind 드롭다운에서

Username with password 옵션을 선택한다.

Username 필드에는 깃랩 사용자 이름을, Password 필드에는 깃랩 API 토큰을 입력한다. ID 필드에는 자격 증명 항목을 식별할 수 있는 고유한 문자열을 입력한다.

> **NOTE**
>
> 젠킨스에서 인증을 사용해 깃랩/깃허브 리포지터리에 접속하려면 Secret text(보안 텍스트) 유형이 아니라 Username with password 유형의 자격 증명 항목을 만들어야 한다. 보안 텍스트는 사용자 이름을 제공할 필요가 없을 때 사용된다. 그러나 깃랩/깃허브 리포지터리에 접속하려면 사용자 이름이 필요하다. API 토큰을 사용해 접속하려면 로그인 비밀번호 대신 사용자 이름과 API 토큰을 사용해야 한다.

Add 버튼을 클릭해 자격 증명 항목을 추가한다. Credentials 필드 드롭다운을 클릭해 추가된 항목을 선택한다.

현재 master를 기본 깃 리포지터리 브랜치로 사용하는 중이므로 Branch Specifier 필드에 브랜치 이름 master를 입력한다.

그림 16-4는 방금 설명한 세부 정보를 입력한 소스 코드 관리 섹션 화면이다.

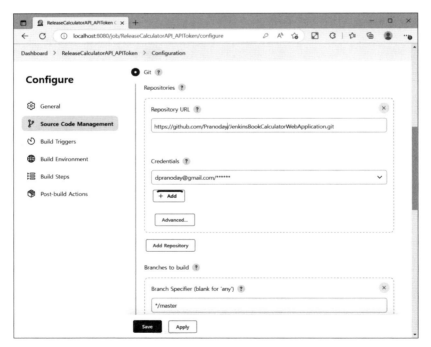

그림 16-4 Repository URL, Credentials, Branches to build에 정보가 입력된 화면

페이지의 아래로 스크롤해 빌드 스텝을 추가한다. **Add build step** 버튼을 클릭하고 **Invoke top-level Maven targets** 옵션을 선택한다.

Maven Version 드롭다운에서 **MyMaven** 옵션을 선택한다. Global Tools Configuration 페이지에서 구성한 메이븐 설정 이름이 표시된다. 예제에서는 MyMaven 이름으로 메이븐을 구성했다. Goals 필드에 **Deploy**를 입력한다. **Save** 버튼을 클릭한다.

3단계: 복제된 API 프로젝트의 pom.xml 버전 변경

리스트 16-3처럼 버전을 8.0으로 변경한다.

▼ **리스트 16-3** 버전이 8.0으로 변경된 pom.xml 파일

```
<groupId>Pranodayd</groupId>
<artifactId>CalculatorAPI</artifactId>
<version>8.0</version>
```

4단계: 로컬 리포지터리에서 변경 사항을 커밋하고 깃랩 중앙 리포지터리로 푸시

명령 프롬프트를 열고 cd 명령을 사용해 프로젝트 디렉터리로 이동한다. git add . 명령을 실행해 스테이징 영역에다 변경 사항을 추가한다.

다음 명령을 실행해 마스터 브랜치의 변경 사항을 커밋한다.

```
git commit --m "Changing version in pom.xml"
```

다음 명령을 실행해 변경 사항을 깃 중앙 리포지터리로 푸시한다.

```
git push
https://gitlab.com/Pranoday/jenkinsbookcalculatorapi.git master
```

▶▶ API 토큰으로 깃랩 리포지터리에 접속하는 프리스타일 작업 실행

API 토큰을 사용해 깃 리포지터리에 접속하도록 젠킨스 작업을 실행하는 방식은 이전과 동일하다. 작업을 실행하려면 대시보드로 이동해 실행 아이콘을 클릭하면 빌드가 시작된다. 그리고 이 작업의 결과는 콘솔로 출력된다. 그림 16-5는 CalculatorAPI8.0 JAR 파일이 넥서스 리포지터리로 릴리스된 결과를 보여준다.

그림 16-5 넥서스 리포지터리로 릴리스된 CalculatorAPI-8.0.jar 파일

코드형 파이프라인 이해

이제 젠킨스의 파이프라인 콘셉트에 익숙해졌으므로 젠킨스 UI 외부의 Jenkinsfile 파일에서 파이프라인을 작성하는 방법을 배운다. 이러한 방식을 코드형 파이프라인 pipeline as code이라 한다.

Jenkinsfile 이해

Jenkinsfile은 파이프라인 스크립트 코드로 구성된 텍스트 파일이다. 애플리케이션의 소스 코드처럼 소스 코드 리포지터리로 체크인된다. 이 파일은 스크립트형 구문 (예, 그루비^{Groovy} 스크립트)이나 선언형 구문(예, DSL)으로 작성할 수 있다.

코드형 파이프라인의 장점

Jenkinsfile로 파이프라인을 작성하는 방식에는 다음과 같은 이점이 있다.

- 단 하나의 Jenkinsfile에서 모든 브랜치의 파이프라인을 생성하고 풀-리퀘스트를 실행할 수 있다.
- 애플리케이션의 소스 코드 리뷰와 동일한 방식으로 Jenkinsfile 코드를 리뷰할 수 있다.
- 파이프라인 코드를 별개의 파일에 작성해 SVN이나 깃 같은 소스 제어 시스템에 체크인하면 빌드 프로세스의 변경 사항을 지속적으로 추적할 수 있다.
- Jenkinsfile은 파이프라인 코드의 단일 소스 역할을 하므로 여러 개발자가 공유할 수 있다.
- 애플리케이션 개발자가 소스 코드를 변경하는 중에 빌드 프로세스의 수정이 필요한 경우, 자신이 직접 Jenkinsfile에서 빌드 프로세스를 구현할 수 있다.

Jenkinsfile에서 파이프라인 작성

이번 절에서는 Jenkinsfile에서 파이프라인을 작성하는 방법을 배운다. Jenkinsfile 에서 작성하는 파이프라인은 스크립트형 구문 또는 선언형 구문을 사용한다. 15장에서는 스크립트형 구문으로 파이프라인으로 작성해봤고, 16장에서는 선언형 구문으로 Jenkinsfile을 작성해보자.

스크립트형 구문과 선언형 구문 비교

선언형 구문으로 파이프라인을 구현하기 전에 스크립트형 구문과의 차이점을 살펴보자.

- 선언형 구문은 젠킨스에서 비교적 최근에 추가된 기능이다.

- 스크립트형 파이프라인은 기존에 사용하던 방식이다.

- 스크립트형 파이프라인은 엄격한 그루비^{Groovy} 기반 구문을 사용한다.

- 선언형 파이프라인은 간단한 그루비 구문을 제공하고자 도입됐다.

- 스크립트형 파이프라인은 node라는 블록 내에 정의한다.

- 선언형 파이프라인은 pipleline이라는 블록 내에 정의한다.

스크립트형 구문과 선언형 구문의 자세한 구조는 14장을 참고한다.

Jenkinsfile을 실행하는 젠킨스 작업 생성

CalculatorAPI의 빌드 프로세스를 실행할 파이프라인 작업을 생성해보자. 동일한 목적으로 작성한 이전의 작업과의 차이점은 선언적 구문으로 파이프라인을 작성하는 것이다. 파이프라인은 젠킨스 UI를 이용하지 않고, Jenkinsfile에서 작성한다. 이를 위해서는 먼저 Pipeline 플러그인을 설치해야 한다.

1단계: 파이프라인 작업 생성: 파이프라인 작업을 생성하려면 젠킨스 대시보드에서 **New Item** 링크를 클릭한다.

작업 이름(예, DeployCalculatorAPIUsingPipelineAsACode)을 입력하고, **Pipeline** 옵션을 선택한 후, **OK** 버튼을 클릭한다.

구성 페이지가 나타나면 아래로 스크롤해 Pipeline 섹션을 찾는다. 스크립트 편집기에서 파이프라인 스크립트를 직접 입력하고, 그 내용을 Jenkinsfile에 복사하는 식으로 진행할 수도 있다.

그러나 지금 빌드하려는 파이프라인은 깃 및 메이븐과의 상호 작용이 필요하므로 드롭다운에서 GitHub+Maven 옵션을 선택하면 제공되는 스크립트 템플릿으로부터 시작하도록 하자. 이 옵션에서 제공되는 선언형 스크립트 템플릿은 사용자의 요구 사항에 따라 수정할 수 있다.

먼저, 예제에서는 리스트 16-4처럼 environment 블록을 사용해서 파이프라인의 모든 스테이지에서 공유할 수 있는 변수를 정의한다.

▼ **리스트 16-4** 파이프라인의 environment 섹션

```
Pipeline
{
  environment
  {
    FAILED_Stage = ''
  }
}
```

첫 번째로 작성할 스테이지는 CalculatorAPI 리포지터리를 복제하는 작업이다. 이 스크립트는 스니펫 생성기에서 작성된 스텝을 가져온다. 스니펫 생성기 사용법에 대해서는 14장의 자세한 설명을 참조한다.

아래 예제에서는 템플릿을 수정해서 'Cloning Calculator API repository' 스테이지를 추가했고, 스니펫 생성기에서 작성한 git 스텝을 붙여 넣었다(리스트 16-5).

또한 이 스테이지에는 파이프라인 환경 변수 `FAILED_Stage`를 현재 스테이지의 이름으로 할당하는 script 블록도 포함돼 있다. 현재 스테이지 이름은 젠킨스의 환경 변수인 `STAGE_NAME`를 이용한다.

▼ **리스트 16-5** 파이프라인의 Cloning Calculator API repository 스테이지

```
stage('Cloning Calculator API repository')
{
  steps
  {
    script
```

```
   {
     FAILED_Stage = env.STAGE_NAME
   }
   git branch: 'Master', credentialsId: 'MyGitlabAPIToken',
   url: 'https://gitlab.com/Pranoday/jenkinsbook
   calculatorapi.git '
 }
}
```

다음으로, 배치 명령 `mvn deploy`가 포함된 'Deploying CalculatorAPI'라는 스테이지를 추가한다(리스트16-6). 여기서도 스테이지 이름을 환경 변수에 저장한다.

▼ **리스트 16-6** 파이프라인의 Deploying CalculatorAPI 스테이지

```
stage('Deploying Calculator API')
{
  steps
  {
    script
    {
      FAILED_Stage = env.STAGE_NAME
    }
    bat 'mvn deploy'
  }
}
```

현재 작업의 요구 사항은 프로세스가 실패로 끝나는 경우 이메일 알림을 보내는 것이었다. 그리고 프로세스가 성공한다면 아티팩트를 저장해야 한다.

이는 선언형 파이프라인의 post 블록으로 구현할 수 있다. 그러면 우선 파이프라인을 사용하기 전에 post 블록에 대해 알아보자.

post 블록에는 파이프라인 스크립트의 위치에 따라 특정 스테이지 또는 모든 스테이지가 끝나면 실행되는 스텝이 포함돼 있다. post 블록은 다른 조건부 블록(예, success나 failure, always 등)도 포함된다. 이런 조건부 블록을 사용해 전체 또는 특정 단계의 완료 상태에 따른 스텝을 실행할 수 있다.

다음 코드를 보면 stage 블록 아래에 post 블록이 포함돼 있다.

```
stage('Display message on console')
{
  bat 'echo Hi'
}
post
{
  success
  {
    bat 'echo Display message stage is successful'
  }
  failure
  {
    bat 'echo Display message stage is not successful'
  }
}
```

앞의 예제는 콘솔에 'Hi'를 출력하는 'Display message on console' 스테이지다. 이 스테이지가 완료되면 스테이지의 완료 상태에 따라 success 블록이나 failure 블록이 실행된다. 오류 없이 성공적으로 완료되면 success 블록이 실행되고, 그 외의 경우에는 failure 블록이 실행된다.

다음 코드는 모든 스테이지가 모두 끝난 후 post 블록이 사용되는 경우다.

```
stages
{
  stage('Display welcome message on console')
  {
    bat 'echo Hi'
  }
  stage('Display good bye message on console')
  {
    bat 'echo Good Bye'
  }
}
post
```

```
{
  success
  {
    bat 'echo Both stages are successful'
  }
  failure
  {
    bat 'echo some stage is not successful'
  }
}
```

앞의 예제는 stages 블록 내에 2개의 스테이지가 있고, stages 블록 뒤에 post 블록이 위치한다. post 블록은 stages 블록 내에 마지막 스테이지가 완료된 후 실행된다. 두 스테이지가 모두 성공하면 success 블록이 실행된다. 스테이지 중 하나라도 실패하면 failure 블록이 실행된다.

```
stages
{
  stage('Display welcome message on console')
  {
    bat 'echo Hi'
  }
  stage('Display good bye message on console')
  {
    bat 'echo Good Bye'
  }
}
post
{
  always
  {
    bat 'echo It will always get executed'
  }
}
```

만약 post 블록에서 always 블록을 사용하는 경우에는 스테이지의 상태(성공이나 실패)와 관계없이 무조건 실행된다.

이상으로 post 블록이 어떻게 사용되는지 살펴봤으니 계속해서 파이프라인 구현을 시작해보자. 파이프라인에서 2개의 스테이지를 모두 통과하면 아티팩트가 생성되며 이를 보관해야 한다. 반대로 통과하지 못하면 실패한 단계의 이름과 빌드의 콘솔 로그를 첨부한 내용을 이메일 알림으로 보내야 한다.

이를 post 블록으로 구현하면 다음과 같다.

```
post
{
  success
  {
    archiveArtifacts 'target/*.jar'
  }

  failure
  {
    emailext attachLog: true, body: 'Stage: ' + FAILED_
    Stage + ' from Build : $$BUILD_NUMBER of $$JOB_NAME
    failed.Hence release of new build could not be
    done on Nexus repository.Please find detailed
    console log attached with this email.', subject:
    'CalculatorAPI details:$DEFAULT_SUBJECT', to:
    'pranoday.dingare@gmail.com'
  }
}
```

예제에서는 'Deploying Calculator API' 스테이지가 완료된 후 실행되도록 파이프라인의 stages 블록 뒤에 post 블록을 추가했다.

emailtext 스텝에서 콘솔 로그를 이메일로 보내도록 attachLog:true를 설정한다. emailext 스텝의 나머지 매개변수들에 대해서는 이미 다뤄서 익숙할 것이다. 그리고 이메일 본문에 실패한 스테이지 이름을 포함하기 위해 본문 매개변수에 파이프라인의 환경 변수를 사용한 방법을 주목하자. 이 스텝은 스테이지 중 하나라도 실패를 해야 실행된다.

success 블록에 있는 archiveArtifacts 스텝을 살펴보자.

빌드 아티팩트는 일반적으로 워크스페이스 내에 생성되며, 그다음 빌드가 실행되면 삭제될 수 있기 때문에 만약 빌드의 아티팩트를 보존하려면 워크스페이스 외부에 복사해야 한다. archiveArtifacts 스텝은 빌드의 아티팩트를 ${JENKINS_HOME} 디렉터리에 저장한다.

파이프라인 코드를 Jenkinsfile에 저장하고 깃랩 리포지터리로 푸시

파이프라인 스크립트 생성은 젠킨스 UI를 이용하고, 코드는 깃랩 리포지터리에서 관리할 수도 있다. 이렇게 하려면 Jenkinsfile이라는 이름의 파일을 생성하고, 스크립트를 붙여 넣는다.

다음 예제에서는 원격 리포지터리에서 복제한 디렉터리 안에 Jenkinsfile.txt 파일을 생성하고, 젠킨스 UI에서 생성한 파이프라인 스크립트를 이 파일 안에다 붙여 넣었다(리스트 16-7).

▼ **리스트 16-7** 젠킨스 UI를 사용해 생성한 전체 파이프라인 코드

```
Pipeline
{
  environment
  {
    FAILED_Stage = ''
  }
  agent any

  stages
  {
    stage('Cloning Calculator API repository')
    {
      steps
      {
```

```
      script
      {
        FAILED_Stage = env.STAGE_NAME
      }
      // Get the code from Gitlab repository
      git branch: 'Master', credentialsId:
      'MyGitlabAPIToken', url: 'https://gitlab.com/
      Pranoday/jenkinsbookcalculatorapi.git '
    }
  }

  stage('Deploying Calculator API')
  {
    steps
    {
      script
      {
        FAILED_Stage = env.STAGE_NAME
      }
      bat 'mvn deploy'
    }
  }
}

post
{
  success
  {
    archiveArtifacts 'target/*.jar'
  }

  failure
  {
    emailext attachLog: true, body: 'Stage: ' + FAILED_
    Stage + ' from Build : $BUILD_NUMBER of $JOB_NAME
    failed.Hence release of new build could not be
    done on Nexus repository.Please find detailed
    console log attached with this email.', subject:
```

```
      'CalculatorAPI details:$DEFAULT_SUBJECT', to:
      'pranoday.dingare@gmail.com'
    }
  }
}
```

이제 다음 명령을 사용해 이 파일을 로컬 리포지터리로 커밋한다.

```
git add .
git commit --m "Adding Jenkinsfile"
```

그리고 다음 명령으로 깃랩 리포지터리로 푸시한다.

```
git push
https://gitlab.com/Pranoday/jenkinsbookcalculatorapi.git
```

이제 깃랩 리포지터리에 접속하면 Jenkinsfile.txt가 추가된 것을 확인할 수 있을 것이다.

이어서 젠킨스 작업으로 이동한다. 해당 작업에서 **Configure** 링크를 클릭한다. Pipeline 섹션까지 아래로 스크롤한다. SCM 드롭다운에서 **Git** 옵션을 선택한다. Repository URL 필드에 JenkinsBookCalculatorAPI 리포지터리의 URL을 입력하고, Credentials 드롭다운에서 자격 증명 항목을 선택한다. Branch Specifier 필드에는 master를 추가한다.

Script Path 필드에는 파이프라인 파일의 상대 경로를 추가해야 한다. 본 예제의 경우 파이프라인은 Jenkinsfile.txt 파일에 작성했고, 리포지터리의 루트 폴더에 위치하고 있으므로 Script Path 필드에는 **Jenkinsfile.txt**라고 입력하면 된다. 마지막으로, **Save** 버튼을 클릭한다.

깃랩 웹훅으로 젠킨스 작업 시작

크론 표현식이나 폴링 SCM 같은 여러 유형의 트리거를 사용해 작업을 시작하는 방법은 앞에서 이미 다뤘다. 이번 절에서는 젠킨스 작업을 시작하는 새로운 방법을 배워본다. 젠킨스 작업을 폴링 SCM 방식으로 구성하면 젠킨스는 깃 리포지터리의 변경 여부를 주기적으로 점검하다가 빌드를 시작한다. 이 경우 빌드는 젠킨스 내부에서부터 시작되는 것이며, 원격 리포지터리로 새로운 변경 사항이 푸시됐을 때에만 동작하게 된다.

그러나 깃 원격 리포지터리에서는 새로운 주석을 달거나, 코드 브랜치를 푸시하거나, 이슈를 열고 닫거나 하는 등의 다양한 이벤트가 발생한다. 이때 웹훅webhook이라는 개념을 사용한다면 이런 이벤트에 따라 젠킨스 작업을 시작할 수 있다.

웹훅이란 서버에서 어떤 이벤트가 발생할 때 그 결과를 HTTP POST 요청으로 알리는 기능이다. 만약 젠킨스 작업을 가리키는 URL로 웹훅을 구성했다면 깃랩 리포지터리에서 이벤트가 발생했을 때 젠킨스 작업 빌드를 시작하도록 만들 수 있다. 이를 위해서는 깃랩 리포지터리에서 웹훅을 생성하고 깃랩에서 젠킨스 빌드를 시작할 수 있도록 구성해야 한다. 이때 깃랩에서 웹훅을 구성하는 데 필요한 두 가지 중요한 개념을 살펴보자.

- 공인 IP

  네트워크에 연결된 장치는 두 종류의 IP를 갖는다. 그중 로컬 IP는 근거리 통신망LAN, Local Area Network 내의 장치들이 통신할 때 사용된다. 반면, 공인 IPpublic IP는 외부 장치와 통신할 때 사용된다. 예를 들어, gitlab.com은 로컬 네트워크 내부의 시스템이 아니므로 외부 시스템이 젠킨스 작업을 요청하려면 젠킨스 시스템의 공인 IP를 알아야 한다.

  현재 컴퓨터의 공인 IP는 다음 링크(https://www.whatismyip.com/)에 접속하면 알 수 있다.

젠킨스 서버를 운영하는 시스템에서 이 웹 사이트에 접속하면 서버의 공인 IPv4 주소가 표시된다.

앞으로는 깃랩에서 웹훅 URL을 구성할 때 이 IP를 사용한다.

- **포트 포워딩**

    본 예제에서는 LAN IP 주소에서 젠킨스 서버를 시작하고 지정된 포트(8080)를 리스닝(수신)한다. 이제 gitlab.com에서는 이벤트가 발생하면 젠킨스 서버의 공인 IP가 포함된 URL을 호출하는 식으로 젠킨스 서버에게 요청을 보낼 것이다. 이 요청은 젠킨스의 로컬 IP 주소로 전달돼야 한다. 이렇게 공인 IP로 보낸 요청을 로컬 IP로 전달하는 것을 포트 포워딩^{port forwarding} 또는 포트 개방이라고 한다.

다음 사례에서는 D-LINK사의 라우터(공유기)를 사용해 포트 포워딩을 구성하는 방법을 설명한다. 사용하는 라우터에 따라 페이지가 다르게 나타날 수 있으므로 각 사의 매뉴얼을 참고해 설정을 진행한다.

1. D-LINK 라우터 구성 페이지로 이동: http://192.168.0.1로 접속한다.

2. 사용자 이름과 비밀번호 항목에 **admin**을 입력하고, **OK** 버튼을 클릭하면 D-LINK 구성 페이지가 나타난다.

3. **Advanced** 버튼을 클릭하면 다음 페이지가 나타난다.

4. 상단 바에 **FIREWALL** 버튼을 클릭하면 다음 페이지가 나타난다.

5. 왼쪽 메뉴에서 **PORT FORWARDING** 링크를 클릭하고, 다음 항목을 입력한다.

    - **Local IP Address(로컬 IP 주소)**: 로컬 컴퓨터에서 ipconfig 명령을 실행하면 나타나는 로컬 컴퓨터의 IP 주소다. 예제의 값은 192.168.0.1이다.

    - **Local Port Range(로컬 포트 범위)**: 젠킨스 서버를 시작한 포트 범위를 지정한다. 8080에서 8090 사이의 포트에서 젠킨스를 시작하려는 경우라면 이 값을 포트 범위에 입력한다. 예제에서는 8080에서 젠킨스 서버를 시작하기 때문에 두 필드 모두에 8080을 입력한다.

- **Protocol(프로토콜):** 이 드롭다운에서 선택돼 있는 값을 그대로 유지한다.

- **Remote IP Address(원격지 IP 주소):** 이 필드에는 whatismyip.com 웹 사이트에서 얻는 컴퓨터의 공인 IPv4 주소를 입력한다. 예제의 경우 공인 IP는 1.23.253.174다.

- **Remote Port Range(원격지 포트 범위):** 여기에도 포트 범위를 추가할 수 있다. 그러나 예제에서는 둘 다 모두 8080을 입력했다.

6. **Save&Apply** 버튼을 클릭해 구성을 저장한다.

이상의 설정을 완료했다면 깃랩 웹훅 URL을 사용해 시작하는 젠킨스 작업을 생성할 준비가 된 것이다.

1단계: 로컬 IP 주소에서 젠킨스 서버를 시작: 로컬 IP에서 젠킨스 서버를 시작해야 한다.

2단계: 젠킨스 구성에서 젠킨스 URL 구성: **Manage Jenkins > Configure System**으로 이동하고, Jenkins URL 필드에 시스템의 공개 URL을 설정한다.

Save 버튼을 클릭한다.

3단계: 젠킨스에 깃랩 플러그인 설치: 젠킨스에 깃랩 플러그인을 설치해야 한다. 자세한 설치 방법은 5장을 참고한다.

4단계: 깃랩에서 트리거를 가져오도록 젠킨스 작업 구성: 대시보드에서 DeployCalcualtorAPIUsingPipelineAsACode 젠킨스 작업을 찾아 **Configure**를 클릭한다.

Build Triggers 섹션까지 아래로 스크롤한다. 깃랩 플러그인을 설치하면 Build when a change is pushed to GitLab 옵션이 나타난다.

이 옵션의 체크박스를 선택하고, 그 옆에 표시된 GitLab webhook URL을 복사한다.

이 작업이 한 번만 실행되도록 하기 위해 **Push Events** 체크박스를 선택하고, 나머지는 선택 해제한다. 아래로 내려가 **Advanced** 버튼을 클릭한다. 그러면 이 옵션과 관련된 다른 설정이 나타나는데, 그중에 Secret token 필드로 이동한다.

Generate 버튼을 클릭한다. 그러면 깃랩에서 작업을 시작할 때 접속 인증을 할 수 있는 보안 토큰이 생성된다. 구성을 저장하기 전에 이 토큰을 복사해둔다.

마지막으로, **Save** 버튼을 클릭해 구성을 저장한다.

5단계: 깃랩에서 웹훅 생성: 젠킨스 작업을 시작할 깃랩 리포지터리로 이동해 웹훅을 생성한다.

이번 예제에서는 `JenkinsBookCalculatorAPI` 리포지터리로 코드가 푸시될 때 웹훅을 실행하도록 한다.

그러려면 깃랩에서 `JenkinsBookCalculatorAPI` 리포지터리로 이동하고, 메뉴에서 **Settings > Webhooks** 항목을 선택한다.

웹훅 페이지가 나타나면 URL 필드에 프로젝트 URL을 입력하고, secret token 필드에 앞 단계에서 복사한 프로젝트의 보안 토큰을 입력한다.

master 브랜치로 푸시할 때 작업을 시작하게 하려면 Trigger 섹션에서 **Push Events** 체크박스를 선택하고, Push Events 체크박스 아래에서 **Wildcard pattern**을 선택한 후 Edit 필드에 **master**를 입력한다.

페이지 아래로 스크롤하고 **Add Webhook** 버튼을 클릭한다. 그러면 웹훅이 저장된다.

6단계: CalculatorAPI 프로젝트의 pom.xml 변경 및 푸시: 예제에서는 버전 값을 9.0으로 변경했다(리스트 16-8).

▼ **리스트 16-8** pom.xml의 버전 변경

```
<groupId>Pranodayd</groupId>
<artifactId>CalculatorAPI</artifactId>
<version>9.0</version>
```

`git add` 및 `git commit` 명령을 실행하고, `git push` 명령을 사용해 변경 사항을 master 브랜치에 푸시한다. 이상의 작업을 수행하면 빌드가 시작되는 것을 볼 수 있다.

▶▶ 깃허브 웹훅으로 시작하는 파이프라인 작업 생성

이번 절에서는 깃랩에서 만든 방식대로 깃허브에서도 웹훅을 만들어본다. 먼저, 깃허브 웹훅으로 젠킨스 작업을 시작하는 설정부터 알아보자. 다음 단계에 따라 진행한다.

1단계: 깃허브에 JenkinsBookCalculatorAPI 리포지터리 생성: 깃허브에 JenkinsBook CalculatorAPI라는 비공개 리포지터리를 생성하고, CalculatorAPI 프로젝트를 푸시한다.

CalculatorAPI는 이 책에서 계속 사용했던 프로젝트로, 이전 절에서는 프로젝트 디렉터리에 Jenkinsfile.txt 파일을 생성하고, 깃랩 리포지터리로 푸시했다. 이번에는 깃랩 대신 깃허브 리포지터리로 푸시하는 것이며, 다만 푸시 작업 전에 파이프라인 스크립트를 루트 디렉터리의 Jenkinsfile.txt 파일에 보관하는 대신, BuildScript 디렉터리에 BuildCalculatorAPI.txt로 이동한다.

2단계: 젠킨스에 깃허브 플러그인 설치: 젠킨스 작업에서 구성 옵션을 가져오려면 깃허브 플러그인을 설치해야 한다. 젠킨스에서 플러그인을 설치하는 자세한 방법은 5장을 참고한다.

3단계: 젠킨스 구성에서 훅 URL 설정: **Manage Jenkins > Configure System**으로 이동한다. GitHub 섹션에서 **Advanced** 버튼을 클릭한다.

Override Hook URL훅 URL 오버라이드 섹션의 **Specify another hook URL for GitHub configuration**깃허브용 다른 훅 URL 지정 체크박스를 선택하고, 시스템의 공인 IP를 추가한다.

Save 버튼을 클릭한다.

4단계: 파이프라인 작업 생성: 파이프라인 작업을 만들기 위해 젠킨스 대시보드에서 **New Item** 링크를 클릭한다.

작업 이름에 **DeployCalculatorAPIUsingPipelineAsACodeFromGitHub**을 입력하고 **Pipeline** 옵션을 선택한 후, **OK** 버튼을 클릭한다.

Build Triggers 섹션에서 **GitHub hook trigger for GITScm polling**을 선택한다. 이 옵션은 깃허브 플러그인이 설치된 경우에만 나타난다.

Pipeline 섹션에서는 Definition 드롭다운에서 **Pipeline script from SCM** 옵션을 선택한다. 그 아래 나타나는 SCM 드롭다운에서는 **Git** 옵션을 선택한다. 앞에서 생성한 깃허브 리포지터리의 HTTP URL을 Repository URL 필드에 입력한다. 깃허브의 API 토큰으로 인증할 수 있도록 Credentials 아래 **Add** 버튼을 눌러 자격 증명을 추가한 후, Credentials 드롭다운에서 새로 추가된 자격 증명 항목을 선택한다. Branch Specifier 필드에는 **master**를 입력한다.

Script Path 필드에는 BuildScript/BuildCalculatorAPI.txt를 추가한다. 파이프라인은 프로젝트 루트 디렉터리의 BuildScript 폴더 내에 BuildCalculatorAPI.txt라는 이름으로 작성된다.

마지막으로, **Save** 버튼을 클릭한다.

5단계: 깃허브 리포지터리에서 웹훅 생성: `JenkinsBookCalculatorAPI` 리포지터리 페이지로 이동하고, **Settings** 탭을 클릭한다. 왼쪽의 **Webhooks** 메뉴를 클릭하면 Webhooks 페이지가 나타난다.

Add webhook 버튼을 클릭한다. Payload URL 필드 내에 다음 형식으로 URL을 입력한다.

```
http://<젠킨스_서버의_공인_IP>:<포트_번호>/github-webhook/
```

예제에서는 공인 IP 주소가 1.23.253.174인 서버의 8080 포트에서 젠킨스가 시작됐으므로 전체 주소는 다음과 같은 것이다.

```
http://1.23.253.174:8080/github-webhook/
```

웹훅의 시작 방식을 묻는 항목에서는 Just the Push Event 라디오 컨트롤을 선택한 후, **Add Webhook** 버튼을 클릭한다.

▶▶ 깃허브 웹훅을 사용해 파이프라인 작업 시작

pom.xml 파일에서 버전을 10.0으로 변경해보자(리스트 16-9).

▼ **리스트 16-9** pom.xml의 버전을 10.0으로 변경

```
<groupId>Pranodayd</groupId>
<artifactId>CalculatorAPI</artifactId>
<version>10.0</version>
```

`git add` 및 `git commit` 명령을 사용해 로컬 리포지터리에서 변경 사항을 커밋한다. 이들 변경 사항을 커밋한 후에는 `git push` 명령을 사용해 깃허브 리포지터리의 마스터 브랜치로 푸시한다. 그러면 깃허브 웹훅의 푸시 이벤트에 의해 빌드가 시작된다.

▶▶ 요약

16장에서는 깃허브/깃랩 리포지터리에 로그인할 때 비밀번호가 아니라 API 인증을 사용하는 방법과 장점에 대해 알아봤다. 또한 깃허브와 깃랩에서 이러한 API 토큰을 생성하는 법도 다뤘다. 그리고 생성한 토큰을 사용해 깃 명령으로 깃허브/깃랩 리포지터리의 작업을 진행했다. 또한 젠킨스에 API 토큰을 포함한 자격 증명 항목을 생성하는 방법도 살펴봤다. 이러한 API 토큰에 대한 이해를 바탕으로 (젠킨스 UI가 아니라) 코드의 형태로 파이프라인을 작성하고, 애플리케이션의 소스 코드와 함께 SCM에 푸시할 수 있는 파이프라인을 실행하는 방법을 배웠다. 마지막 절에서는 웹훅에 대해 알아보고, 깃허브와 깃랩에서 구성한 웹훅을 사용해 푸시 이벤트로 젠킨스 작업을 시작하는 방법을 배웠다. 17장에서는 젠킨스의 분산 빌드를 알아본다.

Chapter 17

젠킨스 분산 빌드

지금까지의 과정을 통해 젠킨스의 프리스타일 작업과 파이프라인 작업을 구현하는 방법을 배웠다. 또한 웹훅이나 SCM 폴링 같은 외부 트리거를 사용하거나 수동으로 빌드를 시작하도록 작업을 설정하는 방법도 살펴봤다. 그리고 지금까지는 이러한 작업을 실행할 때 1대의 젠킨스 시스템만을 사용했다. 그러나 1대의 시스템만 사용하는 방식은 여러 단계로 구성돼, 각 단계별로 시간 소모가 많은 대규모 애플리케이션을 구현하는 데는 적합하지 않다. 대규모의 빌드 단계를 한 서버가 순차적으로 실행하다보면 소요 시간이 길어지며 결국에는 최종 빌드 릴리스가 지연되는 결과를 초래한다. 또한 이렇게 빌드에 시간 소요가 많은 방식에서는 릴리스를 자주하기도 어려울 뿐만 아니라 이를 관리하는 것도 쉽지 않다. 또 다른 문제로는 단일 시스템에 필요한 모든 소프트웨어를 설치하는 것이 하드웨어의 제약으로 인해 불가능할 수도 있다는 것이다. 게다가 1대밖에 없는 빌드 서버에 장애라도 발생해 새로운 빌드 서버에 환경을 복제해야 한다면 이것도 엄청난 작업이 될 것이다. 최신 애플리케이션의 경우 각기 다른 하드웨어와 소프트웨어가 조합된 환경에서 테스트를 수행해야 하는데, 전체 빌드 프로세스를 관리하는 시스템이 1대뿐인 경우에는 이러한 작업이 불가능할 수도 있다.

이러한 문제들을 해결하기 위해 젠킨스는 분산 빌드라는 훌륭한 기능을 제공하며, 17장에서는 분산 빌드에 대해 자세히 알아본다. 그리고 분산 빌드에 필요한 젠킨스 설정 방법을 알아보고, 분산 빌드를 실행하기 위해 프리스타일 작업과 파이프라인 작업을 설정하는 방법을 설명한다.

▶▶ 젠킨스의 분산 아키텍처

젠킨스는 컨트롤러-에이전트[controller-agent] 아키텍처를 사용해 분산 빌드를 관리한다. 컨트롤러-에이전트 개념을 살펴보자.

- **젠킨스 컨트롤러**: 젠킨스가 설치된 시스템이다. 젠킨스 컨트롤러는 젠킨스 에이전트에서 빌드 단계가 실행되도록 분산하고 관리하는 역할을 한다. 그러나 이러한 분산 작업이 특정 빌드 단계에 필요한 하드웨어나 소프트웨어 요구 사항을 기반으로 하지는 않는다.

- **젠킨스 에이전트**: 젠킨스 슬레이브[slave]라고도 부르며, 젠킨스 컨트롤러에 연결된 시스템이다. 이 시스템에는 젠킨스 에이전트가 설치돼 있으며, 젠킨스 컨트롤러가 할당한 빌드 단계들을 실행한다. 1개 이상의 젠킨스 에이전트가 다양한 빌드 단계를 병렬로 실행하면서 전체 빌드 프로세스를 수행한다. 젠킨스의 컨트롤러-에이전트 아키텍처 다이어그램은 그림 17-1에 나와 있다.

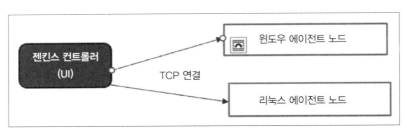

그림 17-1 젠킨스의 컨트롤러-에이전트 아키텍처

▶▶ 컨트롤러와 에이전트의 연결

분산 빌드를 실행하려면 컨트롤러와 에이전트가 연결돼야 한다. 연결 방법에는 다음 두 가지가 있다.

- **컨트롤러에서 에이전트로 연결**: 이 방식은 컨트롤러가 에이전트로 연결 요청을 보낼 수 있도록 에이전트를 구성한다. 이 구성에서는 최소한의 설정으로 에이전트 기기를 구성할 수 있다. 즉 에이전트에는 JDK/JRE만 설치하면 된다. 컨트롤러는 SSH 포트를 통해 에이전트 시스템과 연결하고, 에이전트에서는 remoting.jar을 복사한 후, 해당 시스템에서 사용 가능한 JDK/JRE를 사용해 실행한다. 그리고 이 remoting.jar 에이전트를 사용해 젠킨스 작업을 실행한다. 이 방식은 컨트롤러가 에이전트 기기에 요청을 보낼 수 있는 경우에 사용할 수 있다.

- **에이전트에서 컨트롤러로 연결**: 컨트롤러가 에이전트에 접속할 수 없는 경우에는 에이전트 프로세스를 시작할 수 없으므로 이때는 자바 네트워크 실행 프로토콜JNLP, Java Network Launch Protocol이라는 다른 유형의 에이전트를 구성해야 한다. 이 방식을 사용하려면 컨트롤러 기기의 젠킨스에서 **Manage Jenkins > Configure Global Security** 페이지로 이동한 후, Agents 섹션의 TCP port for inbound agents 옵션에서 **Fixed** 또는 **Random**을 선택해야 한다.

Fixed 옵션을 선택하면 Port 지정 필드가 나타난다. 이는 에이전트가 JNLP를 통해 컨트롤러에 연결하는 데 사용하는 포트다. 예제에서는 7070을 입력했다. 그리고 **Save** 버튼을 클릭한다.

설정을 완료한 후 에이전트 기기의 브라우저에서 에이전트 페이지를 열어본다. 그러면 JNLP Launch(시작) 아이콘이 표시된다. 해당 아이콘을 클릭해 JNLP 에이전트를 설치하고, 에이전트 시스템을 시작한다.

일단 JNLP 에이전트가 설치되면 이를 윈도우 서비스로 등록해 사용자의 간섭 없이 자동으로 시작할 수도 있다.

▶▶ SSH로 컨트롤러에서 에이전트로의 연결

이번 절에서는 SSH 연결을 사용해 젠킨스 에이전트를 시작하도록 컨트롤러-에이전 트 기기를 구성하는 단계별 프로세스를 살펴본다. 이 구성을 설명하기 위해 다음 2개 의 서로 다른 시스템을 사용한다.

- **컨트롤러**: 이 기기의 IP 주소는 192.168.43.10이다. 이 기기에는 젠킨스가 설치 돼 있어야 한다.

- **에이전트**: 이 기기의 IP 주소는 192.168.43.185다. 이 기기에는 JDK11이 설치 돼 있으며, 젠킨스 설치는 필요 없다.

1단계: SSH Build Agents 플러그인 설치

컨트롤러 기기의 젠킨스에 로그인하고, 플러그인 매니저를 사용해 SSH Build Agents 플러그인을 설치한다.

2단계: 에이전트에 자바 설치

에이전트 기기에 자바가 설치돼 있는지 확인한다. 아직 설치되지 않았다면 자바를 설치한다.

3단계: SSH 공개 키-개인 키 쌍 생성

컨트롤러 기기에서 ssh-keygen 명령을 사용해 공개 키-개인 키 쌍을 생성한다.

예제에서는 기본 경로인 ${CURRENT_USER}\.ssh에 키 쌍을 생성하고, 키에 대한 암호를 지정하지는 않았다. 키가 저장되는 경로나 암호 지정 여부는 사용자마다 다 르게 설정할 수 있다.

4단계: 개인 키가 포함된 자격 증명 항목을 컨트롤러 기기에 추가

컨트롤러 기기에서 젠킨스의 대시보드로 이동한다. **Manage Jenkins > Manage Credentials** 메뉴를 클릭해 Credentials 페이지로 이동한다.

Stores scoped to Jenkins 섹션에 표시된 **System** 링크를 클릭하면 시스템 페이지가 나타난다.

Global credentials (unrestricted) 링크를 클릭해 나타나는 페이지의 왼쪽 메뉴에서 **Add Credentials** 버튼을 클릭한다.

드롭다운에서 **SSH Username with private key** 옵션을 선택하고, Username 필드에 사용자 이름을 입력한다. 참고로 Username 필드에는 에이전트 기기에서 인증된 사용자 이름을 입력해야 한다. 젠킨스 컨트롤러는 여기에 입력된 사용자 이름을 사용해 에이전트에 연결하기 때문이다. 그 외 ID 및 Description 필드는 자유롭게 입력할 수 있다.

Enter Directly 라디오 버튼을 클릭한다. 예제에서는 Username 필드에 ADMIN을 입력했다(이후 단계에서 필요하므로 지금 입력한 이름을 기억해 둬야 한다).

Add 버튼을 클릭하고, ${CURRENT_USER}\.ssh\id_rsa 파일에서 복사해 생성한 개인 키 값을 Key 필드에 붙여 넣는다.

Passphrase 필드는 앞에서 키 쌍을 생성할 때 암호문을 지정하지 않았으므로 비워 둔다. 키 쌍을 생성할 때 암호문을 추가했다면 이 필드에 입력해야 한다.

Create 버튼을 클릭한다.

5단계: 젠킨스 컨트롤러에 노드 추가

컨트롤러 기기에서 젠킨스의 대시보드로 이동한다. **Manage Jenkins > Manage Nodes and Clouds** 링크를 클릭하면 새로운 노드를 생성하는 페이지가 나타난다.

왼쪽 메뉴에서 **New Node** 링크를 클릭한다. 그러면 노드의 상세 정보를 추가하는 페이지가 나타난다.

Node name 필드에 이름을 입력한다. 예제에서는 Node1이라고 입력했다. 그리고 Permanent Agent 라디오 버튼을 클릭하고, **Create** 버튼을 클릭한다. 그러면 노드의 다른 상세 정보를 지정하는 페이지가 열린다.

우선, 각 항목에 대해 알아본 다음, 직접 값을 입력하기로 한다.

- **Name(이름)**: 에이전트 시스템의 이름. 반드시 고유한 값이어야 한다.

- **Description(설명)**: 이 필드는 선택 사항으로서 생략할 수도 있지만, 다른 사용자가 참고할 수 있도록 시스템에 대한 정보를 작성하는 것이 좋다.

- **# of executors(동시 작업 수)**: 젠킨스가 이 에이전트에서 수행할 수 있는 최대 동시 작업(빌드)의 수. 예제에서는 테스트 목적으로 1개만 사용했다. 서버의 통계를 확인한 후에 개수를 조정할 수 있다.

- **Remote root directory(원격 루트 디렉터리)**: 에이전트는 젠킨스 전용 디렉터리를 필요로 하므로 여기에 전용 디렉터리의 경로를 지정한다. 경로 지정은 c:\jenkins\node1처럼 절대 경로를 사용하는 것이 좋다. 또한 이 경로는 에이전트의 로컬 디렉터리여야 한다. 컨트롤러에서는 이 경로를 참조하지 않는다.

- **Labels(레이블)**: 레이블(또는 태그)은 여러 에이전트를 하나의 논리적 그룹으로 분류하는 데 사용된다. 레이블 사이의 공백을 입력하면 여러 개의 레이블을 지정할 수 있다. 예를 들어, `linux docker`라고 입력하면 에이전트에는 `linux`와 `docker`라는 2개의 레이블이 할당된다.

- **Usage(제어 방식)**: 젠킨스에서 이 노드를 제어하는 방법을 정한다. 일반적인 설정 기본값은 Use this node as much as possible^{최대한 많이 이 노드를 활용}이다.

- **Launch method(실행 방식)**: 에이전트를 시작하는 방법을 정한다. 드롭다운에서 다음 옵션들 중 하나를 선택할 수 있다.

    - Launch agent by connecting it to the controller^{컨트롤러에 연결해 에이전트 실행}: 에이전트가 젠킨스 컨트롤러에 TCP 연결을 설정한다. 즉 컨트롤러에서 에이전트에 연결할 필요없이 에이전트가 컨트롤러에 연결할 수만 있으

면 된다. 이때 에이전트 시스템에서 JNLP 파일을 열어야 젠킨스 컨트롤러에 대한 TCP 연결이 이뤄진다. 연결을 수신할 포트는 **Manage Jenkins › Configure Global Security** 페이지의 Agents 섹션에서 설정할 수 있다.

JNLP 에이전트는 그래픽 사용자 인터페이스^{GUI, Graphical User Interface}를 띄우는 것이 기본 설정이지만, 윈도우 서비스처럼 GUI 없이 JNLP 에이전트를 실행할 수도 있다. 이에 대해서는 다음 절에서 자세히 설명할 것이다.

참고로, 이 항목은 기존에는 Launch agent via Java Web Start^{자바 웹 스타트로 에이전트 실행}로 사용됐다.

- Launch agent via execution of command on the controller^{컨트롤러에서 명령 실행을 통해 에이전트 시작}: 젠킨스가 컨트롤러에서 명령을 실행해 에이전트를 시작하는 방식이다. 예를 들어, SSH나 RSH를 통해 컨트롤러가 다른 기기의 프로세스를 원격으로 실행할 수 있는 상태일 때 사용한다. 일반적으로 Psecec.exe 같은 유틸리티를 사용해 원격 시스템의 에이전트를 실행한다.

- Launch agents via SSH^{SSH를 통해 에이전트 실행}: 보안 SSH 연결로 명령을 전송해 에이전트를 시작하는 방식이다. 에이전트에서 컨트롤러에 접속할 수 있어야 하고, 대상 기기에 로그인할 수 있는 계정이 필요하다. 여기에 루트 권한이 필요하지는 않다. 본 예제에서는 이 방식을 사용할 것이다.

  Launch Method 드롭다운에서 이 옵션을 선택하면 Host, Credentials, Host Key Verification Strategy라는 추가 필드가 나타난다.

  • **Host(호스트)**: 접속할 에이전트의 호스트명이나 IP를 입력한다.

  • **Credentials(자격 증명)**: Credentials 드롭다운에서 인증 정보가 있는 자격 증명 항목을 선택한다.

  • **Host Key verification strategy(호스트 키 검증 전략)**: 원격 호스트에 접속할 때 제공된 SSH 키를 확인하는 방법을 제어한다. 이 드롭다운에는 다음과 같은 옵션이 있다.

Known hosts file verification strategy(known_hosts 파일 검증 전략): 젠킨스가 실행 중인 사용자의 known_hosts 파일(~/.ssh/known_hosts)을 확인해 현재의 연결과 일치하는 항목이 있는지 확인한다. 이때 다음과 같은 SSH Host Key Verification 에러가 발생할 수도 있다.

```
No entry currently exists in the Known Hosts file for this host.
Connections will be denied until this new host and its associated
key is added to the Known Hosts file.
Key exchange was not finished, connection is closed.
java.io.IOException: There was a problem while connecting to
node2.scmquest.com
(현재 이 호스트에 대한 알려진 호스트 파일에 항목이 없습니다.
이 새 호스트와 관련 키가 알려진 호스트 파일에 추가될 때까지 연결이 거부됩니다.
키 교환이 완료되지 않아 연결이 종료됐습니다.
java.io.IOException: node2.scmquest.com에 연결하는 동안 문제가 발생했습니다.)
```

이 에러는 젠킨스에서 ecdsa-sha2-nistp256과 같은 최신 암호를 지원하지 않는 SSH lib을 사용하기 때문이다. 이 문제는 known_hosts 항목을 삭제하고 다음 명령을 사용해 새 항목을 만들어서 해결할 수 있다(명령 중 node2.scmquest.com은 에이전트의 호스트 이름을 의미한다).

```
ssh -o HostKeyAlgorithms=ssh-rsa node2.scmquest.com
```

- **Manually provided key verification strategy(수동으로 제공된 키 검증 전략)**: 원격 호스트에서 제공한 키가 현재 연결을 구성한 사용자가 설정한 키와 일치하는지를 확인한다.

- **Manually trusted key verification strategy(수동으로 신뢰하는 키 검증 전략)**: 원격 키가 이 호스트에 대해 신뢰할 수 있다고 표시된 키와 일치하는지 확인한다. 구성에 따라 첫 번째 연결에서 키가 자동으로 신뢰되거나, 권한이 있는 사용자에게 키를 승인하라는 메시지가 표시된다. 연결을 하려면 이 호스트에 대한 키를 인증할 수 있는 Computer.CONFIGURE 권한을 갖는 사용자여야 한다.

- **Non verifying verification strategy(비검증 전략)**: 원격 호스트가 제공한 SSH 키를 검증하지 않고, 키에 관계없이 모든 연결을 허용한다. 이 옵션은 공격자가 사용할 수 있으므로 선택하지 않는 것이 좋다.

  Let Jenkins control this Windows agent as a Windows service젠킨스가 이 윈도우 에이전트를 윈도우 서비스로 제어: 윈도우에 내장된 원격 관리 기능으로 윈도우 에이전트를 시작한다. 이 옵션은 윈도우 에이전트를 관리할 때 적합하다. 에이전트의 IP로 컨트롤러가 접속할 수 있어야 한다.

- **Availability(가용성)**: 에이전트의 시작과 중단 시기를 관리한다.

- **Keep this agent online as much as possible**이 에이전트를 가능한 온라인 상태로 유지: 기본 설정값이다. 이 모드에서 젠킨스는 가능한 한 에이전트를 온라인 상태로 유지한다. 만약 젠킨스가 사용자의 지원 없이 에이전트를 시작할 수 있는 권한이 있고, 에이전트가 비활성화 상태라면 주기적으로 에이전트를 시작하려고 시도한다. 즉 젠킨스는 에이전트를 오프라인 상태로 만들지 않는다.

- **Bring this agent online when in demand and take offline when idle**이 에이전트가 필요할 때는 온라인으로 유지하고, 유후 상태일 때는 오프라인으로 전환: 이 모드에서는 젠킨스가 사용자의 지원 없이 에이전트를 시작할 수 있는 권한이 있고, 실행되지 않은 작업이 있는 경우, 주기적으로 에이전트를 시작하려고 시도한다. 그 외의 경우, 에이전트는 오프라인 상태가 된다.

예제에서 노드를 생성할 때 사용한 필드 값은 다음과 같다.

1. Name 필드에는 Node1을 입력했다.

2. # of executors 필드에는 1을 입력했다. 이는 단일 에이전트에서는 1개의 빌드만 실행하기 위함이다.

3. **Remote Root Directory**에는 C:\JenkinsJobExecution을 입력했다. 젠킨스 작업을 실행하면 이 디렉터리에 워크스페이스가 생성된다. C: 드라이브의 디렉터리를 사용한 이유는 C: 드라이브가 예제 시스템의 SystemRoot이고, 컨트롤러

가 에이전트에 연결하면 SystemRoot(예제의 경우에는 C:)에서 사용자 디렉터리로 들어가기 때문이다. 만약 D:\처럼 다른 디렉터리 경로를 입력하면 젠킨스 작업이 실행될 때 오류가 발생한다.

4. Labels 필드에는 CalculatorAPI_Node를 입력했다.

5. Usage 필드는 Use this node as much as possible을 선택했다.

6. Launch method 필드는 Launch agents via SSH를 선택했다.

7. Host 필드에는 에이전트의 IPv4 주소인 192.168.43.185를 입력했다.

8. Credentials 필드는 17장에서 생성한 자격 증명 항목을 선택했다.

9. Host Key Verification Strategy 필드는 Known hosts file verification strategy를 선택했다.

10. Node Properties 섹션에서는 **Environment variables** 체크박스를 선택하고, **Add** 버튼을 클릭한 후, Name 필드에 JAVA_HOME을 입력해 JAVA_HOME 환경 변수를 생성했다. Value 필드에는 에이전트 기기의 JDK 경로를 넣었다. 이는 에이전트에서 실행할 작업이 mvn 명령을 사용해야 하고, mvn은 JAVA_HOME 환경 변수에서 지정한 JDK가 필요하기 때문이다(그림 17-2).

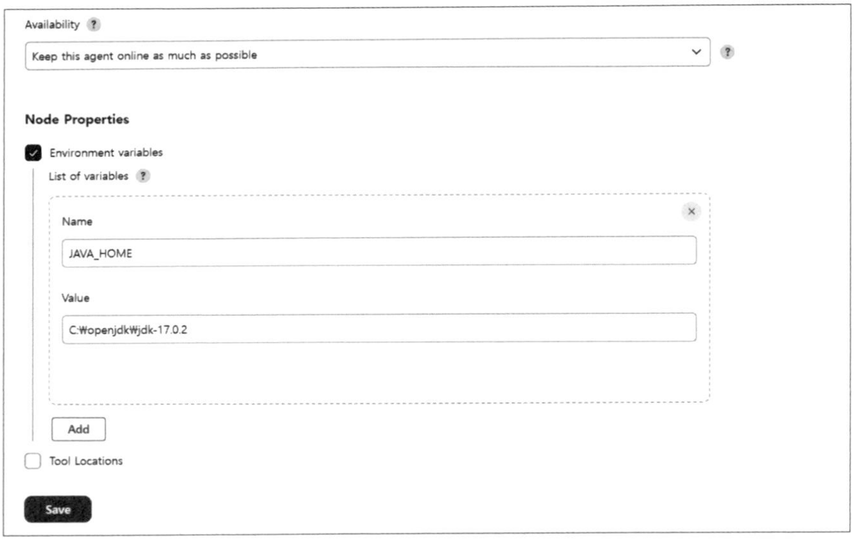

그림 17-2 Node Properties의 JAVA_HOME 환경 변수

11. **Save** 버튼을 클릭해 노드 구성을 저장한다.

컨트롤러 기기에서 이러한 단계를 모두 수행했다면 이제 에이전트 기기에서 다음 단계를 진행한다.

6단계: 에이전트의 authorized_keys 파일에 공개 키 추가

에이전트 기기의 ${CURRENT_USER} 디렉터리로 이동해보자. 예제에서는 C:\Users\ADMIN이다. 여기서 .ssh라는 디렉터리를 만든다. 마우스를 우클릭하면 콘텍스트 메뉴가 나타나는데, **Git Bash Here** 메뉴를 클릭해서 Git bash 창을 연다.

Git bash에서 다음 배시 명령을 실행해 `authorized_keys`라는 이름의 파일을 만든다.

```
touch authorized_keys
```

이 명령은 ${CURRENT_USER} 디렉터리 아래의 .ssh 폴더에 `authorized_keys`라는 파일을 생성한다. 이 파일을 열고 컨트롤러 기기에서 생성한 키 쌍의 공개 키를 붙여 넣는다.

7단계: 에이전트의 authorized_keys 파일 권한 변경

authorized_keys 파일에서 마우스 우클릭을 한다. **속성(R)** 메뉴를 선택하면 authorized_keys 속성 창이 열린다.

보안 탭을 클릭한 후, **고급(V)** 버튼을 클릭한다. 그러면 authorized_keys 고급 보안 설정 창이 열린다(그림 17-3).

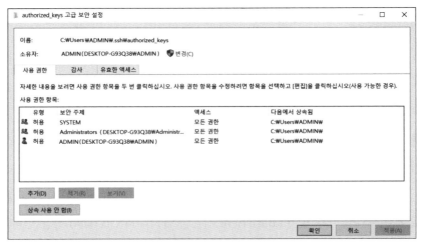

그림 17-3 authorized_keys 파일의 고급 보안 설정

상속 사용 안 함(I) 버튼을 클릭한다. 그런 다음 첫 번째 옵션인 '상속된 사용 권한을 이 개체에 대한 명시적 사용 권한으로 변환합니다.'를 선택한다.

목록에는 시스템과 현재 사용자만 유지한다. 그 외 사용자는 **제거(R)** 버튼을 사용해서 삭제한다.

그림 17-4는 2명의 사용자, 즉 ADMIN(예제의 현재 사용자이면서 4단계에서 자격 증명 항목을 생성한 사용자)과 SYSTEM만 남겨둔 것을 보여준다.

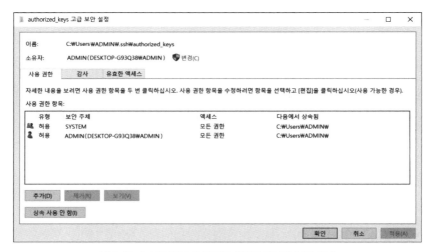

그림 17-4 ADMIN과 SYSTEM 사용자 항목만 남은 모습

이제 **확인** 버튼을 클릭하고, authorized_keys 속성 창에서도 **확인** 버튼을 클릭한다.

8단계: sshd 서비스 재시작

에이전트 기기에서 서비스 창으로 이동한 후, OpenSSH Server 서비스를 재시작한다.

만약, OpenSSH Server가 설치돼 있지 않다면 설정 애플리케이션을 실행한 다음, 애플리케이션 및 기능 항목을 클릭하고, **선택적 기능** 링크를 클릭한다. 설치된 기능 목록 중에서 'OpenSSH Server'가 표시되지 않으면 **기능 추가** 버튼을 클릭하고 OpenSSH Server 항목을 찾아 설치한다. 설치 후에 컴퓨터를 재부팅해야 할 수도 있다.

설치가 완료됐다면 윈도우 서비스 창으로 이동해 OpenSSH Sever 서비스 실행 여부를 확인하고, 시작 또는 재시작한다.

9단계: 컨트롤러에서 에이전트로의 연결 확인

컨트롤러 기기에서 명령 프롬프트를 열고 다음 명령을 실행한다.

```
ssh 사용자_이름@에이전트_IP_주소
```

예제에서는 다음과 같이 실행했다.

```
ssh ADMIN@192.168.43.185
```

엔터 키를 누르면 다음과 같은 질문이 나타난다.

```
Are you sure you want to continue connecting(yes/no/[fingerprint])?
```

yes라고 입력하고 엔터 키를 누르면 SSH 연결이 성공할 것이다. 그리고 컨트롤러 기기의 ${CurrentUser}\.ssh 폴더에 known_hosts라는 파일이 생성된다. 이 파일을 열면 에이전트 시스템에 대한 키 항목이 추가된 것을 확인할 수 있다.

NOTE[1]

ssh 접속 시 문제가 발생할 경우 다음과 같이 ssh 명령에 -v 옵션을 추가하면 원인을 찾는 데 도움이 된다.

```
ssh -v ADMIN@192.168.43.185
```

예를 들어, 다음 그림의 로그를 보면 ssh 접속 시 에이전트 시스템의 authorized_keys 파일을 활용하지 못하고, 비밀번호를 계속 요구하는 원인을 알 수 있다. 즉 개인 키가 다른 사용자에게 노출된 가능성이 있어서 개인 키가 무시되는 경우로서 컨트롤러의 개인 키(id_rsa) 파일에 대해 앞 7단계의 authorized_keys 권한 변경처럼 조치를 취하면 문제가 해결된다.

그림 17 – 참고1 권한 오류로 개인 키 파일이 무시되는 경우

---

1   이 참고는 독자의 이해를 돕기 위해 만들었다. – 옮긴이

10단계: 컨트롤러에서 새 노드 시작

젠킨스 대시보드에서 **Manage Jenkins > Manage Nodes and Clouds** 메뉴를 클릭한다. Node1 항목을 클릭하고 **Launch Agent** 버튼을 클릭한다. 그러면 컨트롤러와 에이전트가 성공적으로 연결되는 것을 볼 수 있다.

연결이 진행되는 동안 컨트롤러는 remoting.jar 파일을 에이전트 기기의 Remote root directory에 설정된 경로로 복사한다.

▶▶ Node1 에이전트에서 실행할 프리스타일 작업 생성

SSH를 사용해 컨트롤러와 에이전트를 구성하는 작업을 성공했다면 이제 에이전트에서 실행할 작업을 생성할 차례다.

예제에서는 넥서스 리포지터리로 CalculatorAPI JAR를 배포할 프리스타일 작업을 생성했다.

Restrict where this project can be run[이 프로젝트는 에이전트에서 실행되도록 제한] 체크박스를 선택하고, Label Expression 필드에 **Node1**을 입력한다. 이렇게 설정하면 해당 작업은 지정된 노드에서만 실행된다. Source Code Management 섹션에는 깃 설정을 유지한다. 빌드 스텝은 `mvn deploy`로 설정하고, **Save** 버튼을 클릭한다.

▶▶ Node1 에이전트에서 새로운 프리스타일 작업 실행

SSH로 연결된 에이전트에서 작업을 실행하기에 앞서 Node1 에이전트가 실행돼 있어야 한다(앞에서 설명한 '10단계: 컨트롤러에서 새 노드 시작' 절 참고). 이제 프리스타일 작업을 실행하면 에이전트 기기에서 빌드가 실행된다.

▶▶ JNLP를 사용해 에이전트와 컨트롤러를 연결하는 구성 이해

1단계: JNLP 에이전트의 연결 요청을 수신하도록 젠킨스 컨트롤러 구성

컨트롤러 기기에서 Manage Jenkins > Configure Global Security 메뉴를 클릭한다.

아래로 스크롤해 Agents 섹션의 TCP port for inbound agents 항목에서 Fixed 라디오 버튼을 선택하고, 포트 번호를 입력한다. 본 예제에서는 7070을 입력했다.

2단계: 젠킨스 URL 설정

Manage Jenkins > Configure System 메뉴를 클릭한다. 페이지 아래로 스크롤해 Jenkins Location 섹션으로 이동한다.

Jenkins URL 필드에 http://〈컨트롤러_IP_주소: 포트_번호〉를 입력한다. 예제의 경우 IP 주소는 192.168.43.10이고 포트 번호는 8080이므로 필드에 http://192.168.43.10:8080을 입력했다.

참고로, 컨트롤러 기기가 localhost를 사용하면 에이전트 기기에서 접속할 수 없으므로, http://localhost를 사용하지 않도록 한다.

Save 버튼을 클릭한다.

3단계: 에이전트 기기에서 새 노드 추가

이 작업은 에이전트 기기에서 진행하는 것으로, 에이전트 기기에서 젠킨스 컨트롤러 URL을 사용해 젠킨스에 접속한다. Manage Jenkins > Manage Nodes and Clouds 메뉴를 클릭한 후, 상단 메뉴에서 New Node 버튼을 클릭한다. Node ame 필드에 노드 이름을 입력한다. 예제에서는 Node3을 입력했다. 그리고 Create 버튼을 클릭한다.

계속해서 다른 필드들의 입력 값은 다음과 같다.

- **Name**: Node3

- **Number of executors**: 1

- **Remote root directory**: C:\JNLPNode

- **Labels**: JNLPNode

- **Usage:** Use this node as much as possible

Launch method 드롭다운에서는 **Launch agent by connecting to the controller** 옵션을 선택한다. Node Properties 섹션은 그림 17-2를 참고해 입력한다. 마지막으로, **Save** 버튼을 클릭한다. 노드 목록이 나타나면 목록에서 Node3을 클릭한다. 에이전트 Node3에 대한 정보가 나타나면 그림 17-5에서 보듯 agent.jar 링크를 클릭해 파일을 다운로드한다.

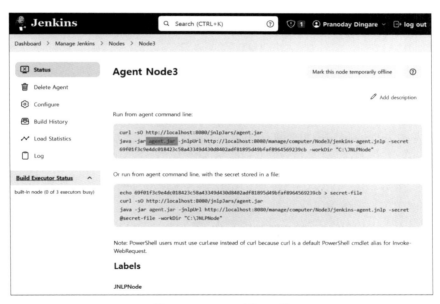

그림 17-5 agent.jar 다운로드 링크

agent.jar 파일을 다운로드한 후, 사용자가 원하는 위치로 이동해 보관한다.

본 예제에서는 D:\Agentjar 폴더에 보관했다.

에이전트 Node3 페이지에는 Run from agent command line^{다음 명령을 에이전트의 명령 프롬}^{프트에서 실행} 부분의 명령문이 다음과 같이 표시된다.

```
curl -sO http://192.168.43.10:8080/jnlpJars/agent.jar
java -jar agent.jar -jnlpUrl http:// 192.168.43.10:8080/manage/computer/
Node3/jenkins-agent.jnlp -secret 69f01f3c9e4dc018423c58a43349d430d8402adf818
95d49bfaf8964569239cb -workDir "C:\JNLPNode"
```

이 명령문에서 agent.jar의 경로를 사용자의 기기에 맞춰 수정하고, 명령문을 복사한다. 예제에서는 D:\AgentJar 폴더에 파일이 있기 때문에 다음과 같이 수정했다.

```
curl -sO http://192.168.43.10:8080/jnlpJars/agent.jar
java -jar D:\agent.jar -jnlpUrl http:// 192.168.43.10:8080/manage/computer/
Node3/jenkins-agent.jnlp -secret 69f01f3c9e4dc018423c58a43349d430d8402adf818
95d49bfaf8964569239cb -workDir "C:\JNLPNode"
```

수정을 마쳤다면 이 명령을 에이전트 기기의 명령 프롬프트에서 실행한다.

참고로, 이 명령문의 `workdir` 매개변수 값은 노드 인스턴스를 구성할 때 설정한 Remote root Directory 필드에서 가져온 값이다. 그리고 secret 매개변수의 값은 노드마다 다를 것이다.

▶▶ JNLP 노드에서 실행할 작업 생성

본 예제에서는 CalculatorAPI 리포지터리에서 코드를 가져와서 JAR 파일을 빌드하고, 이를 넥서스로 배포하는(17장에서 만든 다른 작업과 동일한) **JNLPNodeJob**이라는 작업을 만들었다. 유일한 차이점은 Label Expression 필드에 Node3이라는 값을 대신 넣었다는 것이다.

대시보드에서 실행 아이콘을 클릭해서 작업을 실행한다. 그러면 작업이 Node3에서 실행되는 것을 볼 수 있다.

▶▶ 요약

17장에서는 분산 빌드가 무엇인지와 분산 빌드가 제공하는 장점에 대해서 배웠다. 또한 젠킨스 컨트롤러와 에이전트를 연결하는 다양한 방법을 알아봤다. SSH 및 JNLP를 사용해 컨트롤러-에이전트를 연결하는 과정을 단계별로 다뤘다. 그리고 젠킨스 작업이 에이전트에서 실행되도록 구성해봤다. 18장에서는 AWS 플랫폼에서 EC2 인스턴스를 생성하고 젠킨스 파이프라인을 통해 웹 애플리케이션을 배포하는 방법을 알아본다.

Chapter 18

AWS와 젠킨스 통합

최근의 애플리케이션 배포는 사내 서버가 아니라 클라우드에서 이뤄지는 경우가 많다. 아마존 웹 서비스AWS, Amazon Web Services나 마이크로소프트의 애저Azure와 같은 클라우드 플랫폼을 이해하는 것은 데브옵스 전문가로서 성공하는 데 있어 매우 중요하다.

18장에서는 젠킨스를 사용해 AWS 클라우드의 시스템(EC2 인스턴스)에 웹 애플리케이션을 배포하고, 여기서 셀레늄 테스트를 실행하는 방법을 설명한다.

▶▶ AWS의 EC2 인스턴스 이해

EC2Elastic Compute Cloud 인스턴스는 AWS에서 제공하는 가상 서버를 말한다. AWS 사용자가 AWS 클라우드에서 컴퓨터 서버를 요청하고 프로비저닝provisioning할 수 있는 웹 서비스다. 사용자는 시간당 비용을 지불하고 가상 서버를 임대한 후, 애플리케이션을 배포하는 데 사용할 수 있다.

인스턴스는 선택 유형에 따라 다른 요율의 시간당 비용이 부과된다. 사용자는 CPU와 메모리를 정해 인스턴스를 생성하고, 필요한 기간 동안 사용할 수 있다. 더 이상 필요가 없는 경우에는 인스턴스를 종료해 비용을 절약할 수 있다.

▶▶ AWS에서 EC2 인스턴스 생성

젠킨스를 이용해 웹 애플리케이션을 EC2 인스턴스로 배포하려면 먼저 AWS에서 EC2 인스턴스를 1개 생성해야 한다. 이를 위해 다음 절차를 수행한다.

1단계: AWS 가입

다음 링크(http://aws.amazon.com/ko/)에 접속하고, **AWS 계정 생성** 버튼을 클릭한다. AWS에 가입 페이지가 표시되면 안내에 따라 가입 절차를 수행한다.

2단계: AWS 로그인

다음 링크(http://aws.amazon.com/ko/)에 접속하고, **로그인** 버튼을 클릭한다.

로그인 화면에서 루트 사용자 라디오 박스를 선택하고, 루트 사용자 이메일 주소에는 1단계에서 기입한 이메일 주소를 입력하고, **다음** 버튼을 클릭한다.

비밀번호에는 가입 시 사용한 비밀번호를 입력하고, **로그인** 버튼을 클릭한다.

로그인 후 나타나는 대시보드 상단에서 **서비스** 메뉴를 클릭하면 모든 서비스 메뉴가 나타난다. 메뉴에서 **컴퓨팅**을 선택하고, 하위 메뉴에서 **EC2** 링크를 클릭한다.

3단계: EC2 인스턴스 생성

페이지를 아래로 스크롤해 **인스턴스 시작** 드롭다운을 클릭한다. 그런 다음 **인스턴스 시작** 옵션을 클릭한다.

윈도우에서 EC2 인스턴스를 생성하려면 '애플리케이션 및 OS 이미지^{Amazon Machine Image}' 섹션의 Quick Start에서 **Windows** 항목을 선택한다.

인스턴스 유형 섹션에는 윈도우에서 사용 가능한 EC2 인스턴스가 표시된다. EC2 인스턴스에는 t2micro, t2medium, t2large 등의 유형이 있으며, 각 유형마다 디스크 공간, 프로세서 속도, 메모리의 종류가 다르다. 따라서 사용자는 자신의 요구 사항에 따라 적절한 유형을 선택해야 한다. 또한 t2micro와 같은 일부 유형의 인스턴스는 무료지만, 다른 유형들은 유료로 제공된다. 본 예제에서는 무료로 제공되는 t2.micro(프리 티어 사용 가능)를 선택한다.

키 페어(로그인) 섹션에서는 EC2 인스턴스에 접속할 수 있는 인증 키 쌍을 생성할 수 있다. 여기서 **새 키 페어 생성** 링크를 클릭한다. 키 페어 이름 필드에 이름을 입력한다. 본 예제에서는 MyEC2Instance라고 입력한다. 프라이빗 키 파일 형식은 .pem을 선택하고, **키 페어 생성** 버튼을 클릭한다. 브라우저에서 MyEC2Instance.pem을 저장하려는 대화상자가 나타나면 사용자가 원하는 위치를 지정해서 키를 저장한다.

마지막으로, 화면의 맨 아래로 이동해 **인스턴스 시작** 버튼을 클릭한다. 인스턴스가 생성되면 성공 메시지가 나타난다. 화면 아래의 **모든 인스턴스 보기** 버튼을 클릭하면 인스턴스 페이지가 나타나며, 방금 전에 생성한 인스턴스를 목록에서 확인할 수 있다.

4단계: EC2 인스턴스 시작

인스턴스 항목의 첫 번째 열의 체크박스를 클릭하고, 화면 상단에 **작업** 버튼을 클릭해 드롭다운을 연다. 여기서 **연결** 옵션을 클릭하고, **RDP 클라이언트** 탭을 클릭한다. 그리고 화면 하단의 **암호 가져오기** 링크를 클릭한다.

프라이빗 키 파일 업로드 버튼을 클릭하고, 앞에서 저장한 MyEC2Instance.pem 파일을 선택하면 텍스트 상자에 개인 키가 표시된다. 이제 **암호 해독** 버튼을 클릭한다. 그러면 암호 항목에 비밀번호가 생성된 것을 확인할 수 있다. 암호 옆에 복사 아이콘을 클릭해서 암호를 복사한다.

이제 화면 중간의 **원격 데스크톱 파일 다운로드** 버튼을 클릭하고, 파일을 로컬에 저장한다. 다운로드한 파일을 더블클릭(실행)한 후, **연결(N)** 버튼을 클릭한다.

암호 필드에 앞에서 복사한 암호를 붙여 넣고, **확인** 버튼을 클릭한다. 인증서 관련 창에서 **예(Y)**를 클릭하면 그림 18-1처럼 EC2 인스턴스에 연결된 원격 데스크톱 프로토콜^{RDP, Remote Desktop Protocol}이 나타난다.

Browse 버튼을 클릭하고, 개인 키(MyEC2Instance.pem) 파일을 선택한다.

파일 대화상자에서 **Open** 버튼을 클릭하면 텍스트 필드에 개인 키 내용이 표시된다. **Decrypt Password** 버튼을 클릭한다. 그러면 Password 항목에 비밀번호가 생성된 것을 볼 수 있다. 생성된 비밀번호 옆에 복사 아이콘을 클릭한다.

그리고 **Download remote desktop file** 버튼을 클릭한다. 다운로드된 원격 데스크톱 파일을 더블클릭한 후, **Connect** 버튼을 클릭한다.

Password 필드에서 복사한 비밀번호를 붙여 넣고, **OK** 버튼을 클릭한다.

Yes 버튼을 클릭하면 그림 18-1처럼 RDP to EC2 인스턴스가 열린다.

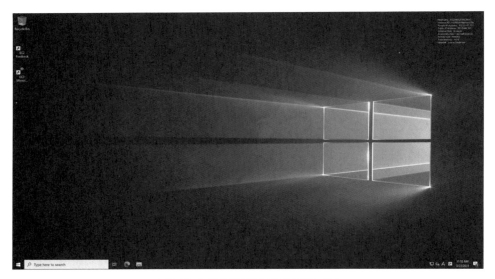

그림 18-1 EC2 인스턴스의 데스크톱 화면

▶▶ 계산기 웹 애플리케이션 배포용 EC2 인스턴스 구성

1단계: IIS 웹 서버 설치

계산기 웹 애플리케이션을 배포하려면 IIS 웹 서버를 설치해야 한다. 다음 단계를 따라 서버용 윈도우 시스템에 IIS 웹 서버를 설치해보자.

윈도우 키를 눌러 윈도우 메뉴 검색 창을 열고 **Server Manager**라고 입력한다. **Server Manager** 메뉴 항목을 선택하면 Server Manager Dashboard가 나타난다.

Add roles and features 링크를 클릭하고, **Next >** 버튼을 클릭한다.

Role-based or feature-based installation 라디오 버튼을 선택된 상태로 유지하고, **Next >** 버튼을 클릭하면 Select destination server 창이 나타난다. 여기서 **Next >** 버튼을 클릭한다.

Select server roles 창에서 **Web Server IIS** 체크박스를 선택하면 Add features that are required for Web Server(IIS) 창이 나타난다.

Add Features 버튼을 클릭하면 해당 항목이 선택된 것을 볼 수 있다.

Next > 버튼을 클릭해 Select features 창을 연다.

Next > 버튼을 클릭해 Web Server Role(IIS) 창을 연다.

Next > 버튼을 클릭해 Select role services 창을 연다.

마지막으로, **Next >** 버튼을 클릭해 Confirm installation selections 창을 연다.

Install 버튼을 클릭한다. 그리고 설치가 완료될 때까지 기다리고, 설치가 완료되면 **Close** 버튼을 클릭한다.

2단계: IIS 웹 서버 구성

C:\ 드라이브에 DeployedCalculatorApp이라는 빈 디렉터리를 만든다.

이제 IIS에서 이 디렉터리를 가리키는 웹 별칭(가상 디렉터리)을 만들어보자. 윈도우 메뉴의 Window Administrative Tools 내에 **Internet Information Services**[IIS] **Manager**를 클릭하면 IIS 관리자 창이 열린다.

IIS 콘솔에 표시된 트리를 열고 그림 18-2와 같이 Default Web Site[기본 웹 사이트]에서 마우스 우클릭을 한다.

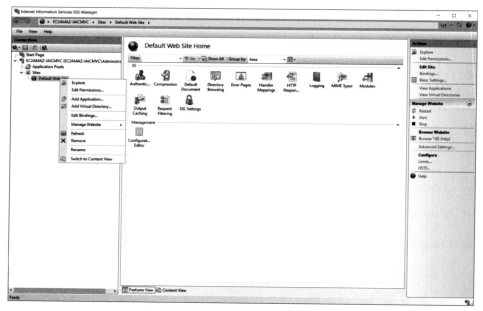

그림 18-2 Default Web Site(기본 웹 사이트)에서 우클릭하면 나타나는 메뉴

Add Virtual Directory...^{가상 디렉터리 추가} 메뉴를 선택해 가상 디렉터리 추가 창을 연다. 그림 18-3과 같이 Alias^{별칭} 필드에 `CalculatorWebApp`을 입력하고 Physical path^{실제 경로} 필드에 C:\DeployedCalculatorApp을 입력한다. **OK** 버튼을 클릭해 기본 웹 사이트 내에 가상 디렉터리를 만든다.

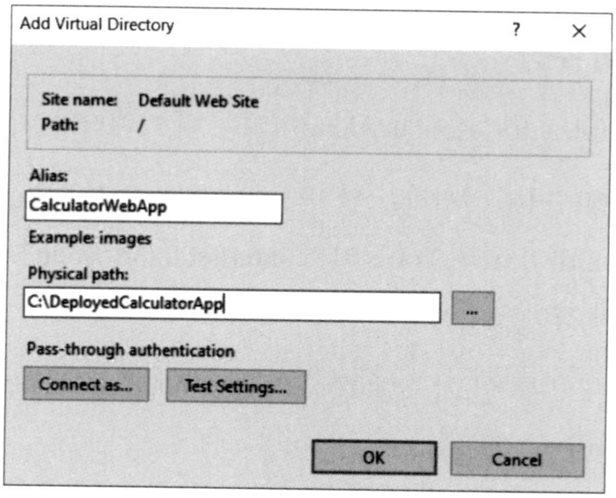

그림 18-3 기본 웹 사이트에서 별칭을 만들기 위해 입력한 세부 정보

3단계: 로컬 컴퓨터와 EC2 인스턴스 간의 SSH 연결 구성

계산기 웹 애플리케이션의 배포 프로세스의 하나로서 로컬 컴퓨터의 IIS의 가상 디렉터리가 가리키는 C:\DeployedCalculatorApp 내의 Calculator.html 파일을 EC2 인스턴스로 복사해야 한다. 파일을 복사하려면 EC2 인스턴스와 SSH 연결을 설정해야 한다. 이제 다음 단계를 따라 연결을 설정해보자.

1. 로컬 컴퓨터에서 SSH 키 쌍을 생성한다. `ssh-keygen -t rsa` 명령을 사용해 SSH 공개 키-개인 키 쌍을 생성한다.

   이를 실행하면 로컬 컴퓨터 내 ${CURRENT_USER}\.ssh 폴더에 공개 키와 개인 키가 생성된다.

2. EC2 인스턴스에 OpenSSH 서버를 설치하기 위해서 EC2 인스턴스에서 **Windows > Settings**를 선택해 설정 페이지를 연다.

3. **Apps**^{애플리케이션} 항목을 클릭해 Apps & features^{애플리케이션 및 기능} 창을 연다.

4. **Optional features**^{선택적 기능} 링크를 클릭한다.

5. **Add a feature**^{기능 추가} 버튼을 클릭한다.

6. 목록에서 OpenSSH Server를 찾아 선택한다.

7. **Install**^{설치} 버튼을 클릭한다.

8. EC2 인스턴스에서 authorized_keys 파일에 공개 키를 입력하기 위해 EC2 인스턴스의 C:\users\Administrator 디렉터리에서 Command Prompt(명령 프롬프트)를 연다. `mkdir .ssh` 명령을 실행해서 .ssh 폴더를 만든다.

9. 명령 프롬프트에서 `cd` 명령을 사용해 .ssh 폴더로 이동하고, 다음 명령을 실행해 authorized_keys라는 빈 파일을 생성한다.

```
fsutil file createnew authorized_keys 0
```

그러면 .ssh 폴더에 authorized_keys 파일이 생성된다.

10. 이 파일을 Notepad^{메모장}에서 열고, 로컬에서 생성한 공개 키를 붙여 넣는다.

11. 변경 사항을 저장한다.

12. authorized_keys 파일의 권한을 관리자로 설정하기 위해 authorized_keys 파일에서 마우스 우클릭하고 속성 메뉴를 클릭한다.

13. **Security**^{보안} 탭을 클릭한다.

14. **Advanced...** 버튼을 클릭한다.

15. **Disable inheritance**^{상속 비활성화} 버튼을 클릭한다.

16. **Convert inherited permissions into explicit permissions on this object**^{이 객체에 상속된 권한을 명시적 권한으로 변환} 옵션을 선택한다.

17. **OK** 버튼을 클릭한다.

18. authorized_keys 속성 창에서 **OK** 버튼을 클릭한다.

19. 이제, EC2 인스턴스에서 sshd_config 파일을 수정하기 위해 C:\ProgramData\ssh로 이동한다.

> **NOTE**
>
> ProgramData 폴더가 표시되지 않으면 탐색기의 View(보기) 메뉴에서 Hidden items(숨긴 항목) 보기 설정을 변경한다.

20. sshd_config 파일을 열고 아래로 스크롤해 그림 18-4에 해당하는 부분을 찾아 이 줄의 시작 부분에 #을 추가해 마지막 두 줄을 주석 처리한다.

> **NOTE[1]**
>
> 해당 폴더에 sshd_config 파일이 없다면 OpenSSH Server가 시작됐는지 확인하자. 서버를 시작하려면 윈도우 메뉴의 Window Administrative Tools 내에 Services를 선택한다. 그러면 Services (Local) 창이 나타난다. 목록에서 OpenSSH Server를 찾아 마우스 우클릭을 하고 Start(시작)를 선택하면 서버가 실행된다.

---

1   이 참고는 독자의 이해를 돕기 위해 만들었다. – 옮긴이

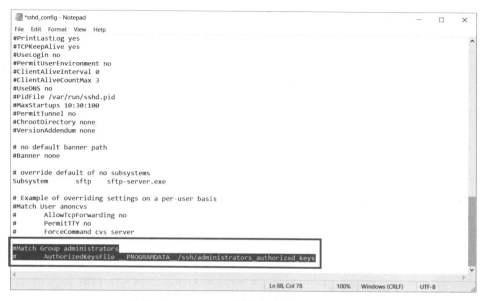

그림 18-4 sshd_config 파일에서 마지막 두 줄 주석 처리

21. 파일을 저장하고, OpehSSH Server를 재시작한다. 서버를 재시작하려면 윈도우 메뉴의 Window Administrative Tools 내에 **Services**를 선택한 후, 서비스 목록에서 OpenSSH Server를 찾아 마우스 우클릭을 하고 **Restart**^{다시 시작}를 선택한다.

22. 로컬 컴퓨터와 EC2 인스턴스 간의 SSH 연결을 허용한다. SSH를 사용해 EC2 인스턴스에 연결하려면 먼저 AWS의 EC2 인스턴스 설정에서 인바운드 규칙을 생성해 이 연결을 허용해야 한다.

23. 이를 위해, AWS 콘솔로 이동해 왼쪽 메뉴에서 **인스턴스 > 인스턴스** 링크를 클릭한다.

24. 인스턴스 목록에서 실행 중인 인스턴스 앞쪽에 체크박스를 클릭한다.

25. 해당 인스턴스의 상세 정보 페이지가 나타나면 **보안** 탭을 클릭한다.

26. 보안 탭의 '보안 그룹' 레이블 아래의 링크를 클릭한다.

27. 인바운드 규칙 탭 내에 **인바운드 규칙 편집** 버튼을 클릭한다.

28. 인바운드 규칙 편집 페이지가 표시된다.

29. **규칙 추가** 버튼을 클릭한다.

30. 새로 생성된 항목에 대한 유형 열 드롭다운에서 SSH를 선택한다.

31. 소스 열 입력 상자에 클릭하고, 0.0.0.0/0을 선택한다.

32. **규칙 저장** 버튼을 클릭한다.

    이 규칙은 보안 그룹의 기존 규칙에 추가되며, 포트 번호 22(기본 SSH 포트)를 사용해 EC2 인스턴스와의 SSH 연결을 허용한다.

33. 로컬 컴퓨터와 EC2 인스턴스 간의 SSH 연결을 테스트한다. 그러면 이제 필요한 구성이 모두 준비된 것이다. 다음 명령을 실행해 로컬 컴퓨터와 EC2 인스턴스 간에 SSH를 사용해 연결을 테스트해보자.

```
ssh <사용자_이름>@<EC2인스턴스_퍼블릭IPv4_DNS>
```

예제에서는 다음과 같이 사용했다.

```
ssh Administrator@ec2-3-141-17-90.us-east-2.compute.amazonaws.com
```

참고로, 퍼블릭 IPv4 DNS 정보는 EC2 인스턴스의 세부 정보 페이지에서 복사할 수 있다.

34. Are you sure you want to continue connecting (yes/no/[fingerprint])? 라는 프롬프트가 나타나면 **yes**를 입력하고 엔터 키를 누른다.

35. 이제 SSH를 통해 EC2 인스턴스에 성공적으로 연결할 수 있다.

▷▷ Calculator.html 파일을 EC2 인스턴스에 복사

Calculator.html을 EC2 인스턴스에 복사하고, CalculatorWebApplication을 배포할 젠킨스 작업을 생성하기에 앞서 scp 명령을 실행해 복사 기능을 검증해야 한다.

이를 위해 다음 명령이 정상적으로 실행되는지 확인해보자.

```
scp -i <개인키_파일_경로> <로컬_파일_경로>
<사용자_이름>@<EC2인스턴스_퍼블릭IPv4_DNS>:<받을_경로>
```

예제에서는 D:\JenkinsBookExamples\CalcualtorWebApplication\src\main\webapp 위치에 있는 Calculator.html 파일을 EC2 인스턴스 내에 C:\DeployedCalculatorApp로 이동하므로 다음 명령을 사용한다.

```
scp -i C:\Users\magicuser\.ssh\id_rsa D:\JenkinsBookExamples\
CalcualtorWebApplication\src\main\webapp\Calculator.html
Administrator@ec2-3-141-17-90.us-east-2.compute.amazonaws.com:
C:\DeployedCalculatorApp
```

명령 프롬프트에서 이 명령이 제대로 실행됐다면 Calculator.html 파일이 EC2 인스턴스의 C:\DeployedCalculatorApp 폴더로 복사될 것이다.

▷▷ 로컬 컴퓨터에서 EC2 인스턴스의 Calculator.html 접속

이제 로컬 컴퓨터의 브라우저에서 Calculator.html 파일에 접속해보자. HTTP URL을 사용해 EC2 인스턴스에 접속하려면 연결을 허용하는 인바운드 규칙을 생성해야 한다. 앞에서 수행한 것과 동일한 단계를 따라 SSH에 대한 인바운드 규칙을 만든다. 유일한 차이점은 Type(유형) 드롭다운에서 **HTTP**를 선택해야 한다는 것이다.

EC2 인스턴스로 이동하고 **Windows 시작 > 서비스 메뉴**를 선택한 다음, World Wide Web Publishing 서비스를 다시 시작한다. 로컬 컴퓨터에서 브라우저를 열고 다음 URL에 접속한다.

```
http://<EC2인스턴스_퍼블릭IPv4_DNS>/CalculatorWebApp/Calculator.html
```

예제에서는 다음 URL을 사용했다.

```
http://ec2-3-141-17-90.us-east-2.compute.amazonaws.com/CalculatorWebApp/
Calculator.html
```

▷▷ EC2 인스턴스에 계산기 웹 애플리케이션을 배포하는 젠킨스 작업 생성

예제에서는 BuildAndDeployCalculatorWebApplicationOnEC2Instance라는 프리스타일 작업을 만들었다. 이 작업에는 다음에 표시된 scp 명령을 사용하는 Execute Windows batch command 빌드 스텝을 추가한다.

```
scp  -i  C:\Users\magicuser\.ssh\id_rsa  src\main\webapp\Calculator.html
Administrator@ec2-3-141-17-90.us-east-2.compute.amazonaws.com:
C:\DeployedCalculatorApp
```

이 명령문은 앞에서 실행해본 명령과 같은 형식으로서, CalculatorWebApplication의 SCM에서 변경된 소스 코드를 가져온다. scp 명령을 사용해 워크스페이스 디렉터리에서 EC2 인스턴스의 C:\DeployedCalculatorApp 폴더로 Calculator.html을 복사한다.

빌드 스텝이 완료된 후, 이 작업은 다운스트림 작업 TestCalculatorWebApplication을 호출해 셀레늄 테스트를 시작한다. 이 작업은 Post-Build Actions 섹션의 **Build other project** 항목을 선택한 후, 나타나는 Projects to build 필드에서 지정한다. **Save** 버튼을 클릭한다.

▶▶ 셀레늄 프레임워크에서 계산기 애플리케이션 URL 변경

셀레늄 프레임워크는 로컬 컴퓨터에서 Calculator.html 파일에 접속된 상태다. 이를 EC2 인스턴스에 배포된 Calculator.html 파일에 접속해서 테스트를 실행할 수 있도록 변경해보자.

EC2 인스턴스의 Calculator.html의 URL을 포함하도록 EnvVars.csv에서 ApplicationURL 환경 변수를 변경해야 한다.

이 변경 사항을 커밋하고 셀레늄 프레임워크 리포지터리로 푸시한다. 예제에서는 다음 프레임워크 리포지터리로 변경 사항을 푸시했다.

```
http://gitlab.com/Pranoday/JenkinsBookSeleniumPythonFramework.git
```

여기에 셀레늄 프레임워크와 테스트를 가져와서 실행한다.

▶▶ BuildAndDeployCalculatorWebApplication OnEC2Instance 작업 실행

젠킨스 대시보드에서 실행 아이콘을 클릭해 BuildAndDeployCalculatorWebApplication OnEC2Instance 작업을 실행해보자.

BuildAndDeployCalculatorWebApplicationOnEC2Instance 작업의 로그를 빌드 콘솔에서 볼 수 있다.

작업이 완료되면 TestCalculatorWebApplication 작업이 시작된다.

이 작업은 EC2 인스턴스에 배포된 업스트림 작업인 계산기 웹 애플리케이션 테스트를 시작한다.

▶▶ 요약

18장에서는 EC2 인스턴스가 무엇이고 어떻게 만드는지 설명했다. 그런 다음, EC2 인스턴스에 IIS 웹 서버를 설치하고 웹 별칭(앨리어스)을 생성해 계산기 웹 애플리케이션을 배포했다. SSH를 통해 연결할 수 있도록 EC2 인스턴스에서 SSH 공개 키를 구성했다. HTTP 및 SSH에 연결할 수 있도록 EC2 인스턴스에 연결된 보안 그룹에서 인바운드 규칙을 생성하는 방법도 배웠다. 마지막으로, Calculator 애플리케이션을 가져오고 scp 명령을 사용해 EC2 인스턴스에 Calculator.html 파일을 복사하는 젠킨스 작업을 생성했다. 지금까지는 UI 메뉴를 통해 젠킨스를 사용했다. 19장에서 명령행 인터페이스를 사용해 젠킨스를 제어하는 방법을 배운다.

Chapter 19

기타 주제 - 1부

19장과 20장에서는 젠킨스 CLI와 젠킨스 REST API처럼 지금까지 다루지 않은 중요한 주제를 다뤄볼 것이다. 젠킨스 UI를 사용해 수동으로 제어하는 일반적인 방식은 이미 많이 다뤘다. 그러나 때로는 스크립트 언어나 셸shell을 사용해 프로그래밍 방식으로 젠킨스를 제어해야 할 수도 있다. 그러려면 젠킨스에서 제공하는 프로그래밍 인터페이스와 CLI를 사용하는 방법을 알아야 한다. 19장에서는 CLI를 사용해 젠킨스를 운영하는 방법을 알아본다. 또한 수동이 아닌 프로그래밍 방식으로 젠킨스와 상호 작용해야 하는 몇 가지 일반적인 사용법을 배운다.

▶ 젠킨스 CLI 이해

젠킨스에서는 이 책에서 계속해서 다뤘던 GUI 외에도 19장에서 배울 예정인 CLI를 제공한다.

젠킨스는 윈도우의 명령 프롬프트 또는 리눅스 기반 시스템의 콘솔 셸과 같은 셸 프로그램에서 실행할 수 있는 다양한 명령 집합을 제공한다. 배치 프로그램 또는 셸 스크립트를 작성하면 젠킨스 서버 접속을 자동화할 수 있다. 젠킨스가 제공하는 다양한

CLI 명령과 이들 명령을 사용해 젠킨스 서버와 상호 작용하는 방법, 그리고 가장 중요한 항목으로 CLI를 사용해 젠킨스 서버에 인증 정보를 제공하는 방법을 자세히 살펴보자.

참고로, 젠킨스에서 제공하는 많은 CLI 명령의 상세한 목록은 젠킨스 CLI 페이지에서 확인할 수 있다.

CLI 페이지를 보려면 젠킨스 대시보드에서 **Manage Jenkins** 메뉴를 클릭한 후, 페이지 아래 부분의 Tools and Actions 섹션에서 젠킨스 CLI 링크를 찾아 클릭한다. 그러면 Jenkins CLI 페이지가 나타나며, 모든 CLI 명령의 목록과 명령별 역할 및 설명을 볼 수 있다.

▶▶ 젠킨스 CLI 파일 다운로드

지금부터는 CLI를 사용한 작업 생성과 특정 작업의 빌드 실행, 전체 작업 목록 검색과 빌드의 콘솔 출력 검색, 특정 작업 비활성화나 삭제 등의 기본 작업을 수행하는 방법을 설명한다.

젠킨스 CLI를 사용하려면 먼저 jenkins-cli.jar를 다운로드해야 한다. 이 JAR 파일에서 제공하는 CLI 클라이언트를 통해 CLI 인터페이스에 접속할 수 있다. 파일을 다운로드하려면 젠킨스 CLI 페이지로 이동해 jenkins-cli.jar 링크를 클릭한다.

> **NOTE**
>
> 예제에서는 내 컴퓨터의 IPv4 주소(192.168.43.10)와 기본 포트 8080에서 젠킨스 서버를 시작했다. 따라서 예제의 젠킨스 URL은 http://192.168.43.10:8080이며 CLI를 통해 젠킨스 서버에 액세스하는 데 사용한다. 사용자가 설치한 젠킨스에는 포트와 함께 localhost 또는 IP 주소가 포함될 수도 있다. 그러므로 jenkins-cli.jar 파일을 D:\JenkinsBookExamples 폴더에 보관해 CLI 명령이 D:\JenkinsBookExamples\jenkins-cli.jar로 작성된 jenkins-cli.jar 경로를 갖도록 한다. 이를 참고해 사용자마다 자신의 기기에 맞는 경로를 사용해야 한다.

▶▶ 젠킨스 CLI로 작업 생성

젠킨스에서 새 작업을 생성하려면 생성에 필요한 작업의 이름과 구성 XML의 정보를 제공해야 한다.

젠킨스에서 새 작업을 만들려면 다음 명령을 실행한다.

```
java -jar {jenkins-cli.jar_파일_경로} -s ${젠킨스_URL} -webSocket create-job
${작업_이름} < ${Configuration.xml}
```

> **NOTE**
>
> 19장에서 명령어를 설명할 때 실제 값으로 대체돼야 하는 값은 ${ }를 플레이스홀더(placeholder)로 사용한다.

CLI를 통해 새 작업을 생성하려면 .XML 형식의 템플릿을 사용해 상세 사양을 작성해야 한다.

예를 들어, 이름이 Demo인 기존 작업의 구성을 사용해 CLIJob1이라는 새 작업을 생성해보자. 기존 작업의 구성 파일의 위치는 {JENKINS_HOME}\jobs\Demo\config.xml이며, 이 구성 파일은 작업이 생성될 때 함께 만들어진다. 이 파일을 D:\JenkinsBookExamples 폴더에 복사하고 이름을 Demo.xml로 변경한다. 그리고 명령 프롬프트 예제의 경우에는 다음과 같이 실행한다.

```
java -jar D:\JenkinsBookExamples\jenkins-cli.jar -s http://192.168.43.10:8080/
-webSocket create-job CLIJob1 < D:\JenkinsBookExamples\Demo.xml
```

그러면 다음과 같은 오류가 발생할 것이다.

```
ERROR: anonymous is missing the Overall/Read permission
```

이런 오류가 발생하는 이유는 젠킨스 서버의 보안 구성에서 부여한 작업 생성 권한이 없는 익명 사용자로 명령을 실행했기 때문이다. 이 문제는 사용자의 인증 정보를 제공하면 해결할 수 있다. 지금부터는 CLI에서 작업을 생성할 권한이 있는 인증 정보를 제공하는 방법을 알아보자.

기본 인증을 이용한 사용자 인증

젠킨스 CLI를 사용해 태스크를 수행할 때는 -auth 인수를 사용해 해당 태스크를 수행하는 데 필요한 인증 정보를 제공해야 한다. 인증에는 SSH 인증이나 기본 인증을 사용할 수 있다. 먼저, -auth 명령행 인수를 사용해 기본 인증 데이터를 보내는 방법을 살펴보자. 기본 인증에서 사용자 이름-비밀번호 방식과 사용자 이름-API 토큰 방식이 있다. 이 중에서 API 토큰 방식이 더 안전하고 많이 사용되는 옵션이다.

젠킨스에서 API 토큰을 발급하려면 젠킨스에 등록된 사용자로 로그인을 해야 한다. 로그인한 사용자의 페이지로 이동하면 API 토큰을 생성할 수 있다.

본 예제에서는 젠킨스 관리자의 자격 증명을 사용해 로그인한 후, 대시보드 페이지의 오른쪽 상단 모서리에 표시된 사용자 이름을 클릭한다.

사용자 페이지가 나타나면 메뉴에서 **Configure** 링크를 클릭해 설정 페이지로 이동한다.

API Token 섹션에서 **Add new Token** 버튼을 클릭하면 나타나는 필드에 토큰 이름을 입력한 후, **Generate** 버튼을 클릭한다.

Copy this token 아이콘을 클릭해 생성된 토큰을 복사하고, 나중에 사용할 수 있도록 별도의 파일에 저장해둔다. 마지막으로, **Save** 버튼을 클릭한다.

이제 생성된 토큰을 이용해 사용자를 인증하고, 작업을 생성할 수 있도록 CLI에서 다음 명령을 다시 실행해보자.

```
java -jar ${jenkins-cli.jar_파일_경로} -s {젠킨스_URL} -auth ${사용자_이름}:${API_토큰}
 -webSocket create-job ${작업_이름} < ${Configuration.xml}
```

이 명령을 예제에 적용하면 다음과 같다.

```
java -jar D:\JenkinsBookExamples\jenkins-cli.jar -s http://192.168.43.10:8080/
-auth Pranodayd:119737275fd132a08d5a3b457ed56649a2 -webSocket create-job CLIJob1
< D:\JenkinsBookExamples\Demo.xml
```

위 명령을 명령 프롬프트에서 실행한다. 그런 다음 젠킨스 대시보드 페이지로 이동해 새로 고침을 한다. 그러면 이름이 CLIJob1인 새 작업이 생성된 것을 볼 수 있다.

계속해서 CLIJob1 작업의 내부로 이동해 (Demo 작업에도 있던) echo Hi가 포함된 Execute Batch command step을 가진 빌드 스텝을 확인해보자.

> **NOTE**
>
> 템플릿 파일에 구문 문제가 있는 경우 create-job CLI 명령에서 다음과 같은 오류가 발생하는데, 오류의 원인과는 관련이 없는 잘못된 표현이라는 것을 참고해두자.
>
> ```
> cannot access the file because it is being used by another process.
> ```

만약 동일한 이름의 작업이 이미 존재하는 경우에 create-job 명령을 사용하면 Job Already Exists 오류가 발생한다.

CLI 명령으로 SSH를 이용한 사용자 인증

앞에서는 사용자 이름-API 토큰 방식으로 사용자를 인증하는 방법을 살펴봤다. 지금부터는 SSH 인증을 사용해 젠킨스 사용자를 인증하는 방법을 알아보자. 17장에서 이미 SSH 인증을 다뤘기 때문에 어렵지 않을 것이다. SSH 인증을 하려면 개인 키-공개 키 쌍이 필요하다.

그러므로 우선 다음 명령을 사용해 새로운 키 쌍을 생성한다.

```
ssh-keygen -m PEM -t rsa
```

여기서 -m PEM 옵션을 지정하면 RSA 형식의 개인 키를 생성하는데, 만약 -m PEM 인수가 없다면 단순히 OpenSSH 형식의 개인 키를 생성한다. 젠킨스 CLI 클라이언트는 RSA 형식의 개인 키를 지원하므로 명령문에 -m 인수를 빠뜨리면 안 된다. 키 쌍이 생성되면 젠킨스의 사용자 Configure 페이지에서 공개 키를 지정해야 한다. 이를 위해 다음 단계를 따라해보자.

1. 젠킨스 대시보드 페이지 오른쪽 상단에 표시된 사용자 이름을 클릭하고 Configure 링크를 클릭한다. 그러면 사용자 세부 정보를 구성할 수 있는 페이지가 나타난다.

2. 페이지 하단에서 SSH Public Keys 섹션을 찾는다. 앞에서 생성한 공개 키를 SSH Public Keys 필드에 붙여 넣는다.

3. **Save** 버튼을 클릭한다.

젠킨스에서 SSH Server 구성

SSH 인증을 사용해 젠킨스에 접속하려면 젠킨스에서 SSH Server를 구성해야 한다. 먼저 **Manager Jenkins > Configure Global Security** 메뉴를 선택해 Configure Global Security 페이지로 이동한다.

페이지를 아래로 스크롤해 끝에 있는 SSH Server 섹션을 찾는다.

이제 SSH 연결을 위한 포트를 설정해야 한다. 여기에는 Fixed^{고정} 및 Random^{임의}의 두 가지 옵션이 있다. Random 옵션을 선택하면 젠킨스 서버가 임의의 포트를 선택해 SSH 연결을 수락한다. 그러므로 만약 시스템에 방화벽이 설정돼 있고 특정 포트에서 들어오는 연결을 허용해야 하는 경우라면 Random 포트에 대한 인바운드 규칙을 설정하기가 어려울 것이다. 이런 경우에는 Fixed 옵션을 선택하면 원하는 포트 번호를 사용할 수 있다. 젠킨스에서 이렇게 고정된 포트에 SSH 연결을 설정하면, 포트가 고정돼 있으므로 방화벽에서 인바운드 규칙을 설정하기가 쉽다. 예제에서는 **Fixed** 옵션을 선택하고 포트 번호를 9090으로 설정했다. 마지막으로, **Save** 버튼을 클릭한다.

방화벽에서 인바운드 규칙 구성

컴퓨터에 방화벽이 설정돼 있다면 특정 포트에서 들어오는 연결이나, 특정 프로그램에서 들어오는 연결이 허용되도록 인바운드 규칙을 만들어야 한다. 이번 예제에서는 SSH Server 포트 9090에 대한 인바운드 규칙을 생성해본다.

1. 윈도우 시작 메뉴에서 '고급 보안이 포함된 Windows Defender 방화벽' 메뉴로 이동한다.

2. 왼쪽 메뉴에서 **인바운드 규칙** 옵션을 클릭한다.

3. 오른쪽 메뉴에서 **새 규칙...** 링크를 클릭하면 규칙 종류 창이 열린다.

4. **포트(O)** 옵션을 선택한다.

5. **다음(N)** 버튼을 클릭한다.

6. **특정 로컬 포트(S)** 옵션을 선택하고 **9090**을 입력한다.

7. **다음(N)** 버튼을 클릭하면 작업 창이 나타난다.

8. **다음(N)** 버튼을 클릭하면 프로필 창이 나타난다.

9. **다음(N)** 버튼을 클릭하면 이름 창이 나타난다.

10. 규칙 이름을 입력하고, **마침(F)** 버튼을 클릭한다.

SSH 인증을 사용해 젠킨스 CLI로 작업 빌드

이번에는 젠킨스 CLI 명령인 build를 사용해 젠킨스 작업을 빌드하는 방법을 알아본다.

빌드 명령에는 다음과 같은 선택 가능한 명령행 옵션이 있다.

- -c: 젠킨스 작업에 지정된 SCM에 변경 사항이 있는지 확인하며, 변경 사항이 있는 경우에만 빌드를 시작한다.

- **-f**: 빌드 결과에 따라 종료 코드가 반환된다. 빌드가 성공하면 종료 코드 0을 반환한다.

- **-p**: 키-값 형식으로 매개변수를 빌드에 전달할 수 있다.

- **-s**: 빌드가 완료/중단될 때까지 빌드 명령이 대기한다. 이 옵션을 설정하지 않으면 빌드 명령이 빌드를 시작하지만, 완료될 때까지 기다리지 않는다.

- **-v**: 빌드의 콘솔 출력을 인쇄한다.

- **-w**: 명령이 시작될 때까지 대기한다.

빌드 명령을 실행할 때는 SSH 인증 방식을 사용할 젠킨스 사용자를 인증해야 한다. SSH 인증으로 Jenkins CLI를 사용하려면 다음 중 하나를 선택할 수 있다.

- OpenSSH/Putty 등의 SSH 클라이언트 사용

- jenkins-cli.jar 사용

OpenSSH 클라이언트에서 젠킨스 CLI 명령 실행

OpenSSH 클라이언트에서 젠킨스 CLI의 build 명령을 사용해 빌드를 시작해보자.

명령 프롬프트를 열고 다음 명령을 실행해 ReleaseCalculatorAPI 작업의 빌드를 실행한다.

```
ssh ${젠킨스_사용자_이름}@${젠킨스_서버_IP} -p ${젠킨스_SSH_포트} -i ${개인키_파일_경로}
build ${작업_이름}
```

예제에서는 플레이스홀더를 실제 값으로 대체해 다음과 같이 명령문을 구성했다.

```
ssh Pranodayd@192.168.43.10 -p 9090 -i D:\SSHKey\JenkinsCLI build
ReleaseCalculatorAPI
```

Pranodayd는 현재 인증을 하고 있는 젠킨스 사용자이며, D:\SSHKey\JenkinsCLI는
개인 키가 있는 파일이다.

명령 프롬프트에서 다음 명령을 실행한다.

```
ssh Pranodayd@192.168.43.10 -p 9090 -i D:\SSHKey\JenkinsCLI build
ReleaseCalculatorAPI
```

젠킨스의 대시보드 페이지로 이동하면 ReleaseCalculatorAPI 작업에 대한 빌드가
시작된 것을 볼 수 있다.

build 명령을 다시 실행하되 이번에는 옵션을 추가해 build 명령을 사용한다.

```
ssh Pranodayd@192.168.43.10 -p 9090 -i D:\SSHKey\JenkinsCLI build
ReleaseCalculatorAPI -s -v -c
```

젠킨스 대시보드 페이지로 이동하면 이번에는 SCM의 변경 사항을 확인하는 -c 옵션
을 전송했기 때문에 빌드가 시작되지 않았다는 알 수 있다. 즉 깃 리포지터리에 변경
사항이 없으므로 빌드가 시작되지 않은 것이다.

예제에서는 CalculatorAPI 프로젝트의 pom.xml에서 버전을 10.0으로 변경하고,
변경 사항을 깃랩 리포지터리로 푸시했다. 그런 다음 동일하게 젠킨스 CLI의 build
명령을 실행했다.

그러면 이번에는 -v 옵션을 사용했기 때문에 빌드가 시작되고 build 명령의 콘솔 로
그가 나열되는 것을 젠킨스의 대시보드에서 확인할 수 있다.

jenkins-cli.jar 클라이언트에서 SSH로 젠킨스 CLI 명령 실행

HTTP 연결 모드로 젠킨스 CLI 명령을 실행하는 데 사용한 jenkins-cli.jar는 이제 익숙할 것이다. 이전 절에서는 SSH 연결 모드를 다뤘고, SSH 클라이언트가 OpenSSH를 호출해 Jenkins CLI 명령을 실행하는 방법을 살펴봤다. 이번 절에서는 jenkins-cli.jar를 사용해 SSH 인증(SSH 연결 모드)을 사용해 젠킨스 CLI 명령을 실행하는 방법을 설명한다.

(기본값이 아닌) IP 주소에서 젠킨스 서버를 시작하는 경우 젠킨스 서버의 IP 주소가 담긴 org.jenkinsci.main.modules.sshd.SSHD.hostName라는 이름이 지정된 인수를 사용해 젠킨스 서버를 시작해야 한다.

jenkins.war 파일을 사용해 젠킨스 서버를 시작하는 경우 다음 명령을 사용해야 한다.

```
java -Dorg.jenkinsci.main.modules.sshd.SSHD.hostName=<IP_주소> -jar
<젠킨스_jar_경로> --httpListenAddress=<IP_주소>
```

예제에서는 다음과 같이 사용했다.

```
java -Dorg.jenkinsci.main.modules.sshd.SSHD.hostName=192.168.43.10 -jar
D:\jenkins\jenkins.war --httpListenAddress=192.168.43.10
```

> **NOTE**
>
> -와 D 그리고 -D와 org.jenkinsci.main.modules.sshd.SSHD.hostName 사이에 공백이 없어야 한다.

젠킨스를 윈도우 서비스 방식으로 시작하는 경우에는 jenkins.xml을 열어 `<arguments>` 태그 안에 이 인수를 추가해야 한다(그림 19-1).

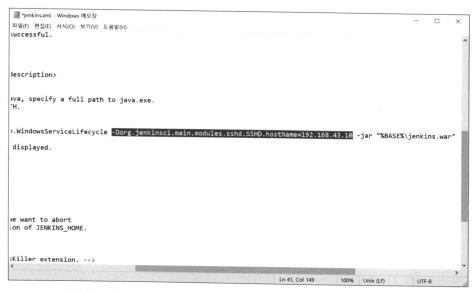

그림 19-1 jenkins.xml 내에 Dorg.jenkinsci.main.modules.sshd.SSHD.hostName

젠킨스 서비스를 다시 시작한다. jenkins.war 또는 젠킨스 서비스를 사용해 서버가 시작되면 jenkins-client.jar를 사용해 젠킨스 CLI 명령을 실행할 수 있다. 이를 위해 다음 명령을 사용해야 한다.

```
java -jar ${jenkins-cli.jar_경로} -s ${젠킨스_URL} -i ${개인키_경로} -ssh -user
${사용자_이름} ${젠킨스_CLI_명령} ${CLI_옵션}
```

예제에서는 다음 명령으로 Demo라는 이름을 가진 작업을 빌드한다.

```
java -jar D:\JenkinsBookExamples\jenkins-cli.jar -s http://192.168.43.10:8080
-ssh -user Pranodayd -i D:\SSHKey\JenkinsCLI -p 9090 build Demo
```

만약 SSH 연결 모드를 사용한다면 명령에 -ssh를 추가해야 하고, 이때 -user 옵션에 사용자 ID를 함께 보내야 한다.

기본적으로 jenkins-cli.jar는 SSH 연결을 하기 위해 젠킨스 서버가 실행 중인 호스트 및 포트에 연결한다. 그러나 젠킨스 서버 구성에서 SSH에 대해 다른 포트를 설정한 경우, -p 옵션을 이용해 포트 번호를 지정해야 한다.

▶▶ 작업 내보내기

한 시스템에서 다른 시스템으로 젠킨스 서버를 이전하려면 서비스를 중단하기 전에 이전 시스템의 젠킨스 작업들을 내보내기^{export}를 수행해야 한다. 리스트 19-1은 모든 젠킨스 작업을 .XML 파일로 내보내는 배치 코드다.

▼ **리스트 19-1** 젠킨스 작업 전체를 내보내는 배치 코드

```
set JenkinsCLIJarLocation=D:\JenkinsBookExamples\jenkins-cli.jar
set JenkinsURL=http://192.168.43.10:8080
FOR /F "tokens=*" %%g IN ('java -jar %JenkinsCLIJarLocation% -s %JenkinsURL%
-auth Pranodayd:Pranodayd@10 list-jobs') do (java -jar %JenkinsCLIJarLocation%
-s %JenkinsURL% -auth Pranodayd:Pranodayd@10 get-job %%g > %%g.xml)
```

위의 배치 코드에서 변수 JenkinsCLIJarLocation에 jenkins-cli.jar의 경로를 정의한다. 그리고 변수 JenkinsURL에는 젠킨스 URL을 정의한다. 그리고 다음 명령은 젠킨스 CLI 명령 list-jobs를 사용해 작업 전체의 목록을 반환한다.

```
java -jar %JenkinsCLIJarLocation% -s %JenkinsURL% -auth
Pranodayd:Pranodayd@10 list-jobs
```

다음 명령은 반복문에서 실행되며, list-jobs에서 작업 이름이 반환될 때마다 실행된다. 이 명령은 get-job 젠킨스 CLI 명령을 사용해 각 작업의 구성을 내보낸다. 그리고 >(리디렉션 기능)를 사용해 각 작업마다 반환된 구성을 .XML 파일로 내보낸다.

```
java -jar  %JenkinsCLIJarLocation% -s %JenkinsURL% -auth
Pranodayd:Pranodayd@10 get-job %%g > %%g.xml
```

▶▶ 작업 가져오기

이전 시스템에서 .XML 파일 형식으로 작업을 내보내기를 완료했다면 전체 작업이 포함된 폴더를 새 젠킨스 서버로 복사하고, 리스트 19-2처럼 배치 명령을 실행해 작업 가져오기^{import}를 수행한다.

▼ **리스트 19-2** 젠킨스 작업 전체를 가져오는 배치 코드

```
set JenkinsCLIJarLocation=D:\JenkinsBookExamples\jenkins-cli.jar
set JenkinsURL=http://192.168.43.10:8080
set JobsExportLocation=D:\PD
FOR /F "delims=*" %%a IN ('dir /s /b %JobsExportLocation%\*.xml') do java
-jar %JenkinsCLIJarLocation% -s %JenkinsURL% -auth Pranodayd:Pranodayd@10
create-job %%~na< %%a
```

위의 배치 코드에서는 변수 JenkinsCLIJarLocation에 jenkins-cli.jar의 경로를 정의한다. 그리고 변수 JenkinsURL에는 젠킨스 URL을 정의한다. 변수 JobsExportLocation에는 내보내기한 작업의 XML 파일의 경로를 정의한다.

다음 명령은 폴더에서 각 .XML 파일의 절대 경로를 반환하고, 이를 변수에 저장한다.

```
FOR /F "delims=*" %%a IN ('dir /s /b %JobsExportLocation%\*.xml')
```

다음 명령은 반복문에서 실행되며, 젠킨스 CLI 명령인 create-job${JOB_NAME} < ${CONFIGURATIONFILE}를 실행한다.

여기서 JOB_NAME은 ~na를 사용해 변수 a에 저장된 전체 경로에서 추출하고, CONFIGURATIONFILE은 변수 a를 사용해 보낸다.

```
do java -jar %JenkinsCLIJarLocation% -s %JenkinsURL% -auth
Pranodayd:Pranodayd@10 create-job %%~na< %%a
```

▶▶ 요약

19장에서는 CLI를 사용해 젠킨스 서버와 동작시키는 방법과 HTTP URL 및 SSH 인증으로 접속한 젠킨스 서버에서 jenkins-cli.jar를 사용해 명령을 실행하는 방법을 설명했다. 또한, 다른 기기로 젠킨스 작업을 이전하고자 배치 명령과 젠킨스 CLI를 사용해 젠킨스 작업을 내보내고, 가져오는 방법도 알아봤다.

Chapter 20

기타 주제 - 2부

19장에서는 jenkins-cli.jar를 실행해서 CLI 방식으로 젠킨스 서버를 동작하는 방법을 배웠다. 그러나 CLI만으로 충분하지 않은 경우가 있다. 즉 사용자가 프로그래밍 언어를 사용해야만 가능한 방식의 제어가 필요할 때도 있다. 예를 들어, 자바 또는 파이썬과 같은 프로그래밍 언어를 사용해 젠킨스 서버를 제어해야만 하는 경우다. 이러한 경우를 위해 젠킨스는 다양한 프로그래밍 언어로 이용할 수 있는 REST API를 제공한다.

20장에서는 파이썬을 사용해 젠킨스의 REST API로 서버를 제어하는 방법을 설명한다. 또한 여러 파이프라인에서 활용할 수 있는 재사용 라이브러리를 만드는 방법도 다룬다.

▶▶ 젠킨스의 원격 액세스 API 이해

젠킨스는 기능별로 원격 액세스 API를 제공하며, 다음 세 가지 방식이 있다.

- XML

- JSON

- Python

원격 액세스 API는 REST와 유사한 방식으로 사용할 수 있다. REST API는 경량 웹 서비스라 할 수 있는데, HTTP 프로토콜을 통해 호출할 수 있는 API가 제공된다. 젠킨스 API를 사용할 때는 {젠킨스_서버_주소:포트}/api/URL 형식으로 호출한다. 예를 들어, 젠킨스 서버가 http://192.168.43.10:8080일 경우, http://192.168.43.10:8080/api/를 요청하면 사용 가능한 최상위 API 기능(생성된 모든 작업 목록)이 표시된다. 만약 Demo라는 이름을 가진 작업의 마지막으로 성공한 빌드 정보에 접속하려면 http://192.168.43.10:8080/job/Demo/lastSuccessfulBuild을 호출하는 식이다.

젠킨스 원격 액세스 API(REST-API)로 수행할 수 있는 전체 작업을 살펴보기 전에 REST API의 몇 가지 기본 사항을 살펴보자. REST API는 GET, POST, PUT, DELETE와 같은 다양한 메서드를 제공한다. 서버의 일부 리소스에 대한 정보를 얻을 때는 GET을 사용하고, 젠킨스의 작업 생성 명령처럼 서버에 새 리소스를 생성하는 명령에는 POST를 사용한다.

다음 세 가지 방법으로 REST API에 매개변수를 보낼 수 있다.

- **쿼리(query) 매개변수**: 키=값 형식을 URL의 일부로 포함시켜 REST API에 전송하는 방식이다. URL 내에 ? 뒤에 키-값 쌍을 표기한다. 예를 들면, 다음과 같다.

```
https://example.com/articles?sort=ASC&page=2
```

여기에는 쿼리 매개변수가 2개 있다. 즉 값이 ASC인 sort 매개변수와 값이 2인 page 매개변수다.

- **경로(path) 매개변수**: URL 엔드포인트 방식으로 값을 전송한다. 일반적으로 { } 와 같은 중괄호를 사용한다.

- **헤더(header) 매개변수**: 요청 헤더에 포함해 값을 전송한다. 사용자 이름–비밀번호 및 API 토큰과 같은 인증 정보들이 일반적으로 이 유형의 매개변수를 사용해 전송된다.

▶▶ 젠킨스 원격 액세스 API 사용

이번 절에서는 젠킨스 REST API를 사용해 다양한 작업을 수행하는 방법을 설명한다. 먼저, 젠킨스 REST API에 접속하려면 REST 클라이언트가 필요하다. 서버에서 HTML 파일에 액세스할 때 웹브라우저라는 클라이언트가 필요한 것처럼 REST API를 사용해 서버에서 사용 가능한 리소스에 액세스하려면 REST 클라이언트 역할을 하는 소프트웨어/유틸리티가 필요하다. 이런 목적으로 사용 가능한 Curl이라는 유명한 REST 클라이언트가 있다. Curl을 사용하면 윈도우 시스템의 명령 프롬프트와 같은 명령행 프로그램을 통해 REST API에 액세스할 수 있다.

먼저, https://curl.se/windows/에서 Curl을 다운로드한다. 이 링크를 클릭하면 .ZIP 파일이 다운로드된다. 원하는 위치에 파일의 압축을 푼다.

명령 프롬프트의 어떤 작업 디렉터리에서든 curl.exe에 액세스할 수 있도록 이 bin 폴더 경로를 PATH 환경 변수에 추가한다.

젠킨스 원격 API로 기존 젠킨스 작업 구성 입수

Curl이 설정됐다면 실제 작업을 시작해보자. 다음 젠킨스 REST API를 사용해 기존 젠킨스 작업의 구성을 가져올 것이다.

```
curl -X GET http://192.168.43.10:8080/job/Demo/config.xml -u
Pranodayd:119737275fd132a08d5a3b457ed56649a2 -o D:\PD\mylocalconfig.xml
```

이 API 요청을 자세히 살펴보자.

- `-X GET`: REST API의 메서드 유형을 정의한다. 이 요청은 `GET` 방식으로서 서버에 이미 있는 리소스의 세부 정보를 가져온다.

- `http://192.168.43.10:8080/job/Demo/config.xml`: 가져올 Demo 작업의 config.xml 파일 URL이다. 20장의 앞부분에서 설명한 것처럼 모든 작업의 구성은 ${JENKINS_HOME}\Jobs\${작업_이름} 폴더의 config.xml 파일에 저장된다.

- `-u Pranodayd:119737275fd132a08d5a3b457ed56649a2`: `-u` 다음에 사용자의 인증 정보를 보낸다. 인증 정보에는 UserName:APIToken이 포함된다. 이 값은 이전에 사용된 것과 동일한 API 토큰이다.

- `-o D:\PD\mylocalconfig.xml`: `-o`를 사용하면 응답 결과를 지정된 파일 경로에 기록한다.

참고로, REST API를 사용하는 경우 해당 작업을 수행할 권한이 있는 사용자의 인증 정보를 제공해야 한다.

앞의 명령을 명령 프롬프트에서 실행하고, D:\PD 폴더로 이동해보자. 그러면 mylocalconfig.xml 파일이 생성된 것을 볼 수 있다.

젠킨스 원격 API로 새 젠킨스 작업 생성

이번에는 젠킨스 원격 API를 사용해 새 젠킨스 작업을 생성해본다. 새 작업을 생성하려면 작업 이름과 템플릿으로 사용할 구성 XML 파일이 필요하다.

```
curl -X POST http://192.168.43.10:8080/createItem?name=
RestAPIJob -u Pranodayd:119737275fd132a08d5a3b457ed56649a2
--data-binary @D:\PD\Demo.xml -H "Content-Type:text/xml"
```

이 API 요청을 자세히 살펴보자.

- **-X POST**: REST API의 메서드 유형을 정의한다. 이 요청은 POST 방식으로서 서버에서 새 리소스를 생성한다.

- **http://192.168.43.10:8080/createItem?name=RestAPIJob**: http://192.168.43.10:8080/createItem은 새 작업을 만들 때 사용하는 URL 엔드포인트다. ? 뒤의 **name=RestAPIJob**는 새 작업에 사용할 이름을 지정하는 문자열 쿼리 매개변수다.

- **-u Pranodayd:119737275fd132a08d5a3b457ed56649a2**: -u 다음에 사용자의 인증 정보를 보낸다. 인증 정보에는 **UserName:APIToken**이 포함된다. 이 값은 이전에 사용된 것과 동일한 API 토큰이다.

- **--data-binary @D:\PD\Demo.xml**: 새 작업을 생성할 때 템플릿으로 사용할 작업 구성 XML의 경로를 지정한다. 요청을 보낼 때 이 xml의 콘텐츠도 전송돼 새 작업을 생성하는 데 사용된다.

- **-H "Content-Type:text/xml"**: 요청 데이터의 유형을 Content-Type 헤더를 사용해 지정한다.

앞의 명령을 명령 프롬프트에서 실행하고, 젠킨스 대시보드로 이동한다. 그러면 이름이 RestAPIJob인 새 작업이 생성된 것을 볼 수 있다.

젠킨스 원격 API로 매개변수형 젠킨스 작업 시작

이번에는 젠킨스의 매개변수형 작업을 시작하는 데 사용할 수 있는 젠킨스 원격 API에 대해 설명하고, 이 작업에 매개변수를 보내는 방법을 설명한다.

BuildAndDeployCalculatorWebApplication이라는 매개변수형 작업의 빌드를 시작해보자. 이 작업에는 다음 2개의 매개변수를 사용한다.

- CalculatorWebApplicationDeploymentDirectory

- TypeOfTestsToRun

다음의 curl 명령을 사용해 이 매개변수형 작업을 시작한다.

```
curl -X POST http://192.168.43.10:8080/job/BuildAnd
DeployCalculatorWebApplication/buildWithParameters -u Pranodayd:119737275fd1
32a08d5a3b457ed56649a2 -d "CalculatorWeb
ApplicationDeploymentDirectory=D:\JenkinsBookExamples\Deployed
CalculatorWebApp\&TypeOfTestsToRun=AllTests"
```

이 API 요청을 자세히 살펴보자.

- -X POST: REST API의 메서드 유형을 정의한다. 이 요청은 POST 방식이다.

- http://192.168.43.10:8080/job/BuildAndDeployCalculatorWebApplication/
  buildWithParameters: 빌드를 시작할 때 사용하는 URL 엔드포인트다. 이 URL
  엔드포인트의 형식은 다음과 같다.

  ```
  ${젠킨스_URL}/job/${작업_이름}/buildWithParameters
  ```

- -u Pranodayd:119737275fd132a08d5a3b457ed56649a2: -u 다음에 사용자의 인증
  정보를 보낸다. 인증 정보에는 UserName:APIToken이 포함된다. 이 값은 이전에
  사용된 것과 동일한 API 토큰이다.

- -d "CalculatorWebApplicationDeploymentDirectory=D:\JenkinsBookExamples\
  DeployedCalculatorWebApp\&TypeOfTestsToRun=AllTests": 이 옵션은 변수 이름
  =변수 값 형식에 따라 2개의 매개변수를 전송한다. 2개의 매개변수는 &로 구분
  된다.

앞의 명령을 명령 프롬프트에서 실행하고, 젠킨스 대시보드로 이동한다. 그러면 Build AndDeployCalculatorWebApplication/buildWithParameters 작업의 빌드가 시작된 것을 알 수 있다.

빌드가 진행되는 도중에 웹 애플리케이션은 파이썬 셀레늄 테스트를 거치게 된다.

젠킨스 원격 API로 일반 젠킨스 작업 시작

젠킨스 REST API를 사용해 매개변수형이 아닌 일반 작업을 시작해보자. 매개변수형이 아닌 작업을 시작하는 매우 간단한 REST API 호출이 있다. 예를 들어, ReleaseCalculatorAPI라는 작업을 시작한다고 가정해보자. 그러면 다음 명령을 사용해야 한다.

```
curl -X POST http://192.168.43.10:8080/job/ReleaseCalculator
API/build -u Pranodayd:119737275fd132a08d5a3b457ed56649a2
```

이 API 요청을 자세히 살펴보자.

- -X POST: REST API의 메서드 유형을 정의한다. 이 요청은 POST 방식이다.

- http://192.168.43.10:8080/job/ReleaseCalculatorAPI/build: 빌드를 시작할 때 사용하는 URL 엔드포인트다. 이 URL 엔드포인트의 형식은 다음과 같다.

  ```
  ${젠킨스_URL}/job/${작업_이름}/build
  ```

  참고로, 매개변수형이 아닌 작업을 시작하기 위해 build를 끝부분에서 사용한다.

- -u Pranodayd:119737275fd132a08d5a3b457ed56649a2: -u 다음에 사용자의 인증 정보를 보낸다. 인증 정보에는 UserName:APIToken이 포함된다. 이 값은 이전에 사용된 것과 동일한 API 토큰이다.

앞의 명령을 명령 프롬프트에서 실행하고, 젠킨스 대시보드로 이동한다. 그러면 `ReleaseCalculatorAPI` 이름으로 새 작업의 빌드가 시작된 것을 알 수 있다.

▶▶ Python-Jenkins로 젠킨스 서버 작업

젠킨스 REST API를 사용해 다양한 작업을 수행하는 방법을 배웠다. 이를 위해 Curl 이라는 REST 클라이언트를 사용했다. 이때 자바, C#, 파이썬, 루비 등과 같은 다양한 프로그래밍 언어들의 REST API를 사용해 좀 더 효과적으로 작업하려면 언어별 래퍼^{wrapper}가 필요하다. 래퍼를 사용하면 REST API가 반환하는 응답을 특정 언어가 지원하는 변수의 형태로 직렬화해 반환한다. 예를 들어, REST API에서 자바 래퍼를 사용하는 경우 반환된 응답은 자바 객체에서 직렬화되며 일반적인 자바 객체처럼 다룰 수 있다.

이번 절에서는 젠킨스 REST API를 통해 구현된 파이썬 래퍼를 사용해 작업을 수행하는 방법을 알아본다(사용자의 선호에 따라 루비나 자바 래퍼를 직접 시도해도 좋다).

파이썬 래퍼에는 JenkinsAPI, Python-Jenkins, api4jenkins, aiojenkins를 비롯한 다양한 래퍼가 있다. 이들은 모두 파이썬으로 젠킨스 서버를 제어하는 REST API용 객체지향 파이썬 래퍼다. 이 네 가지 파이썬 래퍼 중에서 이번 절에서는 Python-Jenkins를 사용해 다양한 작업을 수행하는 방법을 배워보자.

파이썬 래퍼를 사용하기 위해 다음 항목이 시스템에 설치돼 있는지 확인하고, 그렇지 않은 경우라면 먼저 설치를 진행해야 한다.

- **파이썬 인터프리터(Python Interpreter)**: 다음 링크(https://www.python.org/downloads/)에서 적절한 버전을 다운로드한다.

- **파이참(Pycharm)**: 파이썬용 코드 편집기인 파이참의 Professional 버전(30일 무료 평가판) 또는 Community Edition(무료 버전)을 다운로드한다.

- **Python-Jenkins 패키지**: 파이썬 인터프리터를 설치한 후 pip 및 파이썬을 PATH 시스템 환경 변수에 추가해야 한다. 이 부분은 15장의 설명을 참고한다.

pip가 PATH 환경 변수에 있으면 pip install python-jenkins 명령을 사용해 Python-Jenkins 패키지를 설치할 수도 있다.

Python-Jenkins 패키지 라이브러리 사용

예제에서는 파이참에서 파이썬 프로젝트를 생성하고, WorkingWithJenkinsJobs. py라는 파일에다 코드를 작성했다. 이 코드는 리스트 20-1에 나와 있다.

▼ **리스트 20-1** 젠킨스 서버에 연결하는 파이썬 코드

```
import jenkins

#Connecting to a Jenkins server
server = jenkins.Jenkins('http://192.168.43.10:8080',username="Pranodayd",
password="119737275fd132a08d5a3b457ed56649a2")
```

리스트 20-1의 코드는 젠킨스 서버의 URL, 사용자 이름, 비밀번호 매개변수를 사용해 클래스의 생성자를 호출한다. 젠킨스 서버 인스턴스에 프로그래밍 방식으로 액세스하기 위해 server라는 참조 변수를 만든다.

▼ **리스트 20-2** 젠킨스에 로그인한 사용자에 대한 정보를 가져오는 파이썬 코드

```
#Getting information about loggedin user
user = server.get_whoami()
version = server.get_version()
print('Hello %s from Jenkins %s' % (user['fullName'], version))
```

리스트 20-2의 코드는 로그인한 사용자에 대한 정보를 반환하는 get_whoami()라는 API를 호출한다. 이 코드는 젠킨스 서버 버전 및 사용자 정보를 인쇄한다.

▼ **리스트 20-3** Demo라는 작업의 configuration.xml 파일을 검색하는 파이썬 코드

```
#Getting the configuration of existing job named "Demo"
DemoJobConfiguration=server.get_job_config("Demo")
```

리스트 20-3의 코드는 Demo라는 기존 작업의 구성 XML을 검색해 DemoJob Configuration이라는 변수에 저장한다.

▼ **리스트 20-4** JobCreatedUsingPythonJenkins라는 새 작업을 만드는 파이썬 코드

```
'''
    Creating a new job named "JobCreatedUsingPythonJenkins" using
    configuration retrieved and saved in
    variable DemoJobConfiguration
'''
    server.create_job('JobCreatedUsingPythonJenkins', DemoJobConfiguration)
```

리스트 20-4의 코드는 create_job API를 호출해 JobCreatedUsingPythonJenkins라는 새 작업을 생성하고 구성 정보는 DemoJobConfiguration라는 변수에 저장한다. 따옴표 '" 안의 텍스트는 주석 처리된 코드다.

▼ **리스트 20-5** 젠킨스에서 사용 가능한 모든 작업의 정보를 출력하는 파이썬 코드

```
#Printing information of all jobs,Each job information is returned in the
form of Dictionary
jobs = server.get_jobs()
print(jobs)
```

리스트 20-5의 코드는 기존 작업 전체 대한 정보를 반환한다. 각 작업에 대한 정보는 name, url, color, fullname 키를 갖는 딕셔너리 객체 형태로 반환된다.

▼ **리스트 20-6** 매개변수를 받지 않는 작업의 빌드를 시작하는 파이썬 코드(매개변수형이 아닌 작업)

```
#Triggering a build of Non-parameterized job
server.build_job('ReleaseCalculatorAPI')
```

리스트 20-6의 코드는 ReleaseCalculatorAPI라는 이름을 갖는 매개변수형이 아닌 작업의 빌드를 시작한다.

▼ **리스트 20-7** 특정 젠킨스 작업을 삭제하는 파이썬 코드

```
#Deleting a job created
server.delete_job('JobCreatedUsingPythonJenkins')
```

리스트 20-7의 코드는 JobCreatedUsingPythonJenkins라는 작업을 삭제한다.

▼ **리스트 20-8** 매개변수를 받는 작업의 빌드를 시작하는 파이썬 코드(매개변수형 작업)

```
# build a parameterized job
# Building our job "BuildAndDeployCalculatorWebApplication" with required 2
parameters
server.build_job('BuildAndDeployCalculatorWebApplication', {'CalculatorWebAp
plicationDeploymentDirectory':
'D:\\JenkinsBookExamples\\DeployedCalculatorWebApp\\',
'TypeOfTestsToRun': 'AllTests'})
```

리스트 20-8의 코드는 BuildAndDeployCalculatorWebApplication이라는 매개변수
형 작업을 빌드한다. 이 코드에서는 2개의 매개변수가 있는 build_job이라는 API
를 호출한다. build_job의 첫 번째 매개변수는 작업 이름이고, 두 번째 매개변수는
Key:Value 형식의 매개변수를 갖는 딕셔너리 객체다.

▼ **리스트 20-9** 특정 작업의 마지막 빌드의 빌드 번호를 가져오는 파이썬 코드

```
#Retrieving build number of last build executed for job
"BuildAndDeployCalculatorWebApplication"
last_build_number = server.get_job_info(
'BuildAndDeployCalculatorWebApplication')['lastCompletedBuild']['number']
```

리스트 20-9의 코드는 BuildAndDeployCalculatorWebApplication이라는 작업에서
마지막으로 실행된 빌드 번호를 가져온다.

> **NOTE**
>
> 지금까지 설명한 파이썬 프로젝트의 전체 코드는 다음 깃랩 공개 리포지터리에서 다운로드할 수 있다.
> https://gitlab.com/Pranoday/python_jenkins.git

▶▶ 젠킨스 파이프라인에서 공유 라이브러리 사용

다중 작업의 파이프라인에서는 공통된 빌드 스텝을 구성하는 경우가 종종 있다. 이때 각 작업마다 빌드 스텝을 반복하기보다는 공통 빌드 스텝을 하나의 그루비 파일에 구현하고, 이 그루비 파일을 여러 작업에서 공유할 수 있다. 이런 방식은 코드 작성을 반복하지 않고, 파이프라인의 유지 관리 수준도 높일 수 있다.

앞에서는 CalculatorAPI.jar 파일을 배포하는 파이프라인을 만들었다. 이 파이프라인은 깃 리포지터리에서 Calculator API의 코드를 가져와 컴파일과 테스트, 패키징, 배포 등 빌드 단계를 실행했다. 만약, 파이프라인으로 빌드할 또 다른 자바 API .jar 파일이 있고, CalculatorAPI.jar에 적용한 단계들이 모두 이 새로운 자바 API에도 적용된다고 가정해보자. 2개의 서로 다른 파이프라인 작업이 동일한 스텝을 각각 만드는 것은 좋은 생각이 아닐 것이다. 이를 개선하는 방법은 동일한 스텝을 하나의 그루비 파일(라이브러리)에 구현하고, 2개의 젠킨스 작업이 모두 이 파일을 사용하는 것이다. 물론 라이브러리에는 깃 URL이나 자격 증명처럼 프로젝트마다 다른 값을 매개변수로 보낼 수 있어야 한다. 이를 구현하기 위해 공유 라이브러리를 만들고, 젠킨스 파이프라인에서 활용하는 방법을 알아보자.

1단계: .groovy 파일에 공유 라이브러리 생성

내 컴퓨터 폴더에 SharedLibrary라는 빈 폴더를 만든다. 거기에 vars라는 폴더를 만들고, 그 안에 .groovy 확장자를 가진 buildJavaAPI(여기서는 파일 이름을 카멜케이스로 표기하는 것이 필수)라는 파일을 만들었다.

여기에서 유의해야 할 중요한 점은 .groovy 스크립트 파일은 반드시 src 또는 vars라는 디렉터리 안에 있어야 한다는 것이다. 그렇지 않으면 작동하지 않는다.

이 파일의 코드는 리스트 20-10에 있다.

▼ **리스트 20-10** buildJavaAPI.groovy 파일에 작성된 call 함수

```groovy
def call(String RepoUrl, StringBranch, String Credentials)
{
  pipeline
  {
    agent any
    stages
    {
      stage("Checkout Code")
      {
        steps
        {
          git branch: "${Branch}",
          credentialsId: "${Credentials}",
          url: "${RepoUrl}"
        }
      }
      stage("Cleaning workspace")
      {
        steps
        {
          bat 'mvn clean'
        }
      }
      stage("Running Testcase")
      {
        steps
        {
          bat 'mvn test'
        }
      }
      stage("Packing Application")
      {
        steps
        {
          bat 'mvn package -DskipTests'
        }
      }
      stage("Deploying Application")
      {
```

```
      steps
      {
        bat 'mvn deploy -DskipTests'
      }
    }
   }
  }
 }
```

이 코드를 보면 call 함수에 빌드 파이프라인이 포함돼 있다. 그러므로 공유 라이브러리 파일에는 call이라는 함수가 포함돼야 하며, 재사용할 코드도 이 함수 안에 작성돼야 한다. 젠킨스 작업이 공유 라이브러리를 참조할 때마다 젠킨스는 그루비 파일 내에서 call이라는 함수를 호출한다. call 함수는 자바의 main 함수와 동일한 역할은 한다. 이 .groovy 파일에 작성된 호출 함수에는 프로젝트별에 필요한 세 가지 매개변수(깃 URL, 자격 증명, 브랜치 이름)가 있다.

2단계: 생성된 공유 라이브러리 파일을 깃랩 리포지터리로 푸시

새로운 깃랩 리포지터리를 생성하고 .groovy 파일을 푸시한다.

예제에서는 깃랩에서 JenkinsSharedLibrary라는 비공개 리포지터리를 만들고 그 안에 .groovy 파일을 푸시한다.

3단계: 젠킨스에서 공유 라이브러리 구성

젠킨스 대시보드로 이동해 Manage Jenkins > Configure System으로 이동한다.

아래의 Global Pipeline Libraries전역 파이프라인 라이브러리 섹션에서 Add 버튼을 클릭하면 추가 필드가 나타난다.

재사용 가능 라이브러리에 대한 참조를 만들기 위해 작업 파이프라인의 @Library 어노테이션에서 사용할 이름을 Name 필드에 입력한다. 예제에서는 BuildJavaAPI를 입력했다.

Default version 필드에는 재사용 가능 라이브러리가 깃 리포지터리에 푸시될 때 사용할 브랜치 이름를 입력한다. 그루비 스크립트는 리포지터리의 마스터 브랜치로 푸시되기 때문에 예제에서는 Master를 입력했다.

Retrieval method 필드에서 **Modern SCM** 옵션을 선택한 후, Source Code Management 하위 섹션에서 **Git** 옵션을 선택한다.

Project Repository 필드에서 재사용 가능 라이브러리의 깃 리포지터리 URL을 입력하고, Credentials 드롭다운에서 적절한 자격 증명 항목을 선택한다.

마지막으로, **Save** 버튼을 클릭한다.

4단계: 공유 라이브러리 사용 파이프라인 작업 생성

예제에서는 `PipelineJobUsingSharedLibrary`라는 새 파이프라인 작업을 생성했다. 페이지를 아래로 스크롤해 Pipeline 섹션을 찾고 리스트 20-11에 표시된 스크립트를 작성한다.

▼ **리스트 20-11** 공유 라이브러리를 호출하는 파이프라인 스크립트

```
@Liabrary('BuildJavaAPIs')
buildJavaAPI('https://gitlab.com/Pranoday/
jenkinsbookcalculatorapi.git','Master','MyGitCredentials')
```

1행: `@Library`는 공유 라이브러리를 젠킨스 작업으로 가져온다(BuildJavaAPIs는 앞의 3단계에서 공유 라이브러리를 구성할 때 사용한 이름이다).

2행: 3개의 매개변수를 갖고 `buildJavaAPI`(공유 라이브러리 .groovy 파일의 이름)를 호출한다. 3개의 매개변수는 순서대로 Calculator API의 깃랩 URL, Calculator API의 최신 소스가 있는 브랜치 이름, 깃랩 자격 증명 정보가 담긴 젠킨스 내 자격 증명 항목 이름이다.

Save 버튼을 클릭한다.

5단계: 파이프라인 작업 실행하기

젠킨스 대시보드로 이동하고 실행 아이콘을 클릭해 `PipelineJobUsingSharedLibrary` 작업을 실행하고, 콘솔 출력을 확인한다.

그러면 SCM에서 공유 라이브러리를 체크아웃하고, 매개변수로 입력받은 값을 사용해 내부에서 파이프라인 코드를 실행하는 것을 볼 수 있다.

이런 방식으로 재사용 라이브러리는 다른 자바 API 프로젝트를 빌드하는 데에도 사용할 수 있다. 프로젝트별로 인수만 달리해서 호출하면 된다.

▶▶ 요약

20장에서는 파이썬에서 젠킨스 REST API를 사용해 기존 젠킨스 작업의 구성을 가져오고 빌드를 시작하는 방법을 배웠다. 재사용 라이브러리를 만들고 젠킨스 파이프라인에서 사용하는 방법도 배웠다.

지금까지 이 책을 통해 젠킨스 관리자 또는 사용자가 알아야 할 모든 중요한 기능에 대해 배웠다. 모쪼록 독자의 실무 프로젝트에서 도움이 되길 바란다.

찾아보기

젠킨스로 배우는 CI/CD 파이프라인 구축

보안, 파이프라인, 테스트, AWS/Docker 통합

발 행 | 2024년 3월 11일

옮긴이 | 이 정 표
지은이 | 프라노데이 프라모드 딩가레

펴낸이 | 권 성 준
편집장 | 황 영 주
편 집 | 김 진 아
　　　　임 지 원
　　　　김 은 비
디자인 | 윤 서 빈

에이콘출판주식회사
서울특별시 양천구 국회대로 287 (목동)
전화 02-2653-7600, 팩스 02-2653-0433
www.acornpub.co.kr / editor@acornpub.co.kr

한국어판 ⓒ 에이콘출판주식회사, 2024, Printed in Korea.
ISBN 979-11-6175-824-4
http://www.acornpub.co.kr/book/cicd-pipeline-jenkins

책값은 뒤표지에 있습니다.